DELPHINE.

TOME II.

DE L'IMPRIMERIE DE CRAPELET.

DELPHINE,

PAR

Mme LA BARONNE DE STAËL;

ÉDITION REVUE ET CORRIGÉE,

TERMINÉE PAR UN NOUVEAU DÉNOUEMENT, ET PRÉCÉDÉE
DE RÉFLEXIONS SUR LE BUT MORAL DE L'OUVRAGE.

> Un homme doit savoir braver l'opinion,
> une femme s'y soumettre.
> MÉLANGES, de Mme Necker.

TOME SECOND.

A PARIS,

Chez TREUTTEL et WÜRTZ, Libraires,
RUE DE BOURBON, N° 17;
A STRASBOURG et à LONDRES, même Maison de commerce.

1820.

DELPHINE.

TROISIÈME PARTIE.

LETTRE PREMIÈRE.

Léonce à Delphine.

Paris, ce 4 décembre 1790.

La perfidie des hommes nous a séparés, ma Delphine; que l'amour nous réunisse : effaçons le passé de notre souvenir; que nous font les circonstances extérieures dont nous sommes environnés? N'aperçois-tu pas tous les objets qui nous entourent comme à travers un nuage? Sens-tu leur réalité? Je ne crois à rien qu'à toi : je sais confusément qu'on m'a indignement trompé; que je l'ai reproché à une femme mourante; que sa fille se dit ma femme; je le sais : mais une seule image se détache de l'obscurité, de l'incertitude de mes souvenirs, c'est toi, Delphine : je te vois au pied de ce lit de mort, cherchant à contenir ma fureur, me regardant avec douceur, avec amour; je veux encore ce regard; seul, il peut calmer l'agitation brûlante qui m'empêche de reprendre des forces.

Mon excellent ami Barton n'a-t-il pas prétendu hier que ton intention étoit de partir, et de partir sans me voir! Je ne l'ai pas cru, mon amie : quel plaisir ton âme douce trouveroit-elle à me faire courir en insensé sur tes traces? Tu n'as pas l'idée, jamais tu ne peux l'avoir, que je me résigne à vivre sans toi! Non, parce que la plus atroce combinaison m'a empêché d'être ton époux, je ne consentirai point à te voir un jour, une heure de moins que si nous étions unis l'un à l'autre; nous le sommes, tout est mensonge dans mes autres liens, il n'y a de vrai que mon amour, que le tien; car tu m'aimes, Delphine! Je t'en conjure, dis-moi, le jour, le jour où j'ai formé cet hymen qui ne peut exister qu'aux yeux du monde, cet hymen dont tous les sermens sont nuls, puisqu'ils supposoient tous que tu avois cessé de m'aimer, n'étois-tu pas derrière une colonne, témoin de cette fatale cérémonie? Je crus alors que mon imagination seule avoit créé cette illusion; mais s'il est vrai que c'étoit toi-même que je voyois, comment ne t'es-tu pas jetée dans mes bras? Pourquoi n'as-tu pas redemandé ton amant à la face du ciel? Ah! j'aurois reconnu ta voix; ton accent eût suffi pour me convaincre de ton innocence; et, devant ce même autel, plaçant ta main sur mon cœur, c'est à toi que j'aurois juré l'amour que je ne ressentois que pour toi seule.

Mais qu'importe cette cérémonie! elle est vaine, puisque c'est à Matilde qu'elle m'a lié. Ce n'est pas Delphine, dont l'esprit supérieur s'affranchit à son gré de l'opinion du monde, ce n'est pas elle qui repoussera l'amour par un timide respect pour les jugemens des hommes. Ton véritable devoir, c'est de m'aimer; ne suis-je pas ton premier choix? Ne suis-je pas le seul être pour qui ton âme céleste ait senti cette affection durable et profonde, dont le sort de ta vie dépendra? Oh! mon amie, quoique personne ne puisse te voir sans t'admirer, moi seul je puis jouir avec délices de chacune de tes paroles; moi seul je ne perds pas le moindre de tes regards. Aime-moi, pour être adorée dans toutes les nuances de tes charmes. Aime-moi, pour être fière de toi-même; car je t'apprendrai tout ce que tu vaux. Je te découvrirai des vertus, des qualités, des séductions que tu possèdes sans le savoir.

Oh Delphine! les lois de la société ont été

faites pour l'universalité des hommes ; mais quand un amour sans exemple dévore le cœur, quand une perfidie presque aussi rare a séparé deux êtres qui s'étoient choisis, qui s'étoient aimés, qui s'étoient promis l'un à l'autre, penses-tu qu'aucune de ces lois, calculées pour les circonstances ordinaires de la vie, doive subjuguer de tels sentimens ? Si devant les tribunaux, je démontrois que c'est par l'artifice le plus infâme qu'on a extorqué mon consentement, ne décideroient-ils pas que mon mariage doit être cassé ? Et parce que je n'ai que des preuves morales à alléguer, et parce que l'honneur du monde ne me permet pas de les donner, ne puis-je donc pas prononcer dans ma conscience le jugement que confirmeroient les lois, si je les interrogeois ? Ne puis-je pas me déclarer libre au fond de mon cœur ?

Hélas ! je le sais, il m'est interdit de te donner mon nom, de me glorifier de mon amour en présence de toute la terre, de te défendre, de te protéger comme ton époux ; il faut que tu renonces pour moi à l'existence que je ne puis te promettre dans le monde, et que tant d'autres mettroient à tes pieds. Mais, j'en suis sûr, tu me feras volontiers ce sacrifice, tu ne voudras pas punir un malheureux de l'indigne fausseté dont il a été la victime. Ah! s'il s'accusoit, l'infortuné, d'avoir cru trop facilement la calomnie, s'il se reprochoit sa conduite avec désespoir, s'il étoit prêt à détester son caractère, c'est alors surtout, c'est alors, Delphine, que tu sentirois le besoin de consoler cet ami, qui ne pourroit trouver aucun repos au fond de son cœur. Oui, je hais tour à tour les auteurs de mes maux et moi-même; mes amères pensées me promènent sans cesse de l'indignation contre la conduite des autres, à l'indignation contre mes propres fautes.

Je ne veux te rien cacher, Delphine; en te faisant connoître tous les sacrifices que je te demande, je n'effraierai point ton cœur généreux. Notre union, quels que soient mes soins pour honorer et respecter ce que j'adore, nuira plus à ta réputation qu'à la mienne. Cette crainte t'arrêteroit-elle? J'aurois moins le droit qu'un autre de la condamner; mais entends-moi, Delphine, que des motifs raisonnables ou puériles, nobles ou foibles, t'éloignent de moi, n'importe! je ne survivrai point à notre séparation. Maintenant que tu le sais, c'est à toi seule qu'il appartient de juger quelle est la puissance de ta volonté; a-t-elle assez de force pour te soutenir contre le regret de ma mort? Delphine, en es-tu certaine? prends garde, je ne le crois pas.

Si je t'avois rencontrée depuis que ma destinée est enchaînée à Matilde, j'aurois dû, j'aurois peut-être su résister à l'amour; mais t'avoir connue quand j'étois libre! avoir été l'objet de ton choix, et s'être lié à une autre! c'est un crime qui doit être puni; et je me prendrai pour victime, si tu attaches à ma faute des suites si funestes, que mon cœur soit à jamais dévoré par le repentir.

Quoi! mon bonheur me seroit ravi, non par la nécessité, non par le hasard, mais par une action volontaire, par une action irréparable! qu'ils vivent ceux qui peuvent soutenir ce mot, *l'irréparable!* Moi, je le crois sorti des enfers, il n'est pas de la langue des hommes; leur imagination ne peut le supporter; c'est l'éternité des peines qu'il annonce; il exprime à lui seul ses tourmens les plus cruels.

Les emportemens de mon caractère ne m'avoient jamais donné l'idée de la fureur qui s'empare de moi, quand je me dis que je pourrois te perdre, et te perdre par l'effet de mes propres résolutions, des sentimens auxquels je me suis livré, des mots que j'ai prononcés. Delphine, en exprimant cette crainte, qui me poursuit sans relâche, j'ai été obligé de m'interrompre; j'étois retombé dans l'accès de rage où tu m'as vu, lorsque j'accusois sans pitié madame de Vernon. Je me suis répété, pour me calmer, que tu ne braverois pas mon désespoir. Oh! ma Delphine, je te verrai, je te verrai sans cesse.

Demain, on m'assure que je serai en état de sortir, j'irai chez vous : votre porte pourroit-elle m'être refusée? Mais d'où vient cette terreur! ne connois-je pas ton cœur généreux, ton esprit éminemment doué de courage et d'indépendance! Quel motif pourroit t'empêcher d'avoir pitié d'un malheureux qui t'est cher, et qui ne peut plus vivre sans toi?

LETTRE II.

Réponse de Delphine à Léonce.

Quel motif pourroit m'empêcher de vous voir? Léonce, des sentimens personnels ou timides n'exercent aucun pouvoir sur moi. Dieu m'est témoin que, pour tous les intérêts réunis, je ne céderois pas une heure, une heure qu'il me seroit accordé de passer avec vous sans remords; mais ce qui me donne la force de dédaigner toutes les apparences, et de m'élever au-dessus de l'opinion publique elle-même, c'est la certitude que je n'ai rien fait de mal ; je ne crains point les hommes, tant que ma conscience ne me reproche rien ; ils me feroient trembler, si j'avois perdu cet appui.

Nous sommes bien malheureux : oh! Léonce, croyez-vous que je ne le sente pas ? Tout sembloit d'accord il y a quelques mois, pour nous assurer la félicité la plus pure. J'étois libre, ma situation et ma fortune m'assuroient une parfaite indépendance ; je vous ai vu, je vous ai aimé de toutes les facultés de mon âme, et le coup le plus fatal, celui que la plus légère circonstance, le moindre mot auroit pu détourner, nous a séparés pour toujours ! Mon ami, ne vous reprochez point notre sort ; c'est la destinée, la destinée seule, qui nous a perdus tous les deux.

Pensez-vous que je ne doive pas aussi m'accuser de mon malheur ? Souvent je me révolte contre cette destinée irrévocable, je m'agite dans le passé comme s'il étoit encore de l'avenir ; je me repens avec amertume de n'avoir pas été vous trouver, lorsque cent fois je l'ai voulu. Le désespoir me saisit, au souvenir de cette fierté, de cette crainte misérable, qui ont enchaîné mes actions, quand mon cœur m'inspiroit l'abandon et le courage.

S'il vous est plus doux, Léonce, quand vous souffrez, de songer, à quelque heure que ce puisse être, que dans le même instant, Delphine, votre pauvre amie, accablée de ses peines, implore le ciel pour les supporter ; le ciel qui, jusqu'alors, l'avoit toujours secourue, et qu'elle implore maintenant en vain : si cette idée tout à la fois cruelle et douce vous fait du bien, ah ! vous pouvez vous y livrer ! Mais que font nos douleurs à nos devoirs ? La vertu, que nous adorions dans nos jours de prospérité, n'est-elle pas restée la même ? Doit-elle avoir moins d'empire sur nous, parce que l'instant d'accomplir ce que nous admirions est arrivé ?

Le sort n'a pas voulu que les plus pures jouissances de la morale et du sentiment nous fussent accordées. Peut-être, mon ami, la Providence nous a-t-elle jugés dignes de ce qu'il y a de plus noble au monde, le sacrifice de l'amour à la vertu. Peut-être..... hélas ! j'ai besoin, pour me soutenir, de ranimer en moi tout ce qui peut exalter mon enthousiasme, et je sens avec douleur que pour toi, pour toi seul ! ô Léonce, j'éprouve ces élans de l'âme que m'inspiroit jadis le culte généreux de la vertu.

Ce qui dépend encore de nous, c'est de

commander à nos actions ; notre bonheur n'est plus en notre puissance, remettons-en le soin au ciel ; après beaucoup d'efforts, il nous donnera du moins le calme, oui, le calme à la fin ! Quel avenir ! de longues douleurs, et le repos des morts pour unique espoir ; n'importe ; il faut, Léonce, il faut ou désavouer les nobles principes dont nous étions si fiers, ou nous immoler nous-mêmes à ce qu'ils exigent de nous.

Vous apercevrez aisément dans cette lettre à quels combats je suis livrée. Si vous en concevez plus d'espoir, vous vous tromperez. Je sais que les devoirs que j'aimois n'ont plus de charmes à mes yeux, que l'amour a décoloré tous les autres sentimens de ma vie, que j'ai besoin de lutter à chaque instant contre les affections de mon cœur, qui m'entraînent toutes vers vous ; je le sais, je consens à vous l'apprendre ; mais c'est parce que je suis résolue à ne plus vous voir. Vous dirois-je le secret de ma foiblesse, si, déterminée au plus grand, au plus cruel, au plus courageux des sacrifices, je ne me croyois pas dispensée de tout autre effort ?

Je suivrai le projet que j'avois formé avant votre retour d'Espagne ; qu'y a-t-il de changé depuis ce retour ? Je vous ai vu, et voilà ce qui me persuade que de nouveaux obstacles s'opposent à mon départ. Le plus grand des dangers, c'est de vous voir ; c'est contre ce seul péril, ce seul bonheur, qu'il faut s'armer. Ne vous irritez pas de cette détermination, songez à ce qu'elle me coûte, ayez pitié de moi, que tout votre amour soit de la pitié !

Je m'essaie à roidir mon âme pour exécuter ma résolution ; mais savez-vous quelle est ma vie, le savez-vous ?..... Je ne me permets pas un instant de loisir, afin d'étourdir, s'il se peut, mon cœur. J'invente une multitude d'occupations inutiles, pour amortir sous leur poids l'activité de mes pensées ; tantôt je me promène dans mon jardin avec rapidité, pour obtenir le sommeil par la fatigue ; tantôt désespérant d'y parvenir, je prends de l'opium le soir, afin de m'endormir quelques heures. Je crains d'être seule avec la nuit, qui laisse toute sa puissance à la douleur, et n'affoiblit que la raison.

Je serois déjà partie, si vous ne m'aviez pas annoncé que vous me suivriez ; je vous demande votre parole de ne pas exécuter ce projet. Quel éclat, qu'une telle démarche ! Quel tort envers votre femme, dont le bonheur, à plusieurs titres, doit m'être toujours sacré ! et que gagneriez-vous, si vous persistiez dans cette résolution insensée ? Au milieu de la route, dans quelques lieux glacés par l'hiver, je vous reverrois encore, et je mourrois de douleur à vos pieds, si je ne me sentois pas la force de remplir mon devoir en vous quittant pour jamais.

Léonce, il y a dans la destinée des événemens dont jamais on ne se relève, et lutter contre leur pouvoir, c'est tomber plus bas encore dans l'abîme des douleurs. Méritons par nos vertus la protection d'un Dieu de bonté ; nous ne pouvons plus rien faire pour nous qui nous réussisse ; essayons d'une vie dévouée, d'une vie de sacrifices et de devoirs ; elle a donné presque du bonheur à des âmes vertueuses. Regardez madame d'Ervins, victime de l'amour et du repentir, elle va s'enfermer pour jamais dans un couvent : elle a refusé la main de son amant, elle renonce à la félicité suprême, et cette félicité cependant n'auroit coûté de larmes à personne.

C'est moi qui résiste à vos prières, et c'est moi cependant qui emporterai dans mon cœur un sentiment que rien ne pourra détruire. Quand je me croyois dédaignée, insultée même par vous, je vous aimois, je cherchois à me trouver des torts pour excuser votre injustice. Ah ! ne m'oubliez pas ; y a-t-il un devoir qui vous commande de m'oublier? Quand il existeroit, ce devoir, qu'il soit désobéi. Si je me sentois une seconde fois abandonnée de votre affection, s'il falloit rentrer dans la ténébreuse solitude de la vie, je ne le supporterois plus.

Léonce, établissons entre nous quelques rapports qui nous soient à jamais chers. Tous les ans, le deux de décembre, le jour où vous avez cessé de me croire coupable, allez dans cette église où je vous ai vu, car je ne puis me résoudre à le nier, dans cette église où je vous ai vu donner votre main à Matilde. Pensez à moi dans ce lieu même, appuyez-vous sur la colonne derrière laquelle j'ai entendu le serment qui devoit causer ma douleur éternelle. Ah! pourquoi mes cris ne se sont-ils pas fait entendre! je n'aurois bravé que les hommes, et maintenant je braverois Dieu même, en me livrant à vous voir.

Léonce, jusqu'à ce jour je puis présenter une vie sans tache à l'Être suprême ; si tu ne veux pas que je conserve ce trésor, prononce que j'ai assez vécu, j'en recevrai l'ordre de ta main avec joie. Quand je me sentirai prête à mourir, j'aurai encore un moment de bonheur qui vaut tout ce qui m'attend ; je me permettrai de t'appeler auprès de moi, de te répéter que je t'aime ; le veux-tu ? dis-le moi. Va, ce désir ne seroit point cruel : ne te suffit-il pas que mon cœur, juge du tien, en fût reconnoissant ?

Je me perds en vous écrivant, je ne suis plus maîtresse de moi-même ; il faut encore que je m'interdise ce dernier plaisir. Adieu.

LETTRE III.

Léonce à Delphine.

Vous partiriez sans me voir ! vous ! La terre manqueroit sous mes pas, avant que je cessasse de vous suivre ! avez-vous pu penser que vous échapperiez à mon amour ? Il dompteroit tout, et vous-même. Respectez un sentiment passionné, Delphine, je vous le répète, respectez-le ; vous ne savez pas, en le bravant, quels maux vous attireriez sur nos têtes.

J'ai été ce matin à votre porte ; foible encore, je pouvois à peine me soutenir ; on a refusé de me recevoir ! j'ai fait quelques pas dans votre cour ; vos gens ont persisté à m'interdire d'aller plus loin. Madame d'Artenas étoit chez vous, je n'ai pas voulu faire un éclat ; j'ai levé les yeux vers votre appartement, j'ai cru voir derrière un rideau votre élégante figure; mais l'ombre même de vous a bientôt disparu, et votre femme de chambre est venue m'apporter votre lettre, en me priant, de votre part, de la lire, avant de demander à vous voir; j'ai obéi, je ne sais quel trouble que je me reproche a disposé de moi. Si vous alliez quitter votre demeure, si vous partiez à mon insu, si j'ignorois où vous êtes allée! Non, vous ne voulez pas condamner votre malheureux amant à vous demander en vain dans chaque lieu, croyant sans cesse vous voir ou sans cesse vous perdre, et se précipitant par de vains efforts vers votre image, comme dans ces songes funestes dont la douleur ne pourroit se prolonger sans donner la mort.

Delphine! vous qui n'avez jamais pu supporter le spectacle de la souffrance, est-ce donc moi seul que vous exceptez de votre bonté compatissante? parce que je vous aime, parce que vous m'aimez aussi, ma douleur n'est-elle rien? ne regardez-vous pas comme un devoir de la soulager? oh! qu'avois-je fait aux hommes, qu'avois-je fait à cette perfide qui m'a donné sa fille, quand je devois consacrer mon sort au vôtre? Et vous, qui me demandiez de pardonner, de quel droit le demandiez-vous, si vous êtes plus inflexible pour moi que vous ne l'avez été pour mes persécuteurs ?

Vous refusez de m'entendre, et vous ne savez pas ce que j'ai besoin de vous dire; jamais, Delphine, jamais je n'ai pu te parler du fond du cœur, mille circonstances nous ont empêché de nous voir librement; s'il m'est accordé de t'entretenir une fois, une fois seulement, sans craindre d'être interrompu, sans compter les heures, je sens que je te persuaderai. Tu verras que rien de pareil à notre situation ne s'est encore rencontré; que nous nous sommes choisis, quand nous pouvions nous choisir, quand nous étions maîtres de disposer de nous-mêmes : il a fallu nous tromper pour nous désunir; notre âme n'a pris aucun engagement volontaire; devant ton Dieu, nous sommes libres : ô Delphine, toi qui respectes, toi qui fais aimer la Providence éternelle, crois-tu qu'elle m'ait donné les sentimens que j'éprouve, pour me condamner à les vaincre ? quand la nature frémit à l'approche de la douleur, la nature avertit l'homme de l'éviter ; son instinct seroit-il moins puissant dans les peines de l'âme ? si la mienne se bouleverse par l'idée de te perdre, dois-je m'y résigner ? Non, non, Delphine, je sais ce que les moralistes les plus sévères ont exigé de l'homme ; mais lorsqu'une puissance inconnue met dans mon cœur le besoin dévorant de te revoir encore, cette puissance, de quelque nom que tu la nommes, défend impérieusement que je me sépare de toi.

Mon amie, je te le promets, dès que je t'aurai vue, c'est à toi que je m'en remettrai pour décider de notre sort ; mais il faut que je t'exprime les sentimens qui m'oppressent. Le jour, la nuit, je te parle, et il me semble que je te montre dans mes sentimens, dans notre situation, des vérités que tu ignorois, et que seul je puis t'apprendre ; je ne retrouve plus, quand je t'écris, ce que j'avois pensé : je ne puis aussi, je ne puis communiquer à mes lettres cet accent que le ciel nous a donné pour convaincre ; et s'il est vrai cependant que si je te parlois, tu consentirois à passer tes jours avec moi, dans quel état ne me jetteriez-vous pas, Delphine, en me condamnant, sans m'avoir permis de plaider moi-même pour ma vie ?

Vous êtes si forte contre mon malheur ! vous devez vous croire certaine de me refuser, même après m'avoir écouté. Pourquoi donc ne pas me calmer un moment par ce vain essai, dont votre fermeté triomphera ? Delphine, s'il falloit nous quitter, s'il le falloit, voudriez-vous me laisser un sentiment amer contre vous? ange de douceur, le voudriez-vous? Vous n'avez point refusé vos soins, vos consolations célestes à madame de Vernon, à celle qui nous avoit séparés ; et moi, Delphine, et moi, me croyez-vous si loin de la mort, qu'au moins un adieu ne me soit pas dû?

Vous avez vu la violence de mon caractère, dans ce jour funeste où, sans vous, je me serois montré plus implacable encore. Songez quel est mon supplice, maintenant que je suis renfermé dans ma maison, avec une femme qui a pris ta place ! O Delphine ! je suis à cinquante pas de toi, et je ne puis néanmoins obtenir de te voir ! J'envoie dix fois le jour pour m'assurer que vous n'avez point ordonné les préparatifs de votre départ; je tressaille comme un enfant à chaque bruit; je fais des plus simples événemens des présages ; tout me semble annoncer que je ne te verrai plus. Tu parles de ta douleur, Delphine, ton âme douce n'a jamais éprouvé que des impressions qu'elle pouvoit dominer : mais la douleur d'un homme est âpre et violente; la force ne peut lutter long-temps sans triompher ou périr.

Comment as-tu la puissance de supporter

l'état où je suis ? de refuser un mot qui le feroit cesser comme par enchantement ? je ne te reconnois pas, mon amie ; tu permets à tes idées sur la vertu d'altérer ton caractère : prends garde, tu vas l'endurcir, tu vas perdre cette bonté parfaite, le véritable signe de ta nature divine ; quand tu te seras rendue inflexible à ce que j'éprouve, quelle est donc la douleur qui jamais t'attendrira ? c'est la sensibilité qui répand sur tes charmes une expression céleste ; quel échange tu feras, si, en accomplissant ce que tu nommes des devoirs, tu dessèches ton âme, tu étouffes tous ces mouvemens involontaires, qui t'inspiroient tes vertus et ton amour !

Ne va point, par de vaines subtilités, distinguer en toi-même ta conscience de ton cœur ; interroge-le ce cœur, repousse-t-il l'idée de me voir, comme il repousseroit une action vile ou cruelle ? non, il t'entraîne vers moi ; c'est ton Dieu, c'est la nature, c'est ton amant qui te parle, écoute une de ces puissances protectrices de ta destinée ; écoute-les, car c'est au fond de ton âme qu'elles exercent leur empire ; oublie tout ce qui n'est pas nous, nos âmes se suffisent, anéantissons l'univers dans notre pensée, et soyons heureux.

Heureux ! — Sais-tu ce que j'appelle le bonheur? c'est une heure, une heure d'entretien avec toi, et tu me la refuserois! je me contiens, je te cache ce que j'éprouve à cette idée; ce n'est point en effrayant ton âme que je veux la toucher; que ta tendresse seule te fléchisse! Delphine, une heure! et tu pourras après..... si ton cœur conserve encore cette barbare volonté, oui, tu pourras après..... te séparer de moi.

LETTRE IV.

Réponse de Delphine à Léonce.

Si je vous revois, Léonce, jamais je n'aurai la force de me séparer de vous. Vous refuserois-je ce dernier entretien, le refuserois-je à mes vœux ardens, si je ne savois pas que vous revoir et partir est impossible! Que parlez-vous de vertu, d'inflexibilité? C'est vous qui devez plaindre ma foiblesse, et me laisser accomplir le sacrifice qui peut seul me répondre de moi. Quoi qu'il m'en coûte pour vous peindre ce que j'éprouve, il faut que vous connoissiez tout votre empire; vous prononcerez vous-même alors que j'ai dû quitter ma maison pour me dérober à vous.

Vous m'aviez écrit que vous viendriez chez

moi ce matin, et j'avois eu la force d'ordonner qu'on ne vous reçût pas. J'avois passé une partie de la nuit à vous écrire, je voulois être seule tout le jour ; j'avois besoin, quand je m'interdisois votre présence, de ne m'occuper que de vous. Madame d'Artenas se fit ouvrir ma porte d'autorité; mais je l'engageai, sous un prétexte, à lire dans mon cabinet un livre qui l'intéressoit, et je restai dans ma chambre, debout, derrière le rideau de ma fenêtre, les yeux fixés sur l'entrée de la maison, tenant à ma main la lettre que je vous avois écrite, et qui devoit, du moins je l'espérois, adoucir mon refus.

Je demeurai ainsi pendant près d'une heure, dans un état d'anxiété qui vous toucheroit peut-être, si vous pouviez cesser d'être irrité contre moi. Quand je n'entendois aucun bruit, je me confirmois dans la résolution que m'impose le devoir ; mais, quand ma porte s'ouvroit, je sentois mon cœur défaillir, et le besoin de revoir encore celui que je dois quitter pour toujours, triomphoit alors de moi. Enfin vous paroissez, vous faites quelques pas vers l'homme qui devoit vous dire que je ne pouvois pas vous recevoir; votre marche se ressentoit encore de la foiblesse de la maladie, vos traits me parurent altérés; mais cependant, jamais, je vous l'avoue, jamais je n'ai trouvé dans votre visage, dans votre expression, un charme séducteur qui pénétrât plus avant dans mon âme.

Vous changeâtes de couleur au refus réitéré de mes gens ; il me sembla que je vous voyois chanceler, et dans cet instant vous l'emportâtes sur toutes mes résolutions : je m'élançai hors de ma chambre pour courir à vous, pour me jeter peut-être à vos pieds, aux yeux de tous, et vous demander pardon d'avoir pu songer à me défendre de votre volonté ; j'éprouvois comme un transport généreux, il me sembloit que j'allois me dévouer à la vertu, en me livrant à ma passion pour vous ; j'étois enivrée de cette pitié d'amour, le plus irrésistible des mouvemens de l'âme ; toute autre pensée avoit disparu.

Je rencontrai madame d'Artenas comme je descendois dans cet égarement : — Mon Dieu, qu'avez-vous ? me dit-elle. — Cette question me fit rougir de moi-même. — Je vais envoyer une lettre, lui répondis-je ; — et, soutenue par sa présence, et par des réflexions qu'un moment avoit fait renaître, je donnai l'ordre de vous porter ma lettre, et de vous demander de retourner chez vous pour la lire.

C'est alors que j'ai senti combien le péril

de vous voir étoit plus grand encore que je ne le croyois! votre présence, dans aucun temps, n'avoit produit un tel effet sur moi; je tremblois, je pâlissois; si j'avois entendu votre voix, si vous m'aviez parlé, j'aurois perdu la force de me soutenir. L'apparition d'un être surnaturel, portant à la fois dans le cœur l'enchantement et la crainte, ne donneroit point encore l'idée de ce que j'éprouvai, quand vos yeux se levèrent vers ma fenêtre comme pour m'implorer, quand devant ma maison, depuis si long-temps solitaire, je vis celui que j'ai tant pleuré. Léonce, je l'ai quittée, cette maison que vous veniez de me rendre chère, je l'ai quittée à l'instant même; il le falloit : si vous étiez revenu, tout étoit dit, je ne partois plus.

Après le récit que je me suis condamnée, non sans honte, à vous faire, serez-vous indigné contre moi? Vous inspirerai-je le sentiment amer dont vous m'avez menacée? Ne me rendrez-vous pas enfin la liberté d'aller en Languedoc? Je suis cachée dans un lieu où vous ne pouvez me découvrir; et je n'attends pour me mettre en route, que votre promesse de ne pas me suivre. Ah! Léonce, quand je sacrifie toute ma destinée à Matilde, voulez-vous qu'un éclat funeste empoisonne sa vie, sans nous réunir!

Oui, Léonce, votre devoir et le mien, c'est de ne pas rendre Matilde infortunée. La morale, qui défend de jamais causer le malheur de personne, est au-dessus de tous les doutes du cœur et de la raison; plus je souffre, plus je frémis de faire souffrir; et ma sympathie pour la douleur des autres s'augmente avec mes propres douleurs: ne vous appuyez point de ce sentiment pour me reprocher vos peines. Votre malheur à vous, Léonce, c'est le mien; je ne puis tromper assez ma conscience, pour me persuader que la bonté me commande de ne pas vous affliger. Ah! c'est à moi, c'est à ma passion que je céderois en consolant votre cœur; je ne ferai jamais rien pour toi qui ne soit inspiré par l'amour.

Léonce, pourquoi vous le cacherois-je? je ne dois rien taire après ce que j'ai dit. Si je n'avois compromis que moi, en passant ma vie avec vous, si je n'avois détruit que ma réputation et ce contentement intérieur dont je faisois ma gloire et mon repos, j'aurois livré mon sort à toutes les adversités qu'entraîne un sentiment condamnable; j'aurois prosterné devant toi cette fierté, le premier de mes biens, quand je ne te connoissois pas: quoi qu'il pût en arriver, je te reverrois, et ce bonheur me feroit vivre, ou me consoleroit de mourir. Mais il sagit du sort d'une autre, et l'amour même ne pourroit triompher dans mon cœur des remords que j'éprouverois, si j'immolois Matilde à mon bonheur. J'ai promis à sa mère mourante de la protéger, et quelque coupable que fût la malheureuse Sophie, c'est sur cette promesse que s'est reposée sa dernière pensée. Qui pourroit absoudre d'un crime envers les morts? Quelle voix diroit qu'ils ont pardonné?

Matilde elle-même n'est-elle pas la compagne de mon enfance? Ne me suis-je pas liée à son sort en le protégeant? Je recevrois votre vie qui lui est due; je la dépouillerois à dix-huit ans de tout son avenir ; non, Léonce, accordez à Matilde ce qui suffit à son repos, votre temps, vos soins; elle ignore que vous m'aimez, elle me devra de l'ignorer toujours : cette idée me calmera, je l'espère, dans les momens de désespoir dont je ne puis encore me défendre. Léonce, vous serez heureux un jour par les affections de famille; vous n'oublierez pas alors que j'ai renoncé à tout dans cette vie, pour vous assurer le bonheur des liens domestiques, et vous pourrez mêler un souvenir tendre de moi à vos jouissances les plus pures.

LETTRE V.

Léonce à Delphine.

Vous n'êtes plus dans votre maison, vous l'avez quittée pour me fuir; je ne puis retrouver vos traces; je parcours, comme un furieux, tous les lieux où vous pouvez être. Non, ce n'est pas de la vertu qu'une telle conduite; pour y persister, il faut être insensible. A quoi me serviroit de vous peindre mes douleurs? vous avez bravé tout ce que pouvoit m'inspirer mon désespoir! Cependant rassemblez tout ce que vous avez de forces, car je mettrai votre âme à de rudes épreuves; et s'il vous reste encore quelque bonté, votre résolution vous coûtera cher.

J'ai été à Bellerive, à Cernay chez madame de Lebensei; elle m'a juré, d'un air qui me sembloit vrai, qu'elle ignoroit où vous étiez. Je suis revenu, j'ai été trouver votre valet de chambre Antoine; vous raconterai-je ce que j'ai fait pour obtenir de lui votre secret? Je crois qu'il le sait, car il m'a presque promis de vous faire parvenir demain cette lettre; mais rien n'a pu l'engager à me le dire. Je me suis promené le reste du jour, enveloppé de mon manteau, dans votre rue, ou dans celles qui y conduisent : j'étois là pour m'attacher aux pas d'Antoine; malheureux que je suis ! réduit à me servir des plus odieux moyens, pour obtenir de vous, qui croyez m'aimer, une grâce que vous ne devriez pas refuser au dernier des hommes.

Chaque fois que de loin j'apercevois une femme qui pouvoit me faire un instant d'illusion, j'approchois avec un saisissement douloureux, et je reculois bientôt, indigné d'avoir pu m'y méprendre. Je me sentois de l'irritation contre tous les êtres qui alloient, venoient, s'agitoient, passoient à côté de moi, sans avoir rien à me dire de vous, sans s'inquiéter de mon supplice. Le soir, ne craignant plus enfin d'être reconnu, j'ai pu me reposer quelques momens sur un banc près de votre porte, et recevoir sur ma tête la pluie glacée qui tomboit hier. Mais le douloureux plaisir de m'abandonner à mes réflexions, ne m'étoit pas même accordé. J'écoutois, je regardois avec une attention soutenue, tout ce qui pouvoit se passer autour de votre maison; mes pensées étoient sans cesse interrompues, sans que mon âme fût un instant soulagée. Je me levois à chaque moment, croyant voir Antoine qui revenoit en cherchant à m'éviter; quand je faisois quelques pas dans un sens, je retournois tout à coup, me persuadant que c'étoit du côté opposé que j'aurois découvert ce que je cherchois.

Les heures se passoient, je restois seul dans les rues; il devenoit à chaque instant plus invraisemblable qu'au milieu de la nuit je pusse rien apprendre. Mais dès que je me décidois à m'en aller, j'étois saisi d'un désir si vif de rester, que je le prenois pour un pressentiment; et, quoique vingt fois trompé, je cédois aux agitations de mon cœur, comme à des avertissemens surnaturels. Enfin le jour est arrivé; j'ai pris pour vous écrire, une chambre en face de votre maison; j'y suis maintenant, appuyé sur la fenêtre d'où l'on voit votre porte, et mes yeux ne peuvent se fixer un instant de suite sur mon papier. Pourrez-vous lire ces caractères, tracés au milieu des convulsions de douleur que vous me causez? Si je passe encore vingt-quatre heures dans cet état, je vous haïrai; oui, les anges seroient haïs, s'ils condamnoient au supplice que vous me faites souffrir. Ce supplice dénature mon caractère, mon amour, ma morale elle-même. Si vous prolongez cette situation, savez-vous qui souffrira de ma douleur? Matilde, oui, Matilde, à qui vous me sacrifiez.

J'aurois eu des soins pour elle, si vous m'aviez aimé, si je vous avois vue ; mais je déteste en elle l'hommage que vous lui faites de mon sort. Je la regarde comme l'idole devant laquelle il vous a plu de m'immoler, et du moins je jouis de penser que vos vertus imprudentes autant qu'obstinées n'auront fait que du mal à tous les trois.

Si vous me cachez où vous êtes, si vous continuez à refuser de me voir, ma résolution est prise (et vous savez si je suis capable de quelque fermeté) ; je révélerai à Matilde par quelle suite de mensonges l'on m'a fait son époux ; et, lui déclarant en même temps que dans le fond de mon cœur je regarde notre mariage comme nul, je lui abandonnerai la moitié de ma fortune, elle conservera mon nom, et ne me reverra jamais. Je passerai ce qu'il me restera de temps à vivre auprès de ma mère, en Espagne ; et celle à qui vous aviez jugé convenable de me dévouer, n'entendra parler de moi qu'à ma mort.

Que m'importe ce qu'on peut me dire sur le devoir! Les tourmens n'affranchissent-ils pas des devoirs ? Quand la fièvre vient assaillir un homme, on n'exige plus rien de lui ; on le laisse se débattre avec la douleur, et tous ses rapports avec les autres sont suspendus.

N'ai-je pas aussi mon délire? Peut-on rien attendre de moi? Je n'ai qu'une idée, qu'une sensation; parlez-moi de vous revoir, et je vous écouterai, et toutes les vertus rentreront dans mon âme; sans cet espoir, qui pourra me faire renoncer à mes projets? Qui découvrira un moyen d'agir sur ma volonté? Personne, jamais personne. Et vous surtout, Delphine, de quel droit m'offririez-vous des conseils pour le malheur que vous m'imposez? C'est le dernier degré de l'insulte, que de vouloir être à la fois l'assassin et le consolateur.

Vous le voyez, tout est dit. J'instruirai Matilde, par une lettre, des circonstances de notre mariage, de mon amour pour vous, et de la décision où je suis de vivre loin d'elle. Dans vingt-quatre heures elle saura tout, si vous ne m'écrivez pas que vos résolutions sont changées, ou seulement si vous gardez le silence. Ce que contiendra ma lettre une fois dit est irrévocable. Si les paroles que je prononcerai sont amères, vous saurez qui les a dictées; et si je plonge la douleur dans le sein de Matilde, ce n'est pas ma main égarée qu'il faut en accuser, c'est le sang-froid, c'est la raison tyrannique qui vous sert à me rendre insensé.

LETTRE VI.

Réponse de Delphine à Léonce.

Vous avez cru m'effrayer par votre indigne menace : depuis que je vous connois, je me suis senti de la force contre vous une seule fois, c'est après avoir lu votre lettre. J'ai imaginé pendant quelques instans que vous pouviez faire ce que vous m'annonciez, et je pensois à vous sans trouble, car j'avois cessé de vous estimer.

Léonce, ce moment d'une tranquillité cruelle n'a pas duré; j'ai rougi d'avoir craint que vous fussiez capable de l'action la plus dure et la plus immorale, que jamais homme pût se permettre! Vous, Léonce, vous condamneriez au plus cruel isolement une femme aussi vertueuse que Matilde! Elle vient de perdre sa mère, et vous lui ôteriez son époux! Vous lui laisseriez, dites-vous, votre nom et votre bien; c'est-à-dire que vous seriez sans reproches aux yeux du monde, qui juge si différemment les devoirs des maris et des femmes. Mais que feriez-vous réellement pour Matilde? Avez-vous réfléchi au malheur d'une femme dont tous les liens naturels sont brisés ? Savez-vous que par la dépendance de notre sort et la foiblesse de notre cœur, nous ne pouvons marcher seules dans la vie ? Matilde est très-religieuse, mais sa raison a besoin de guide. S'il ne lui restoit plus une seule affection sur la terre, les chagrins, exaltant sa dévotion déjà superstitieuse, la porteroient bientôt à un enthousiasme fanatique dont on ne peut prévoir les effets.

Quel crime a-t-elle commis envers vous, pour la punir ainsi ? Sa mère l'estimoit assez, pour n'avoir pas osé lui confier les ruses qui cependant avoient servi à son bonheur. Matilde vous a vu, Matilde vous a aimé. Elle savoit qu'elle étoit destinée à vous épouser ; elle a cru suivre son devoir, en se livrant à l'attachement que vous lui inspiriez. Et moi, juste ciel ! et moi, qui dois si bien comprendre ce que votre perte peut faire souffrir, je causerois à Matilde la douleur au-dessus de toutes les douleurs ! Car, ne vous y trompez pas, Léonce, si vous vous rendiez coupable de l'action dont vous me menacez, c'est moi que j'en accuserois ; non parce que j'aurois refusé de vous voir, non pour avoir tenté de triompher de ma foiblesse, mais pour vous avoir laissé lire dans ce cœur, qui devoit se fermer pour jamais, du moment où vous n'étiez plus libre.

Je m'accuserois d'avoir inspiré un sentiment qui, loin de rendre meilleur l'objet que j'aime, lui auroit fait perdre ses vertus. Léonce, est-ce ainsi que nous sommes faits pour nous aimer ? Ce sentiment qui, je le crois, ne s'éteindra jamais, ne devoit-il pas servir à perfectionner notre âme ? Oh ! qu'est-ce que l'amour sans enthousiasme ? Et peut-il exister de l'enthousiasme, sans que le respect des idées morales soit mêlé de quelque manière à ce qu'on éprouve ? Si je cessois d'estimer votre caractère, que seriez-vous pour moi, Léonce ? le plus aimable, le plus séduisant des hommes ; mais ce n'est point par ces charmes seuls que mon cœur eût été subjugué. Ce qui a décidé de ma vie, c'est que vos qualités, c'est que vos défauts même, me sembloient appartenir à une âme noble et fière : j'ai reconnu en vous la passion de l'honneur, exagérée, s'il est possible, mais inséparable, je l'imaginois, des véritables vertus ; je vous ai cru le besoin de votre propre approbation, plus encore que celui du suffrage des autres hommes. Jamais on n'a prononcé devant vous une parole généreuse ou sensible, sans que je vous aie vu tressaillir ; jamais vous n'avez entendu raconter une belle action, sans que vos regards aient exprimé cette émotion profonde, qui désigne l'une à l'autre les âmes d'une nature supérieure. Voudriez-vous abjurer tout ce qui fut la cause de mon amour?

Dans ce moment où je me condamne au sacrifice le plus cruel que le devoir puisse exiger, l'idée que je me suis faite de vous me soutient et me relève; je souffre pour mériter votre estime; peut-être ce motif a-t-il plus d'empire sur moi, que je ne le crois encore. Vous sacrifieriez l'amour et son bonheur à l'opinion publique, Léonce, vous le feriez, je le sais; et que penseriez-vous donc de moi, si Dieu et ma conscience avoient moins d'empire sur ma conduite, que l'honneur du monde sur la vôtre? Il me reste encore quelques forces, je dois m'en servir pour fuir le remords. Si malgré mes efforts les plus sincères, vous parvenez à renverser mes résolutions, il n'y aura point de terme aux malheurs qui nous poursuivront. Ma réputation s'altérera bientôt, et peut-être m'en aimerez-vous moins. Juste ciel! pouvez-vous rien imaginer qui alors égalât mon supplice! Les sacrifices que j'aurois faits à votre amour, me flétriroient à vos yeux mêmes. Et qui sait s'il seroit temps encore de ranimer votre cœur par une action désespérée, et de reconquérir pour ma mémoire l'affection pure et vive que le blâme du monde auroit ternie !

Léonce, des craintes, des réflexions sans nombre se pressent dans ma pensée, et luttent contre le sentiment qui m'entraîne vers toi. Ah! que n'en coûte-t-il pas pour s'arracher au bien suprême ! Mais d'où vient donc l'effroi qui me saisit, lorsque je me sens prête à céder à vos vœux ? C'est la protection du ciel qui m'inspire cet effroi salutaire : peut-être l'ombre d'un ami que j'ai perdu, fait-elle un dernier effort pour me sauver, et gémit-elle autour de moi, sans que mes sens puissent saisir, ni ses paroles, ni son image.

Léonce, si j'ai cessé de vous entretenir de Matilde, dont j'étois d'abord uniquement occupée, c'est que je ne crains plus le projet que l'égarement d'un instant vous avoit inspiré ; je n'ai pas besoin de votre réponse pour être sûre que vous y avez renoncé. Je ne sais dans quel endroit de cette lettre, j'ai éprouvé tout à coup la certitude que je vous avois persuadé, mais cette impression ne m'a pas trompée. O Léonce ! nous ne sommes pas encore tout-à-fait séparés ; mes propres mouvemens m'apprennent ce que vous ressentez. Il est resté dans mon cœur je ne sais quelle intelligence, quelle communication avec vous, qui me révèle vos pensées.

LETTRE VII.

Léonce à Delphine.

Oui, je vous obéirai, vous avez raison de n'en pas douter; je cède à la vérité, quand c'est vous qui me l'annoncez. N'aurai-je donc pas le pouvoir de vous persuader à mon tour?

Il est impossible que vous eussiez la force de vous montrer cruelle envers moi, si j'avois su vous convaincre que la plus parfaite vertu vous permettoit, vous ordonnoit même peut-être, de condescendre à ma prière. Je ne sais si dans le délire de la fièvre, j'ai conçu l'espérance que vous seriez l'épouse de mon choix, que vous tiendriez les sermens que vous auriez prononcés, si dans ce jour affreux j'avois saisi votre main, que vous tendiez vers moi, et que je l'eusse présentée à la bénédiction du ciel; mais j'en prends à témoin l'amour et l'honneur, je ne vous demande qu'un lien pur comme votre âme, un lien sans lequel je ne puis exercer aucune vertu, ni faire le bonheur de personne.

Vous m'ordonnez de rester auprès de Matilde, j'obéirai; mais le spectacle de mon désespoir ne l'éclairera-t-il pas tôt ou tard sur mes sentimens ? Si vous m'ôtez l'émulation de vous plaire, si des entretiens fréquens avec vous ne raniment pas mon esprit découragé, ne me rendent pas le libre usage des qualités et des talens que je possédois peut-être, mais que je perds sans vous, que ferai-je dans la vie ? comment serai-je distingué dans aucun genre ? comment avancerai-je vers un but glorieux, quel qu'il soit ? Aucun intérêt, aucun mouvement spontané ne me dira ce qu'il faut faire; et loin d'éprouver de l'ambition, je m'acquitterai des devoirs de la vie, comme une ombre qui se promeneroit au milieu des êtres vivans.

Puis-je cultiver mon esprit, quand il n'est plus capable d'une attention suivie ? lorsqu'il ne saisit une idée que par un effort ? quand je ne puis rien concevoir, rien faire sans une lutte pénible contre la pensée qui me domine ? Quelle est la carrière que l'on peut suivre, quelle est la réputation qu'on peut atteindre par des efforts continuels ? Quand la nature n'inspire plus rien que de la douleur, se fait-il jamais rien de bon et de grand? Un revers éclatant peut donner de nouvelles forces à une âme fière, mais un chagrin continuel est le poison de toutes les vertus, de tous les talens, et les ressorts de l'âme s'affaissent entièrement par l'habitude de la souffrance.

Vous croyez que je serai plus capable de remplir mes devoirs domestiques, si vous m'arrachez les jouissances que je voudrois trouver dans votre amitié; eh bien! ce sont des devoirs constans et doux qui exigent une sorte de calme, qu'un peu de bonheur pourroit seul me donner. Oui, Delphine, je vous le devrois ce calme; votre figure enchanteresse enflamme et trouble souvent mon cœur; mais votre esprit, mais votre âme me font goûter des délices pures et tranquilles. Quand, chez madame de Vernon, je vous entendois parler sur la vertu, sur la raison, analyser les idées les plus profondes, démêler les rapports les plus délicats, je m'éclairois en vous écoutant : je comprenois mieux le but de l'existence, je pressentois avec plaisir l'utile direction que je pourrois donner à mes pensées. L'amour, quand c'est vous qui l'inspirez, ennoblit l'âme, développe l'esprit, perfectionne le caractère ; vous exercez votre pouvoir, comme une influence bienfaisante, non comme un feu destructeur. Depuis que je ne vous vois plus, je me sens dégradé, je ne fais plus rien de moi-même; je compare, en frémissant, la douleur qui m'attend, à celle que j'ai déjà sentie : j'essaie de recourir à des distractions impuissantes, et je me dis souvent, qu'il vaudroit mieux se donner la mort, qu'être occupé sans cesse à fuir la vie.

Delphine, ce ne sont pas là les peines ordinaires d'un amour malheureux, celles dont le temps, ou l'absence, ou la raison peuvent triompher; c'est un besoin de l'âme, toujours plus impérieux, plus on veut le combattre. Votre visage ne feroit pas l'enchantement de mes regards, la jeunesse ne prodigueroit pas tous ses charmes à votre taille ravissante, que j'éprouverois encore pour vous le sentiment le plus tendre. Vos idées et vos paroles auroient sur moi tant d'empire, qu'après vous avoir entendue, jamais je ne pourrois aimer une autre femme.

Ah! mon amie, ne le sens-tu pas comme moi? l'univers et les siècles se fatiguent à parler d'amour, mais une fois, dans je ne sais combien de milliers de chances, deux êtres se répondent par toutes les facultés de leur esprit et de leur âme; ils ne sont heureux qu'ensemble, animés, que lorsqu'ils se parlent ; la nature n'a rien voulu donner à chacun des deux qu'à demi, et la pensée de l'un ne se termine que par la pensée de l'autre.

- S'il en est ainsi de nous, ma Delphine, quels efforts insensés veux-tu donc essayer? Tu me reviendras dans quelques années; si je vis, si nous vivons tu me reviendras, ne pouvant plus lutter contre la destinée du cœur ; mais alors il ne nous restera que des âmes abattues par une trop longue infortune. Nous n'aurons plus la force de nous relever, et de soutenir, sans en être accablés, cette masse de douleurs, que la nature fait peser sur la fin de la vie.

Delphine! Delphine! crois-moi quand je te jure de respecter tous les devoirs, toutes les vertus que tu me commandes; après un tel serment, tu n'as pas le droit de me refuser. Tu parles de ta foiblesse, tu prétends la craindre ; ah, cruelle! combien tu te trompes! Mais enfin tu dirois vrai, que moi, l'amant qui t'adore, je te préserverai, si ton cœur se confie au mien ; je respecterai ta vertu, ta céleste délicatesse, tout ce qui fait de toi l'ange des anges ! Je veux que ton image reste en tout semblable à celle qui remplit maintenant mon cœur; et la plus légère altération dans tes qualités me causeroit une douleur que toutes les jouissances de l'amour ne pourroient racheter.

Vous protégez Matilde, je m'occuperai attentivement de son bonheur; vous connoissez son caractère, son genre de vie, la nature de son esprit, vous savez combien il est aisé de lui cacher ce qui se passe dans le monde et même autour d'elle; je la rendrai plus heureuse, par les soins que je croirai lui devoir en compensation du bonheur que je goûterai sans elle; je la rendrai plus heureuse en réparant ainsi les torts qu'elle ignorera, que si, l'âme déchirée, je traînois quelque temps encore loin de vous, une vie de désespoir. Delphine, tout est prévu, j'ai répondu à tout, il ne reste plus de défense à votre cœur, mon innocente prière ne peut plus être refusée.

Me condamneriez-vous à repousser un soupçon que vous me faites entrevoir ? Vous avez le droit de m'accabler de mes défauts, après le malheur dans lequel ils m'ont précipité; cependant deviez-vous me dire que je vous aimerois moins, si votre réputation étoit altérée, si elle l'étoit par votre condescendance même pour mon bonheur ? Mon amie, rejette loin de toi ces craintes indignes de tous deux, laisse-moi passer chaque jour une heure auprès de toi ; le charme de cette heure se répandra sur le reste de ma vie, je l'attendrai, je m'en souviendrai ; mon sang en circulant dans mes veines, ne m'y causera plus une douleur brûlante. Je pourrai penser, agir, faire du bien aux autres, remplir les devoirs de ma vie, et mourir regretté de toi.

Je vais porter cette lettre à votre porte, l'espérance me ranime ; si tu as dit vrai, Delphine, si nos cœurs se devinent encore, cette espérance est le présage assuré de ta réponse.

A onze heures du soir.

J'arrive chez vous, et j'apprends que vous êtes partie. Partie ! et l'on ne veut pas me dire par quelle route ! qu'espèrent-ils ceux qui s'obstinent à garder ce barbare silence ? pensent-ils que sur la terre je ne saurai pas vous trouver ? Si cette lettre vous arrive avant moi, préparez votre cœur, votre cœur, quelque dur qu'il soit, à beaucoup souffrir ; car vous serez inflexible, je dois le croire à présent, et néanmoins il est des événemens funestes, que vous ne verrez pas sans frémir. Adieu ; je ne m'arrête plus que je n'aie rencontré la mort ou vous.

LETTRE VIII.

Delphine à mademoiselle d'Albémar.

Paris, ce 14 décembre 1790.

Je reste, ma chère Louise! ce mot est peut-être bien coupable, mais si vous le pardonnez, tout ce que j'ai à vous dire ne servira qu'à me justifier.

Vous savez dans quel état j'étois quand je me défendois de le voir ; je prenois ma douleur pour le trouble le plus coupable et le plus dangereux : maintenant que je suis résolue à ne plus le quitter, je suis calme, je ne me crains plus ; ce qu'il me falloit, c'étoit le voir et lui parler. Je ne forme pas un souhait, à présent que ce bonheur m'est assuré; je suis certaine de passer ainsi toutes les années de ma jeunesse, sans avoir même à combattre un seul mouvement condamnable. Je serai son amie, tous les sentimens de mon cœur lui seront consacrés, mais cette union ne nous inspirera jamais que les plus nobles vertus.

Louise, je luttois contre la nature et la morale, en me séparant de lui. Je voulois triompher de l'horreur que m'inspiroit l'idée de le faire souffrir, je devois donc être agitée sans cesse par une incertitude déchirante; ne sachant si j'étois vertueuse ou criminelle, barbare ou généreuse, tout étoit confondu dans mon esprit. Je crois comprendre à présent ce qu'il faut accorder à mes devoirs, et je les concilierai. Peut-être ne pourrai-je conserver ce qu'on appelle dans le monde une existence et de la réputation; mais songez-vous pour quel prix je les expose? c'est pour le voir et le voir sans remords! Que les ennemis inventent à leur gré des calomnies, des persécutions, des peines, ils n'en trouveront point que je ne méprise au sein d'un tel bonheur. L'amour tel que je le sens, ne me laisse craindre que le crime ou la mort: le reste des maux de la vie ne s'offre à moi que comme ces brouillards lointains et passagers qui fixent à peine un instant nos regards.

Il faut vous raconter, ma sœur, la scène terrible et douce qui a décidé de mon sort.

Madame d'Artenas, témoin, malgré moi, de mon refus de voir mon ami, et de la douleur que j'en éprouvois, s'étoit rendue maîtresse de mon secret, et m'avoit emmenée chez elle à l'insu de Léonce, pour me dérober à ses recherches. J'étois convaincue, par ses lettres, que je ne pourrois jamais obtenir de lui la promesse de ne pas me suivre. Craignant que d'un instant à l'autre il ne découvrît ma retraite, je me décidai à partir, en faisant un détour, pour regagner la route du midi. Le soir même où je vous le mandai, ma résolution fut prise et exécutée. J'etois soutenue, je crois, dans ce grand effort, par la fièvre que la solitude et la douleur m'avoient donnée; une exaltation forcée m'animoit, et j'étois si pressée d'accomplir mon cruel sacrifice, que je montai dans ma voiture un quart d'heure après m'être déterminée à m'en aller. Je laissai Antoine à Paris pour arranger mes affaires, et n'ayant avec moi que ma femme de chambre, je partis dans un état qui ressembloit bien plus à l'égarement du délire, qu'au triomphe de la raison.

La nuit étoit noire et le froid assez vif; je jetai mon mouchoir sur ma tête, et m'enfonçant dans ma voiture, son mouvement m'emporta pendant trois heures, sans me faire changer d'attitude. Étourdie par cette course rapide, je ne suivois aucune idée, je les repoussois toutes successivement : néanmoins c'étoit en vain que je cherchois à confondre, dans mon trouble, les souvenirs et les regrets qui se présentoient à moi; je parvenois à obscurcir ce qui se passoit dans mon esprit, mais rien ne calmoit ma douleur. Je m'imagine que l'état de mon âme avoit quelque ressemblance alors avec celui des malheureux condamnés à la mort, lorsque, ne se sentant pas la force d'envisager cette idée, ils essaient d'étouffer en eux toute faculté de réflexion.

Un air glacé, dont je ne m'étois point garantie, me causoit de temps en temps des sensations assez pénibles, et cette souffrance me faisoit un peu de bien. Je pressois quelquefois mon mouchoir sur ma bouche, jusqu'au point de m'ôter la respiration pendant un moment, afin de détourner par un autre genre de douleur, la pensée que je redoutois comme un fantôme persécuteur. Je ne sais ce qui me seroit arrivé, lorsque après de vains efforts pour échapper à moi-même, j'aurois considéré dans son entier le sort que je m'imposois. Mais j'étois parvenue, je crois, à cet excès de malheur qui fait descendre sur nous le secours de la clémence divine.

Un événement que je pourrois appeler surnaturel, du moins par l'impression que j'en ai reçue, vint tout à coup changer mon état, et me délivrer des tourmens du désespoir. J'entendis mes postillons qui crioient : — *Pourquoi voulez-vous nous arrêter ? Qui êtes-*

vous ? Rangez-vous à l'instant, rangez-vous.
— Je crus d'abord que des voleurs vouloient profiter de la nuit pour nous attaquer, et moi, que vous connoissez craintive, j'éprouvai une émotion presque douce. L'idée me vint que Dieu avoit pitié de moi, et m'envoyoit la mort. J'avançai précipitamment ma tête à la portière, avide du péril quel qu'il fût, qui devoit m'arracher aux impressions que j'éprouvois.

Je ne pouvois rien voir, mais j'entendis une voix qui, depuis la première fois qu'elle m'a frappée, n'est jamais sortie de mon cœur, prononcer ces mots : *Faites avancer vos chevaux si vous voulez, écrasez-moi, mais je ne reculerai pas.* — Arrêtez, m'écriai-je, arrêtez. — Les postillons ne distinguoient point mes paroles, et je crus qu'ils se préparoient à partir en renversant celui qui s'étoit placé devant eux ; je fis des efforts pour ouvrir la portière ; le tremblement de ma main m'empêchoit d'y réussir ; ce tremblement augmentoit à chaque seconde qu'il me faisoit perdre. Je sentois que si je ne parvenois pas à descendre, les postillons ne me comprenant pas, attribueroient mes cris à l'effroi, et prenant Léonce pour un assassin, pourroient l'écraser à l'instant sous les pieds des chevaux et les roues de ma voiture. Non, jamais un supplice de cette nature ne sauroit se peindre! Enfin je m'élançai hors de cette fatale portière; Léonce qui m'avoit entendue, s'étoit jeté en bas de son cheval, et courant vers moi, il me reçut dans ses bras.

Divinité des justes! que ferez-vous de plus pour la vertu? Que réservez-vous pour elle dans les cieux, quand sur la terre vous nous avez donné l'amour? Je le retrouvois le jour même où je m'étois condamnée à le quitter pour toujours. Mon cœur reposoit sur le sien, au moment où j'avois cru sentir la voiture qui me traînoit, se soulever en passant sur son corps; non, je n'aurois pas été un être sensible et vrai, si je n'avois pas été résolue dans cet instant, à donner ma vie à celui dont la présence venoit de me faire goûter de telles délices. Ah! Louise, qui pourroit se replonger dans le désespoir, quand un coup du sort l'en a retiré? qui pourroit se rejeter volontairement dans l'abîme, reprendre toutes les sensations douloureuses, suspendues, effacées par la confiance que le bonheur inspire si rapidement? Non, j'ose l'affirmer, le cœur humain n'a pas cette force.

Léonce me porta pendant quelques pas; il me croyoit évanouie, je ne l'étois point;

j'avois conservé le sentiment de l'existence pour jouir de cet instant, peut-être marqué par le ciel, comme le dernier et le plus haut degré de la félicité qu'il me destine. Le premier mot que je dis à Léonce, fut la promesse de renoncer à mon projet de départ; ce départ m'étoit devenu désormais impossible, et je ne voulois pas qu'il pût en douter un instant, après que ma décision étoit prise. Ah! Louise, quelle reconnoissance il m'exprima! quel sentiment délicieux le bonheur de ce qu'on aime ne fait-il pas éprouver! Je ne sais quelle terreur, créée par l'imagination, avoit effrayé, troublé mon esprit depuis quinze jours. Pourquoi donc, pourquoi voulois-je me séparer de Léonce? N'existe-t-il pas des sœurs qui passent leur vie avec leurs frères? des hommes dont l'amitié honore et console les femmes les plus respectables? Pourquoi m'estimois-je si peu que de ne pas me croire capable d'épurer tous les sentimens de mon cœur, et de goûter à la fois la tendresse et la vertu?

Dès que Léonce me vit résolue à ne pas me séparer de lui, il s'établit entre nous la plus douce intelligence; il donna avec une grâce charmante des ordres tout autour de moi, plaça ma femme de chambre dans le cabriolet d'Antoine, qui étoit venu me rejoindre, et se mêla enfin de tous les détails, avec la vivacité la plus aimable, comme s'il eût cru prendre ainsi possession de ma vie.

Après m'avoir fait remonter dans ma voiture, il me montra, par les soins les plus tendres, son inquiétude sur l'état de tremblement où j'étois; il m'entoura de son manteau, ouvrit et referma les glaces plusieurs fois, pour essayer ce qui pourroit me faire du bien; je voyois en lui une activité de bonheur, une sorte d'impossibilité de contenir sa joie, qui me jetoit dans une rêverie enchanteresse; je me taisois, parce qu'il parloit; j'étois calme, parce que l'expression de ses sentimens étoit vive. Oh, Louise! personne, personne au monde, se faisant l'idée de cette félicité, ne renonceroit à l'éprouver!

Il fut convenu entre Léonce et moi que je dirois, à mon retour à Paris, que la fièvre m'avoit saisie en route et m'avoit obligée de revenir. J'écoutai ses projets pour nous voir, chaque jour, sans jamais causer la moindre peine à Matilde; ils étoient tels que je pouvois les désirer; il revint souvent aussi à m'entretenir des ménagemens qu'il auroit pour ma réputation. — Léonce, lui répondis-je, ne faites désormais rien pour moi qui ne soit nécessaire à vous; je ne suis plus à présent qu'un être qui vit pour celui qu'elle aime, et n'existe que dans l'intérêt et la gloire de l'objet qu'elle a choisi. Tant que vous m'aimerez, vous aurez assez fait pour mon bonheur; mon amour-propre, mes penchans, mes désirs sont tous renfermés dans ma tendresse. Ne tourmentez ni ma conscience ni mon amour, et décidez de ma vie sous tous les autres rapports; je me mets, avec fierté comme avec joie, dans la dépendance absolue de votre volonté.

— Louise, avec quelle passion, avec quels transports Léonce me remercia! Votre heureuse Delphine entendit pendant trois heures le langage le plus éloquent de l'amour le plus tendre. Léonce n'eut pas un instant, j'en suis sûre, l'idée de se permettre une expression, un regard qui pût me déplaire. Que le cœur est bon! qu'il est pur! qu'il est enthousiaste, alors qu'il est heureux!

Je trouvai, en arrivant chez moi, la dernière lettre que Léonce m'avoit écrite, et que je n'avois point reçue; il me sembla qu'elle eût suffit pour m'entraîner; mais qu'il étoit doux de la lire ensemble! Les expressions de la douleur de Léonce me faisoient jouir encore plus de son bonheur actuel, et je me plaisois à lui faire répéter les prières qu'il m'avoit adressées, pour m'en laisser toucher une seconde fois. Mais enfin, je m'aperçus qu'il étoit trois heures du matin; au premier mot que je dis à Léonce, il obéit, et me quitta pour retourner chez lui.

J'avois perdu le repos depuis plusieurs mois; j'ai dormi profondément le reste de cette nuit. Quand je me suis réveillée, un beau soleil d'hiver éclairoit ma chambre; il avoit ses rayons de fête, et condescendoit à mon bonheur. Je priai Dieu long-temps, je n'avois rien dans l'âme que je craignisse de lui confier; après avoir prié, je vous ai écrit. Ma sœur, je l'espère, vous ne me condamnerez pas; nous avons toujours eu tant de rapports dans notre manière de penser et de sentir ! comment se pourroit-il que je fusse contente de moi, et que vous trouvassiez ma conduite condamnable ? Cependant, Louise, hâtez-vous de me répondre. Adieu.

LETTRE IX.

Léonce à Delphine.

Mon amie, quoi qu'il puisse nous arriver, remercions le ciel de nous avoir donné la vie. Arrête ta pensée sur ce jour qui vient de s'écouler; il a fait une trace lumineuse dans le cours de nos années, et nous tournerons nos regards vers lui, quelque avenir que le sort nous destine.

Dès mon enfance, un pressentiment assez vif, assez habituel, m'a persuadé que je périrois d'une mort violente : ce matin cette idée m'est revenue à travers les délices de mes sentimens, mais elle avoit pris un caractère nouveau ; je n'étois plus effrayé du présage, je ne désirois plus de le détourner; je ne voyois plus la vie que dans l'amour, et je me plaisois à penser que si je périssois foudroyé dans la jeunesse par quelqu'un des événemens qui menacent un caractère tel que le mien, je périrois dans l'ardeur de ma passion pour toi, et long-temps avant que l'âge eût refroidi mon cœur.

Dis-moi, Delphine, pourquoi la pensée de la mort se mêle avec une sorte de charme aux transports de l'amour ? Ces transports vous font-ils toucher aux limites de l'existence? Est-ce qu'on éprouve en soi-même des émotions plus fortes que les organes de la nature humaine, des émotions qui font désirer à l'âme de briser tous ses liens pour s'unir, pour se confondre plus intimement encore avec l'objet qu'elle aime? Ah! Delphine, que je suis heureux ! que je suis attendri ! mes yeux sans cesse remplis de larmes, ma voix émue, mes pas lents et rêveurs, pourroient me donner l'apparence du plus foible des êtres. Mon caractère, cependant, est loin d'être amolli, mais c'est un état extraordinaire que cette inépuisable source d'impressions sensibles, qui se répand dans tout mon être. L'air déchiroit hier ma poitrine oppressée, ce matin il me semble que je respire l'amour et le bonheur.

Ah! que j'aime la vie! chaque mouvement, chaque pensée qui me rappelle l'existence est un plaisir que je voudrois prolonger; je retiens le temps comme un bienfaiteur.

Delphine, nous serons une fois malheureux, ainsi le veut la destinée ; mais nous n'aurons jamais le droit de nous plaindre. J'ai senti les battemens de ton cœur sur le mien, tes bras m'ont serré de toute la puissance de ton âme; ces peines, ces inquiétudes, ces doutes qui pèsent toujours au dedans de nous-mêmes, et troublent en secret nos meilleurs sentimens, ces infirmités de l'être moral enfin avoient disparu tout à coup en moi. J'étois libre, généreux, fier, éloquent; s'il eût fallu dans ce moment étonner les hommes par le plus intrépide courage, les entraîner par des expressions enflammées, j'en étois capable, j'en étois digne, et nul génie mortel n'auroit pu s'égaler à ton heureux amant. C'est avec cet enthousiasme d'amour, que toi seule au monde peux inspirer, que je saurai tromper l'ivresse où me jette ta beauté ; si quelquefois cet effort m'est pénible, rappelle-moi que tu tiens de mon aveu même qu'hier, hier ! rien ne manquoit à mon bonheur.

Delphine, je te verrai ce soir, je le puis sans le moindre inconvénient : tout s'arrange, tout est facile, les plus petites circonstances secondent mes désirs ; je suis un être favorisé du ciel à cause de toi. Tu m'instruiras dans ta religion, je ne m'en étois pas occupé jusqu'à ce jour ; mais j'ai tant de bonheur, qu'il me faut où porter ma reconnoissance ! ce n'est pas assez du culte que je te rends, il faut me dire à qui je dois ta vie, qui te l'a donnée, qui te la conserve. Impose-moi quelques sacrifices, quelques peines ; mais il n'y en a plus au monde. Comment faire pour découvrir quelques devoirs qui me coûtent, quelques actions qui puissent m'être comptées ; quand je te verrai tous les jours ? Oh, Delphine ! calme-moi, s'il est possible, sur l'excès de mon bonheur, sur sa durée. Dis-moi que le ciel t'a permis de me donner un sort qui n'étoit pas fait pour les hommes ; je puis tout espérer, je puis tout croire ! Quel miracle m'étonneroit, quand un moment a changé la nature entière à mes yeux !

Oui, je possède cette félicité, la mort seule la terminera; il n'y en aura plus de ces terribles jours, pendant lesquels je ne te voyois pas. Mon amie, la force de les concevoir et de les supporter n'existe plus en moi ; j'ai perdu en un instant toute puissance sur mon âme; le bonheur est devenu mon habitude, mon droit ; il faut me ménager avec bien plus de soin que dans le temps de mon désespoir. Je suis heureux, mais tout mon être est ébranlé; les palpitations de mon cœur sont rapides ; je sens dans mon sein une vie tremblante, que la moindre peine anéantiroit à l'instant. Oh, Delphine ! le bonheur parfait étonne la nature humaine; ma tête se trouble, et je suis prêt à devenir misérablement superstitieux, depuis que je possède tous les biens du cœur.

Adieu, Delphine, adieu ; je veux en vain m'exprimer : il y a dans les passions violentes une ardeur, une intensité dont l'âme seule a le secret. Une sympathie céleste, une étincelle d'amour te révélera peut-être ce que j'éprouve.

LETTRE X.

Mademoiselle d'Albémar à Delphine.

Montpellier, ce 20 décembre.

Je le crois, j'en suis sûre, ma chère Delphine, puisque vous êtes heureuse, vous n'avez pas dans le cœur un seul désir, une seule pensée que la vertu la plus parfaite ne puisse approuver : mais hélas ! vous ne vous doutez pas de tous les périls de votre situation ; faut-il que je sois forcée par les devoirs de l'amitié, à ne pas partager avec vous le premier sentiment de joie que vous m'ayez confié depuis six mois !

Je ne vous demande point ce qu'il n'est plus temps d'obtenir ; en lisant vos expressions passionnées, je me suis convaincue que vous n'êtes plus capable du grand sacrifice pour lequel vous avez courageusement lutté ; mais du moins réfléchissez sur les chagrins dont vous êtes menacée, afin qu'une crainte salutaire vous serve de guide encore, s'il est possible. Vous croyez que Léonce n'exigera jamais de vous de renoncer aux principes de vertu, sans lesquels une âme comme la vôtre ne pourroit trouver aucun bonheur ; je crois que dans ce moment son cœur est satisfait par un bien inespéré; mais si vous ne pouvez supporter son malheur, pensez-vous qu'il n'essaiera pas de ce moyen puissant pour tourmenter votre vie? Vous triompherez, je le crois; mais au prix de quelle douleur! l'avez-vous prévu?

Quand vous parviendriez à guider les sentimens de Léonce dans ses rapports avec vous, pouvez-vous oublier son caractère? Il ne s'en souvient plus lui-même à présent, il ne sent que son amour : mais ne savez-vous pas que les défauts qui tiennent à notre nature ou aux habitudes de toute notre vie, renaissent toujours dès qu'il existe une circonstance qui les blesse! Vous abandonnez, dites-vous, le soin de votre réputation, il vous suffit de veiller à la rectitude de votre conduite; mais s'il arrive ce qui ne peut manquer d'arriver, si l'on soupçonne et si l'on blâme votre liaison avec Léonce, il souffrira lui-même beaucoup du tort qu'elle vous fera, et vous retrouverez peut-être avec amertume son irritabilité sur tout ce qui tient à l'opinion.

Enfin, pouvez-vous vous flatter que Matilde, malgré tous vos ménagemens pour elle, ne découvre pas une fois les sentimens que vous inspirez à Léonce? et croyez-vous qu'elle fût heureuse, en apprenant qu'elle vous doit jusques aux soins même de son époux, et que sa conduite envers elle dépend entièrement de votre volonté?

Je vous le répète, je ne vous donne point les conseils rigoureux qui seroient maintenant inutiles ; mais songez que c'est dans le bonheur qu'il est aisé de fortifier sa raison. Je n'exige rien des malheureux, ils ont assez à faire de vivre ; il n'en est pas de même de vous, Delphine ; vous jouissez maintenant d'une situation qui vous enchante, c'est ce moment qu'il faut saisir pour vous accoutumer, par la réflexion, à supporter un avenir peut-être, hélas! trop vraisemblable. Il m'en coûte de vous le dire, mais je n'ai pas vu un seul exemple de bonheur et de vertu dans le genre de liaison que vous projetez. L'exemple de la vertu, vous le donnerez, mais non celui du bonheur. Ce qu'on prévoit et ce qu'on ne prévoit pas brise des nœuds trop chers et trop peu garantis ; la société étant tout entière ordonnée d'après des principes contraires à ces relations de simple choix, elle pèse sur elles de toute sa force, et finit toujours par les rompre ; alors le reste des années est dévoré d'avance ; on ne peut plus reprendre à ces intérêts, à ces goûts simples qui font passer doucement les jours que la Providence nous destine. L'on a connu, l'on a éprouvé cette existence animée que donnent les sentimens passionnés, et l'on n'est plus accessible à aucune des jouissances communes de la vie. La puissance de la raison sert à supporter le malheur, mais la raison ne peut jamais nous créer un seul plaisir; et quand l'amour a consumé le cœur, il faudroit un miracle pour faire rejaillir de ce cœur ainsi consumé, la source des plaisirs doux et tranquilles.

Oh, Delphine! pauvre Delphine! vous immolez tout à quelques années, à moins encore, peut-être! Je vous en conjure, regardez votre séjour ici comme un asile, ne renoncez pas à y venir, n'ajoutez pas l'imprévoyance et l'aveugle sécurité à tous les sentimens qui vous captivent. Reposez-vous un moment dans le bonheur, mais afin de reprendre des forces pour continuer la route de la vie. Hélas! vous n'avez pas fini de souffrir, ne relâchez pas tous les liens qui vous soutenoient; tous ces liens, qui sont plus souvent encore un appui qu'une gêne, ils ne vous seront que trop nécessaires. Mon amie, nous l'avons dit souvent ensemble, la société, la Providence même, peut-être, n'a permis qu'un seul bonheur aux femmes, l'amour dans le mariage; et quand on en est privé, il est aussi impossible de réparer cette perte que de retrouver la jeunesse, la beauté, la vie, tous les dons immédiats de la nature, et dont elle dispose seule.

Il en coûte, je le sens, de se prononcer que l'on ne peut plus être heureux ; mais il seroit plus amer encore de se faire illusion sur cette vérité; et, dans de certaines situations, c'est un grand mal que l'espérance ; sans elle, le repos naîtroit de la nécessité. Delphine, l'amitié doit réserver ses foiblesses pour l'instant de la douleur; au milieu des prospérités, il faut qu'elle fasse entendre une voix sévère.

Je ne vous ai parlé que des peines qui menacent le sentiment auquel vous vous livrez ; je ne me suis pas permis de craindre pour vous le plus grand des malheurs, le remords. Ah ! vous avez fait une cruelle expérience de la douleur, et cependant vous ne connoissez pas encore tout ce que le cœur peut souffrir ; vous l'apprendriez, si vous aviez manqué à vos devoirs. Aussi long-temps que vous les respecterez, mon amie, la faveur du ciel peut encore vous protéger.

LETTRE XI.

Léonce à Delphine.

Paris, ce 29 décembre.

Vous êtes heureuse, ma Delphine, mon cœur ne devroit plus rien désirer; il y a quinze jours que je ne croyois pas même à la possibilité de la peine; il me sembloit qu'elle ne rentreroit jamais dans mon cœur; cependant je suis inquiet, presque triste; je voulois te le cacher, mais j'ai senti que j'offenserois cette intimité parfaite, qui confond nos âmes, si je laissois s'établir le moindre secret entre nous.

Je vous en conjure, Delphine, n'interprétez pas mal ce que je vais vous dire. Ce ne sont point des sentimens réprimés, quoique invincibles, qui troublent déjà mon bonheur; ce n'est pas non plus la jalousie qui s'empare de moi; comment pourroit-elle m'atteindre? mon cœur en est préservé par mon estime, par mon admiration pour toi : mais je hais cette vie du monde dans laquelle vous avez reparu avec tant d'éclat. Quand je vais chez vous, j'y rencontre sans cesse des visites, je ne suis jamais sûr d'un instant de conversation tête à tête; plusieurs fois les importuns pour qui vous êtes charmante, sont demeurés à causer avec vous, jusqu'à l'heure où la prudence ne me permettoit plus de rester.

Hier au soir, par exemple, hier j'ai passé quatre heures avec vous, et pendant ces quatre heures, qui pourroit le croire! je n'ai éprouvé que des sentimens pénibles. Madame d'Artenas vous avoit persécutée pour souper chez elle, vous aviez cru devoir y consentir : c'étoit, m'avez-vous dit, afin de prouver par l'accueil même que vous recevriez au milieu de la meilleure société de Paris, que l'impression des bruits répandus contre vous étoit entièrement effacée; car vous aussi, Delphine, vous vous occupez de captiver l'opinion du monde, et vous y réussissez parfaitement; je vous ai suivie dans ce tourbillon, et si je n'y avois pas été, je ne vous aurois pas vue de tout le jour.

J'arrivai avant vous, vous entrâtes; jamais je ne vous avois vue si belle! cet habit noir sur lequel retomboient vos cheveux blonds, ce crêpe qui environnoit votre taille et faisoit ressortir la plus éclatante blancheur, toute votre parure enfin contribuoit à vous rendre éblouissante. J'entendis des murmures d'admiration de toutes parts, et je ne sais pourquoi je ne me sentis pas fier de votre succès;

il me sembloit que vous deviez votre éclat au désir de plaire généralement, et non à votre attachement pour moi seul ; cette impression fut la première que j'éprouvai en vous voyant, et le reste de la soirée ne fut que trop d'accord avec ce pénible sentiment.

Jamais vous n'avez produit tant d'effet par votre présence et par votre conversation! jamais vous n'avez montré un esprit plus séduisant et plus aimable! Trois rangs d'hommes et de femmes faisoient cercle autour de vous, pour vous voir et vous entendre. La jalousie, la rivalité étoient pour un moment suspendues ; on étoit avec vous comme les courtisans avec la puissance ; ils cherchent à s'en approcher sans se comparer avec elle ; chacun étoit glorieux de bien comprendre tout le charme de vos expressions, et pour un moment les amours-propres luttoient seulement ensemble à qui vous admireroit le plus. Moi, je me tins à quelque distance de vous, sans perdre un mot de votre entretien. J'entendis aussi les exclamations d'enthousiasme, je dirois presque d'amour, de tous ceux qui vous entouroient. Tandis que votre esprit se montroit plus libre, plus brillant que jamais, il m'étoit impossible de me mêler à la conversation ; vous étiez gaie et j'étois sombre. Cependant, moi aussi, Delphine, moi aussi je suis heureux. Pourquoi donc étois-je si embarrassé, si triste ? expliquez-moi la raison de cette différence : oh ! si vous alliez découvrir que c'est parce que je vous aime mille fois plus que vous ne m'aimez !

Certainement, la vie de Paris ne peut convenir à l'amour ; le sentiment que vous avez daigné m'accorder s'affoibliroit au milieu de tant d'impressions variées. Je le sais, votre cœur est trop sensible pour que l'amour-propre puisse le distraire des affections véritables ; mais enfin ces succès inouïs que vous obtenez toujours, dès que vous paroissez, ne vous causent-ils pas quelques plaisirs ? et ces plaisirs ne viennent pas de moi ; ce seroient eux, au contraire, qui pourroient vous dédommager de mon absence. Je suis glorieux de votre beauté, de votre esprit, de tous vos charmes, et cependant ils me font éprouver cette jalousie délicate qui ne se fixe sur aucun objet, mais s'attache aux moindres nuances des sentimens du cœur ; ces suffrages qui se pressent autour de vous, il me semble qu'ils nous séparent ; ces éloges que l'on vous prodigue, donnent à tant d'autres l'occasion de vous nommer, de s'entretenir de vous, de prononcer des paroles flatteuses, des paroles que moi-même je vous ai dites souvent, et que je serai sans doute entraîné à vous redire encore!

Oh! mon amie, puisque vous ne m'appartiendrez jamais entièrement, puisque ces charmes qui enivrent tous les regards ne seront jamais livrés à mon amour, il faut me pardonner d'être prêt à m'irriter, quand on vous voit, quand on vous entend, quand on goûte presque alors les mêmes jouissances que moi. Pardon, ma Delphine, j'ai blasphémé; tu m'aimes, à qui donc puis-je me comparer sur la terre? Mais je ne puis jouir de mon sort au milieu du monde; l'observation qui nous environne m'importune; je ne suis bien que seul avec toi; dans toute autre situation je souffre, je sens avec une nouvelle amertume le désespoir de n'être pas ton époux. Tu veux que je sois heureux, eh bien! j'ose te supplier de retourner à Bellerive; la saison est rude encore; mais n'est-il pas vrai que tu ne compteras pour rien ce qui pourroit déplaire à d'autres femmes?

Les devoirs que tu m'imposes envers Matilde, ne me permettront pas de te voir avant sept heures du soir; tu seras souvent seule jusqu'alors, mais tu goûteras quelque plaisir par les pensées solitaires qui gravent plus avant toutes les impressions dans le cœur. Je demande à la femme de France qui voit à ses pieds le plus d'hommages et de succès, de s'enfermer dans une campagne, au milieu des neiges de l'hiver; mais cette femme sait aimer, cette femme quittoit tout pour me fuir, quand un scrupule insensé l'égaroit ; ne quittera-t-elle pas tout plus volontiers encore, pour satisfaire mon cœur avide d'amour, de solitude, d'enthousiasme, de toutes ces jouissances que le monde ravit à l'âme, en la flétrissant? Je déteste ces heures que consume une vie oiseuse. Depuis six mois, j'ai perdu l'habitude de l'occupation ; si tu le veux, nous donnerons quelques momens à des lectures communes ; j'aime cette douce manière de tromper, s'il est possible, les sentimens qui me dévorent.

Les pratiques religieuses et la société des dévotes remplissent presque toutes les soirées de madame de Mondoville; elle ne m'a jamais demandé de venir avec elle aux assemblées qui se tiennent chez l'évêque de M., et je crois même qu'elle seroit fort embarrassée de m'y mener; elle ne se permet jamais d'aller au spectacle ; elle fait des difficultés sur les trois quarts des femmes que nous serions appelés à voir; il arrive donc tout simplement que je deviens chaque jour plus étranger à sa société. Elle m'aime, et cependant elle ne souffre point de cette sorte de séparation. Quand les principes rigoureux du catholicisme s'emparent d'un caractère qui n'est pas naturellement très-sensible, ils régularisent tout, décident de tout, et ne laissent ni assez de loisir, ni assez de connoissance du monde, pour être susceptible de jalousie : je ferai donc plutôt du plaisir que de la peine à Matilde, en la laissant libre de se réunir tous les soirs avec les personnes de son opinion ; et pourvu que je ne dîne pas hors de chez elle, elle sera contente de moi.

Tous les jours donc, quand six heures sonneront, je monterai à cheval pour aller à Bellerive, ma vie ne commencera qu'alors ; j'arriverai à sept heures, je reviendrai à minuit ; quoique je pusse être censé veiller plus tard dans les sociétés de Paris, je serai exact à ce moment, pour ne pas inquiéter madame de Mondoville. Delphine, vous voyez avec quel soin je vais au-devant de vos généreuses craintes : je ne vivrai que quatre heures ; mais pendant le reste du temps, j'aurai ces quatre heures en perspective, et je traînerai ma chaîne pour y arriver. O mon amie ! ne vous opposez point à ce projet, il m'enchante ; j'avois commencé cette lettre dans le plus grand abattement; en traçant notre plan de vie, j'ai senti mon cœur se ranimer; je t'enlève au monde, je te garde pour moi seul, je ne te laisse pas même la disposition des momens que je passerai sans te voir; je suis exigeant, tyrannique; mais je t'aime avec tant d'idolâtrie, que je ne puis jamais avoir tort avec toi.

LETTRE XII.

Delphine à Léonce.

30 décembre 1790.

Léonce, après demain, le premier jour de l'année qui va commencer, je vous attendrai à Bellerive; j'aime à fêter avec vous une de ces époques du temps, elles me serviront, je l'espère, à compter les années de mon bonheur : toutes les solennités qui signalent le cours de la vie ont du charme, quand on est heureux; mais que le retour seroit amer, s'il ne rappeloit que des regrets!

Mon ami, j'ai voulu que mes premières paroles fussent un consentement à ce que vous souhaitez; maintenant, qu'il me soit permis de vous le dire, votre lettre m'a fait de la peine. Que de motifs vous me donnez pour le plus simple désir! pensiez-vous qu'il m'en coûteroit de quitter le monde? ai-je un intérêt, une jouissance, un but indépendant de vous? Quelle inquiétude, quelle agitation se fait sentir, comme malgré vous, dans ce que vous m'avez écrit! J'avois reçu, peu d'heures auparavant, une lettre de ma belle-sœur, qui cherchoit à m'éclairer sur les périls auxquels je m'expose, et j'ai cru déjà voir dans quelques-unes de vos plaintes détournées, le présage des malheurs dont elle me menaçoit.

Quoi! Léonce, il n'y a pas un mois que d'une séparation absolue, d'un long supplice, nous sommes passés à nous voir tous les jours; et déjà votre cœur est tourmenté, et me cache peut-être ce qu'il éprouve, ce qu'il ne lui est pas permis d'avouer. A peine ai-je assez de mes pensées, de mes sentimens pour connoître, pour goûter tout mon bonheur; et vous, vous paroissez mécontent, vous vous plaignez de votre sort; dans ces entretiens tête-à-tête que vous désirez, vous ne cessez de me parler de vos sacrifices. O Léonce, Léonce! les délices du sentiment seroient-elles épuisées pour vous? ne me dites pas que votre cœur a plus de passion que le mien;

croyez-moi, dans notre situation, le plus heureux des deux est sûrement le plus sensible.

Je veux me persuader, néanmoins, que c'est uniquement l'importunité du monde qui vous a déplu; je vais vous expliquer les motifs qui m'y avoient condamnée. Je savois que pendant quelque temps on avoit dit assez de mal de moi, et je croyois utile de ramener ceux sur l'esprit desquels ces propos injustes avoient produit quelque effet. Madame d'Artenas jugeoit convenable que je reparusse dans la société, et c'est par bonté qu'elle rassembla chez elle hier ce que l'on appelle à Paris les *chefs de bande* de l'opinion, afin que j'eusse l'occasion, non de me justifier, je ne m'y serois pas soumise, mais de me remettre à ma place dans une réunion d'éclat. Ai-je besoin de vous le dire, Léonce? c'est pour vous que je prends soin de désarmer la calomnie; j'y serois insensible, si elle ne m'arrivoit pas à travers l'impression qu'elle peut vous faire. Le secret de ma conduite depuis quinze jours, étoit peut-être le désir d'offrir à vos yeux celle que votre mère n'avoit pas jugée digne de vous, entourée de considération et d'hommages.

Vous me reprochez presque ma gaîté; hélas!

hier, en entrant dans le salon de madame d'Artenas, j'éprouvai d'abord une impression de tristesse; je revoyois le monde pour la première fois depuis la mort de madame de Vernon, et, pardonnez-le moi, je ne puis penser à elle sans attendrissement; cependant je sentis la nécessité de cacher cette disposition. Si j'avois montré de la tristesse au milieu du monde, loin de l'attribuer aux regrets qui la causoient, on auroit dit que j'étois inquiète de ce qui s'étoit répandu sur M. de Serbellane et moi, et j'aurois manqué le but que je m'étois proposé : il faut fuir le monde, ou ne s'y montrer que triomphante ; la société de Paris est celle de toutes dont la pitié se change le plus vite en blâme.

Ce fut donc par un effort que je débutai dans cette carrière de succès, que vous vous plaisiez à peindre avec amertume; cependant, j'en conviens, je m'animai par la conversation; je m'animai, faut-il vous le dire? par le plaisir de briller devant vous; je vous sentois près de moi, je vous regardois souvent pour deviner votre opinion ; un sourire de vous me persuadoit que j'avois parlé avec grâce, et le mouvement que cause la société, quand on s'y livre, étoit singulièrement excité par votre présence. L'émotion qu'elle me faisoit éprouver m'inspiroit les pensées et les paroles qui plaisoient autour de moi. Je m'adressois à vous par des allusions détournées, et, dans les questions les plus générales, je ne disois pas un mot qui n'eût un rapport avec vous, un rapport que vous seul pouviez saisir, et que vous avez feint de ne pas remarquer.

N'importe, vous pouvez m'en croire, celle qui ne voit que vous dans le monde, doit se plaire mille fois davantage dans la retraite avec vous; et j'aurois eu la première l'idée d'aller à Bellerive, si je n'avois pas craint qu'en m'établissant au milieu de l'hiver à la campagne, je n'attirasse l'attention sur mes sentimens. Les habitués du monde de Paris ne conçoivent pas comment il est possible de supporter la solitude, et s'acharnent à dénigrer les motifs de ceux qui prennent le parti de la retraite. Je vous en préviens, afin que si la résolution que je vais prendre nuit à ma réputation, vous y soyez préparé, et que vous n'oubliiez point que vous l'avez voulu. Dans les malheurs qui peuvent m'atteindre, je ne crains que ce qui pourroit blesser votre caractère.

Le genre de vie que vous me proposez, a mille fois plus de charmes encore pour moi que pour vous. Je hais la dissimulation qui me seroit commandée au milieu du monde; je croirai respirer un air plus pur, quand je ne verrai personne devant qui je doive cacher l'unique intérêt qui m'occupe. Je ne mets qu'une condition à ma condescendance (condition toujours la même, quoi qu'il puisse nous arriver), c'est que vous ne me laisserez point ignorer ce que Matilde pourroit savoir de notre affection l'un pour l'autre, et que si jamais elle en étoit malheureuse, je partirois à l'instant, sans que vous me suivissiez; j'en ai votre parole : c'est cette assurance qui me permet de goûter sans un remords trop amer, le plaisir de vous voir. Hélas! me contenter de cette promesse, ce n'est pas être trop sévère envers moi-même. Adieu, Léonce; oui, chaque soir vous viendrez donc à Bellerive; ah! quelle douce espérance! Souvenez-vous cependant que de toutes les situations de la vie, la nôtre est la plus incertaine; nous sommes heureux, mais nous avons tout à craindre : mon ami, ménagez bien notre sort.

LETTRE XIII.

Léonce à Delphine.

2 janvier 1791.

Unutterable happiness!
Which love alone bestows, and on a favoured few (1).

O Delphine! que j'avois raison de désirer ce que ton cœur m'a si généreusement accordé! Combien j'ai été plus heureux hier à Bellerive, qu'à Paris, dans aucun des jours où je t'y ai vue! je te trouvois seule, et j'avois la certitude que ce bonheur ne seroit point interrompu; cette pensée mêloit un calme délicieux à mes transports.

Quel charme tu as su répandre sur les détails de la vie, qui échappent au milieu du mouvement des villes! quels soins n'as-tu pas pris de moi! la neige en route m'avoit un peu saisi, tes jolies mains furent long-temps occupées à ranimer le feu pour me réchauffer; combien il eût été moins aimable d'appeler

---

(1) Bonheur inexprimable! que l'amour seul peut donner, et qu'il n'accorde encore qu'à un petit nombre de favorisés!

THOMPSON.

tes gens pour nous servir! tu prenois aussi un plaisir extrême à me montrer les changemens que tu comptois faire pour embellir ta maison. Toi, que j'avois vue jusqu'alors si indifférente pour ce genre de goût et d'occupation, il me sembloit, et tu en es convenue, que le bonheur te faisoit prendre intérêt à tout, et que tu te plaisois à parer les lieux que nous devions parcourir ensemble. Mon cœur n'a pas négligé la moindre observation qui pût me prouver ta tendresse ; j'ai remarqué jusqu'à ces arbustes couverts de fleurs, nouvellement placés dans ton cabinet : cet appartement étoit presque négligé, quand tu le destinois à recevoir la plus brillante compagnie de la France ; tu lui as donné un air de fête pour Léonce, pour ton ami.

Oh ! combien je jouissois de la vivacité pleine de charmes que tu mettois à me raconter les plus légères bagatelles ! Une joie touchante t'animoit, et la gaîté n'étoit point alors un jeu de ton esprit, mais un besoin de ton cœur. J'ai ri de cette sérieuse occupation du souper, toi qui n'y as songé de ta vie ! tu voulois t'assurer qu'on me donneroit ce qui pouvoit me faire du bien, après le froid que j'avois éprouvé. Je t'ai vu hier des agrémens nouveaux, que je ne te connoissois pas encore ;

les soins de la vie domestique ont une grâce singulière dans les femmes; la plus ravissante de toutes, la plus remarquable par son esprit et sa beauté, ne dédaigne point ces attentions bonnes et simples, qu'il est doux quelquefois de retrouver dans son intérieur. Oh! quelle femme j'aurois possédée! et j'ai pu m'unir à elle! je l'ai pu!... Malheureux! qu'ai-je dit? non, je ne suis pas malheureux; mais en t'aimant chaque jour davantage, chaque jour aussi cependant mes regrets deviennent plus cruels. Enfin apprends-moi, s'il est possible, à te soumettre jusqu'à mon amour.

Avec quelle insistance vous avez voulu que nous fussions fidèles au projet formé, de remplir notre temps par des lectures communes! Ah! vous avez craint ces douces rêveries d'amour, qui suffisoient si bien à mon cœur! je voulois du moins que nous choisissions l'un de ces livres où j'aurois pu retrouver quelques peintures des sentimens qui m'animent; mais vous vous y êtes obstinément refusée. N'importe, ma Delphine, ta voix, quoi qu'elle me lise, ne m'inspirera que l'amour : parle en ton nom, parle au nom de Dieu même, si tu le veux, mais que ta main soit dans la mienne, et que je puisse souvent la presser sur mon cœur. Ange tutélaire de ma vie, adieu jusqu'à ce soir.

LETTRE XIV.

Delphine à Léonce.

Je n'ai pas été contente de vous hier, mon cher Léonce ; je ne vous croyois pas cette indifférence pour les idées religieuses, j'ose vous en blâmer. Votre morale n'est fondée que sur l'honneur ; vous auriez été bien plus heureux, si vous aviez adopté les principes simples et vrais qui, en soumettant nos actions à notre conscience, nous affranchissent de tout autre joug. Vous le savez, l'éducation que j'ai reçue, loin d'asservir mon esprit, l'a peut-être rendu trop indépendant : il seroit possible que les superstitions même convinssent à la destinée des femmes ; ces êtres chancelans ont besoin de plusieurs genres d'appui, et l'amour est une sorte de crédulité qui se lie peut-être avec toutes les autres ; mais le généreux protecteur de mes premières années estimoit assez mon caractère, pour vouloir développer ma raison, et jamais il ne m'a fait admettre aucune opinion, sans l'approfondir moi-même, d'après mes propres lumières. Je puis donc vous parler sur la religion que j'aime, comme sur tous les sujets que mon cœur et mon esprit ont librement examinés ;

et vous ne pouvez attribuer ce que je vous dirai aux habitudes commandées, ni aux impressions irréfléchies de l'enfance. Jamais, je vous le jure, depuis que mon esprit est formé, je n'ai pu voir, sans répugnance et sans dédain, l'insouciance et la légèreté qu'on affecte dans le monde sur les idées religieuses. Qu'elles soient l'objet de la conviction, de l'espoir, ou du doute, n'importe; l'âme se prosterne devant une chance comme devant la certitude, quand il s'agit de la seule grande pensée qui plane encore sur la destinée des hommes.

J'étois pénétrée de ces sentimens, Léonce, avant de connoître l'amour; ah! que ne dois-je pas éprouver maintenant, que cette passion profonde remplit mon cœur d'idées sans bornes, et de vœux sans fin! Je ne prétends point vous retracer les preuves de tout genre dont vous vous êtes sans doute occupé; mais dites-moi si, depuis que vous m'aimez, votre cœur ne sent rien qui lui révèle l'espérance de l'immortalité.

Quand M. d'Albémar mourut, je croyois aux idées religieuses, mais sans avoir jamais eu le besoin d'y recourir. J'étois si jeune alors, qu'aucun sentiment de peine ne m'avoit encore atteinte; et quand on n'a point souffert, on a bien peu réfléchi; mais, à la mort de mon bienfaiteur, je me persuadai que je n'avois point assez fait pour son bonheur, et j'en éprouvai les remords les plus cruels. Depuis que j'étois devenue son épouse, l'extrême différence de nos âges m'inspiroit souvent des réflexions tristes sur mon sort; je craignis de les avoir quelquefois exprimées avec humeur, et je me le reprochai douloureusement, dès qu'il eut cessé de vivre. Rien ne peut donner l'idée du repentir qu'on éprouve, quand il n'est plus possible de rien expier, quand la mort a fermé sur vous tout espoir de réparer les torts dont on s'accuse. Cette douleur me poursuivoit tellement qu'elle auroit altéré ma raison, si l'excellente sœur de M. d'Albémar ne m'eût calmée, en me rappelant avec une nouvelle force l'existence de Dieu et l'immortalité de l'âme. Je sentis enfin que mon généreux ami, témoin de mes regrets, les avoit acceptés, et que son pardon avoit soulagé mon cœur.

J'exécutai ses derniers ordres avec un scrupule religieux; chaque fois que je remplissois une de ses volontés, j'éprouvois une douce consolation qui m'assuroit que nos âmes communiquoient encore ensemble. Que serois-je devenue, si j'avois pensé qu'il n'existât plus rien de lui? Qu'aurois-je fait de mon repentir?

Comment se seroit-il adouci? comment me serois-je consolée du moindre tort, s'il avoit reçu le sceau de l'éternité? Ces sentimens, ces regrets qui s'attachent aux morts, seroient-ils le seul mensonge de la nature, l'unique douleur sans objet, l'unique désir sans but? et la plus noble faculté de l'âme, le souvenir, ne seroit-elle destinée qu'à troubler nos jours, en nous faisant donner des regrets à la poussière dispersée que nous aurions appelée nos amis.

Sans doute, cher Léonce, je ne crains point de te survivre; jamais je n'invoquerai ta tombe, ma vie est inséparable de la tienne : mais, si tout à coup, l'affreux système dont l'anéantissement est le terme s'emparoit de mon âme, je ne sais quel effroi se mêleroit même à mon amour. Que signifieroit la tendresse profonde que je ressens pour toi, si tes qualités enchanteresses n'étoient qu'une de ces combinaisons heureuses du hasard, que le temps amène et qu'il détruit? Pourrions-nous, dans l'intimité de nos âmes, rechercher nos pensées les plus secrètes pour nous les confier, quand au fond de toutes nos réflexions seroit le désespoir? Un trouble extraordinaire obscurcit ma pensée, quand on lui ravit tout avenir, quand on la renferme dans cette vie; je sens alors que tout est prêt à me manquer ;

je ne crois plus à moi, je frémis de ne plus retrouver ce que j'aime; il me semble que ses traits pâlissent, que sa voix se perd dans les ombres dont je suis environnée; je le vois placé sur le bord d'un abîme : chaque instant où je lui parle me paroît comme le dernier, puisqu'il doit en arriver un qui finira tout pour jamais, et mon âme se fatigue à craindre, au lieu de jouir d'aimer.

Oh! combien le sentiment se raffermit et nous élève, lorsqu'on s'anime mutuellement à se confier dans l'Être suprême ! Ne résistez pas, Léonce, aux consolations que la religion naturelle nous présente. Il n'est pas donné à notre esprit de se convaincre sur un tel sujet par des raisonnemens positifs; mais la sensibilité nous apprend tout ce qu'il importe de savoir. Jetez un regard sur la destinée humaine : quelques momens enchanteurs de jeunesse et d'amour, et de longues années toujours descendantes, qui conduisent de regrets en regrets, et de terreurs en terreurs, jusqu'à cet état sombre et glacé, qu'on appelle la mort. L'homme a surtout besoin d'espérance, et cependant son sort, dès qu'il a atteint vingt-cinq ans, n'est qu'une suite de jours dont la veille vaut encore mieux que le lendemain : il se retient dans la pente, il s'attache à chaque branche, pour que ses pas l'entraînent moins vite vers la vieillesse et le tombeau ; il redoute sans cesse le temps pour lequel l'imagination est faite, le seul dont elle ne peut jamais se distraire, l'avenir. O Léonce ! et ce seroit là tout ! et cette âme de feu ne nous auroit été donnée que pour s'éteindre lentement dans l'agonie de l'âge !

La puissance d'aimer me fait sentir en moi la source immortelle de la vie. Quoi ! mes cendres seroient près des tiennes sans se réveiller ! Nous serions pour jamais étrangers à cette nature, qui parle si vivement à notre âme ! ce beau ciel, dont l'aspect fait naître tant de sentimens et de pensées, ces astres de la nuit et du jour se leveroient sur notre tombe, comme ils se sont levés sur nos heures trop heureuses, sans qu'il restât rien de nous pour les admirer ! Non, Léonce, je n'ai pas moins d'horreur du néant que du crime, et la même conscience repousse loin de moi tous les deux.

Mais que ferai-je de mon espérance, si tu ne la partages pas ? Livrerai-je mon âme à un avenir que tu n'as pas reconnu pour le tien ? Quelle idée mon imagination peut-elle me donner du bonheur, si ce n'est pas avec toi que je dois en jouir ? Comment entretenir ces méditations solitaires que ta voix n'encourageroit pas? Je ne puis plus rien à moi seule, j'ai besoin de t'interroger sur toutes mes pensées, pour les juger, pour les admettre, pour les rattacher à mon amour. O Léonce, Léonce! viens croire avec moi, pour que j'espère en paix, pour que je suive ta trace brillante dans ce ciel, où mes regards cherchent ta place, avant d'aspirer à la mienne.

Oui, Léonce, il existe un monde où les liens factices sont brisés, où l'on n'a rien promis que d'aimer ce qu'on aime; ne sois pas impie envers cette espérance! le bonheur que la sensibilité nous donne, loin de distraire comme tous les autres de la reconnoissance envers le Créateur, ramène sans cesse à lui; plus notre être se perfectionne, plus un Dieu lui devient nécessaire; et plus les jouissances du cœur sont vives et pures, moins il nous est possible de nous résigner aux bornes de cette vie. Léonce, je vous en conjure, ne plaisantez jamais sur le besoin que j'ai d'occuper votre âme des idées religieuses. Je douterois de votre amour pour moi, si je ne pouvois réussir à vous donner au moins du respect pour ces grandes questions, qui ont intéressé tant d'esprits éclairés, et calmé tant d'âmes souffrantes.

La légèreté dans les principes conduiroit

bientôt à la légèreté dant les sentimens ; l'art de la parole peut aisément tourner en dérision ce qu'il y a de plus sacré sur la terre ; mais les caractères passionnés repoussent ce dédain superficiel, qui s'attaque à toutes les affections fortes et profondes. L'enthousiasme que l'amour nous inspire est comme un nouveau principe de vie. Quelques-uns l'ont reçu ; mais il est aussi inconnu à d'autres que l'existence à venir dont tu ne veux pas t'occuper. Nous sentons ce que le vulgaire des âmes ne peut comprendre, espérons donc aussi ce qui ne se présente encore à nous que confusément. Les pensées élevées sont aussi nécessaires à l'amour qu'à la vertu.

Hélas ! m'est-il permis de parler de vertu ! la parfaite morale pourroit déjà, je le sais, réprouver ma conduite ; et ma conscience me juge plus sévèrement que ne le feroient les opinions reçues dans le monde : mais j'aime mieux la justice du ciel que l'indulgence des hommes ! et quoique je n'aie pas la force de renoncer à te voir, il me semble que j'altère moins mes qualités naturelles, en portant chaque jour mon repentir aux pieds de l'Être suprême, qu'en cherchant à douter de la puissance qui me condamne.

Léonce, l'éducation que vous avez reçue,

l'exemple et le souvenir des antiques mœurs espagnoles, les idées militaires et chevaleresques qui vous ont séduit dès votre enfance, vous semblent devoir tenir lieu des principes les plus délicats de la religion et de la morale. Tous les caractères généreux se plaisent dans les sacrifices, et vous vous êtes fait du sentiment de l'honneur, du respect presque superstitieux pour l'opinion publique, un culte auquel vous vous immoleriez avec joie. Mais si vous aviez eu des idées religieuses, vous auriez été moins sensible au blâme ou à la louange du monde; et peut-être, hélas! la calomnie ne seroit-elle pas si facilement parvenue à vous irriter et à vous convaincre. O mon ami! rendez au ciel un peu de ce que vous ôterez aux hommes. Vous trouverez alors dans le contentement de vous-même un asile que personne n'aura le pouvoir de troubler, et moi-même aussi je serai plus tranquille sur mon sort. Les idées religieuses, alors même qu'elles condamnent l'amour, n'en tarissent jamais entièrement la source, tandis que les mensonges perfides du monde dessèchent sans retour les affections de celui qui les craint et les écoute.

Vous le voyez, Léonce, en méditant avec vous sur les pensées les plus graves, je reviens sans cesse à l'intérêt qui me domine, à votre sentiment pour moi. Non, cette lettre, non, aucune action de ma vie ne peut désormais m'être comptée comme vertu, et l'amour seul m'inspire le bien comme le mal. Adieu.

LETTRE XVI.

Réponse de Léonce à Delphine.

God is thy law, thou mine. (1)

MA Delphine, je ne voulois répondre à ta lettre qu'en te revoyant ; je me serois jeté à tes genoux, je t'aurois dit : n'es-tu pas la maîtresse absolue de mon âme ? fais-en, si tu veux, hommage à l'Être suprême, dispose de ce qui est à toi ; adore en mon nom la Providence qui se manifeste mieux sans doute à la plus parfaite de ses créatures : moi, c'est pour toi seule que j'éprouve de l'enthousiasme ; ces pensées mélancoliques, ces idées élevées qui te font sentir le besoin de la religion, c'est vers ton image qu'elles m'entraînent ; et tu

---

(1) Dieu est ta loi, tu es la mienne.

MILTON.

remplis entièrement pour moi ce vide du cœur, qui t'a rendu l'idée d'un Dieu si nécessaire. Cependant j'ai résolu de t'écrire avant de te parler, afin de te répondre avec un peu plus de calme.

Je vais m'efforcer, non de combattre tes angéliques espérances, puissent-elles être vraies ! mais de me justifier une fois des défauts dont tu m'accuses, et dont tu redoutes à tort la funeste influence. Hélas ! je n'ai point oublié le jour qui a versé ses poisons sur toute ma vie. Néanmoins je ne pense pas qu'il faille en accuser mon caractère : c'est la jalousie qui m'a troublé; sans elle, tout se seroit promptement éclairci. Je mets de l'importance, il est vrai, à ma réputation, et je ne pourrois pas supporter la vie, si je croyois mon nom souillé par le moindre tort envers les lois de l'honneur; mais que peut craindre celle que j'aime, de ce sentiment? ne me donnera-t-il pas le droit, le bonheur de la défendre contre ceux qui oseroient la calomnier ? On a dit souvent que les femmes devoient ménager l'opinion publique avec beaucoup plus de soin que les hommes, je ne le pense pas ; notre devoir à nous, c'est de protéger ce que nous aimons, de couvrir de notre gloire personnelle la compagne de notre vie; si nous perdions cette gloire, rien ne pourroit nous la rendre ; mais, quand même une femme seroit attaquée dans l'opinion, ne pourroit-elle pas se relever, en prenant le nom d'un homme honorable, en associant son existence à la sienne, et recevant sous son appui tutélaire les hommages qu'il sauroit lui ramener ?

Les femmes ont toutes de l'enthousiasme pour la valeur; cette qualité, dont on ne suppose pas qu'un homme puisse manquer, n'assure point assez encore sa considération, si elle n'est pas jointe à un caractère imposant. Il ne suffit pas d'une bravoure intrépide, pour obtenir le degré d'estime et de respect dont une âme fière a besoin ; il n'y va pas de la mort ou de la vie, dans les circonstances journalières dont se compose l'ensemble de la considération; mais lorsque l'on a dans sa conduite habituelle une dignité convenable, des égards scrupuleux pour toutes les opinions délicates, pour tous les préjugés même de l'honneur, le public ne se permet pas le moindre blâme, et l'on conserve cette réputation intacte, qui fonde véritablement l'existence d'un homme, en lui donnant le droit de punir par son mépris, ou de récompenser par son suffrage.

Si je ne puis dérober aux regards du monde

votre sentiment pour moi, j'espère au moins que ma réputation vous servira d'excuse. Vous ne voudriez pas, dites-vous, que je dépendisse de l'opinion des hommes; je n'ai jamais besoin de leur société, vous le savez; je veux passer ma vie à vos pieds, et c'est moi qui plus que vous encore chéris la solitude; mais je me sentirois importuné par la censure de ces mêmes hommes, qui, sous tout autre rapport, me sont complètement indifférens. Pourquoi cette manière de penser vous déplairoit-elle ? La même ardeur de sang qui inspire les affections passionnées, fait ressentir vivement la moindre offense; les vertus fortes et guerrières, qui ont illustré les chevaliers de l'ancien temps, s'allioient bien avec l'amour; les idées religieuses ne sont pas les seules qui inspirent de l'enthousiasme; si nos ancêtres nous ont transmis un nom respecté, le désir de les imiter est honorable. Les jouissances de la fierté remuent l'âme, tout aussi profondément que les pieuses espérances des fidèles; et si je ne me livre pas au bonheur inconnu de te retrouver dans le ciel, je sens avec énergie que je te ferai respecter sur la terre, et qu'il me seroit doux d'exposer mille fois ma vie, pour écarter de toi l'ombre du blâme, ou la plus légère peine.

Delphine, ne dis pas que mon caractère

t'inquiète et t'afflige; je ne sais si mon cœur s'est abusé, mais il m'a semblé que tu m'avois aimé pour les défauts même que tu crains. Ne te présentent-ils pas un appui sur lequel tu te plais à te reposer? Tes qualités adorables, ta beauté, ton esprit, excitent l'envie, et l'envie te crée des ennemis; tu prends peu de soin de ces convenances de société, qui en imposent aux esprits communs; ta grâce est dans l'abandon et le naturel; tu parles du premier mouvement, et ce premier mouvement est le vrai génie qui t'inspire; mais ce qui fait ton charme pour qui sait te connoître, est ton danger dans la conduite de la vie. Dis-le-moi donc, Delphine, n'étoit-ce pas moi, précisément moi, qu'il te falloit pour ami? Mon caractère assez contenu, assez froid en apparence, pourra servir de guide à ta bonté toujours entraînée; tu te hasardes, je te défendrai; tu appelles autour de toi, par les mêmes causes, l'admiration et la jalousie; ton esprit devroit intimider, mais ta douceur et ta bienveillance rassurent trop souvent ceux qui veulent te nuire; on verra près de toi un homme irritable et fier, qui ne permettra pas aux méchans du monde le double plaisir de jouir de tes agrémens, et de dénigrer tes qualités. Oh! si j'avois été ton époux, si j'avois acquis le droit de m'enorgueillir de mon amour aux yeux de tous, jamais la malignité n'auroit osé s'approcher de la trace de tes pas! et maintenant, quoi qu'il arrivât, faudroit-il dissimuler, le faudroit-il? non, j'ai reçu de ton amour le dépôt de ta gloire et de ton bonheur, c'est à moi de le conserver.

Tu es convaincue que les idées religieuses sont un meilleur appui pour la morale, que le culte de l'honneur et de l'opinion publique. Crois-moi; l'honneur a sa conscience comme la religion; et rougir à ses propres yeux, est une douleur plus insupportable que tous les remords causés par la crainte ou l'espérance d'une vie à venir. Le frein du sentiment qui me domine est le plus impérieux de tous: j'ai lu dans un poète anglois, ces paroles que je ne puis jamais oublier : *Les larmes peuvent effacer le crime, mais jamais la honte.* (1)

Le repentir absout les âmes religieuses; mais pour l'honneur, point de repentir : quelle pensée! et combien, dès l'enfance, elle donne l'habitude de ne jamais céder à des mouvemens de foiblesse, et de ne point repousser les avertissemens les plus secrets, quand la délicatesse les suggère !

---

(1) Nor tears, that wash out guilt, can wash out shame.
PRIOR.

Si l'honneur cependant n'embrasse point toutes les parties de la morale, la sensibilité n'achève-t-elle pas ce qu'il laisse imparfait? A quel devoir pourroit-il donc manquer, l'homme qui se respecte et qui t'aime? Delphine, pardonne-moi de ne rien concevoir de ne rien désirer de plus. Je n'ignore pas, toutefois, combien ce que mon caractère a de sombre, de susceptible, de violent, peut empoisonner les qualités que je crois bonnes en elles-mêmes; ton empire sur moi modifiera mes défauts, mais il ne pourroit changer entièrement leur nature.

J'ai dû me justifier, pour calmer tes inquiétudes; j'ai dû me justifier enfin, pour me présenter à toi, si je le pouvois, avec plus d'avantage. L'opinion du monde entier, quelque prix que j'y attache, ne m'eût jamais inspiré tant d'ardeur pour ma défense.

LETTRE XVII.

Madame d'Artenas à Delphine.

Paris, ce 6 février 1791.

POURQUOI prolongez-vous votre séjour à la campagne, ma chère Delphine? on s'étonne de vous voir quitter Paris au milieu de l'hiver, dans le moment même où vous vous étiez montrée d'une manière si brillante dans le monde. Quelques personnes commencent à dire tout bas que votre sentiment pour Léonce est l'unique cause de ce sacrifice : vous avez tort de vous éloigner; je vous l'ai dit plusieurs fois, votre grand moyen de succès, c'est la présence. Vous avez des manières si simples et si aimables, qu'elles vous font pardonner tout votre éclat; mais quand on ne vous voit plus, les amis se refroidissent, ce qui est dans la nature des amis; et les ennemis, au contraire, se raniment par l'espérance de réussir.

Vous aviez entièrement réparé en quinze jours, le tort que vous avoient fait les propos tenus sur M. de Serbellane ; et tout à coup vous cédez le terrain aux femmes envieuses, et aux hommes qu'elles font parler.

Vous me répondrez qu'on jouit mieux de ses sentimens à la campagne, etc. Le hasard et votre confiance m'ayant instruit de votre attachement pour Léonce, je devrois vous faire de la bonne morale, sur le tort que vous avez de vous exposer ainsi à passer la moitié de votre vie seule avec lui; mais je m'en fie aux principes que je vous connois, et, m'en tenant à mes avis purement mondains, je vous dirai que, même pour entretenir l'enthousiasme que vous inspirez à Léonce, il faut continuer à l'éblouir par vos succès. Il étoit amoureux à en devenir fou, le soir que vous avez passé chez moi ; et quoique, sans doute, il vous vante le charme des conversations tête à tête, croyez-moi, quand il a entendu répéter à tout Paris que vous êtes charmante, qu'aucune femme ne peut vous être comparée, il rentre chez lui plus flatté d'être aimé de vous, et par conséquent plus heureux. N'allez pas vous écrier qu'il n'y a rien de romanesque dans toute cette manière de voir ; il faut conduire avec sagesse le bonheur du sentiment, comme tout autre bonheur ; et pour conserver le plus long-temps possible le plaisir toujours dangereux d'être adorée, la raison même est encore nécessaire. Quoi qu'il en soit, il ne s'agit pas de ce qui vaut le mieux pour être aimée, vous vous y entendez assez bien pour n'avoir pas besoin de mes conseils ; mais ce qui importe, c'est votre existence dans le monde, et le murmure qui précède l'attaque s'est déjà fait entendre depuis quelques jours.

Avant hier, madame de Croisy, qui jusqu'à présent avoit mis son amour-propre à vous admirer, disoit avec une voix aiguë, qu'elle monte toujours d'une octave pour les discours de sentiment : — Mon Dieu, que je suis fâchée que madame d'Albémar s'établisse à Bellerive! personne ne sait mieux que moi que c'est son goût pour l'étude qui l'a fixée dans la retraite; mais on dira toute autre chose, et il ne falloit pas s'y exposer. — Cette maligne preuve de l'intérêt de madame de Croisy, fut le premier signal du mal qu'on essaya de dire de vous. M. de Verneuil, qui a tant de peine à pardonner à votre esprit, à vos charmes et à votre bonté, reprit : — C'est une excellente personne que madame d'Albémar; mais j'ai peur qu'elle n'ait une mauvaise tête. Ces femmes d'esprit, je l'ai répété cinquante fois à ma pauvre sœur quand elle vivoit, il leur arrive toujours quelque malheur; j'en ai plusieurs exemples dans ma famille; aussi me suis-je voué au bon sens : personne ne dit que j'ai de l'esprit, parce que je ne veux pas qu'on le dise; et cependant quelle différence entre un homme et une femme! Il y a des occasions où il peut être utile à un homme de montrer à ceux qui en sont dupes ce qu'on appelle de l'esprit. Mais une femme, une femme! ah! mon Dieu, il ne lui sert qu'à faire des sottises. Quand je dis cela, ce n'est pas que je n'aime madame d'Albémar, mais je m'attends à quelque éclat fâcheux pour son repos. Sa conversation, quant à moi, m'amuse toujours beaucoup; néanmoins il ne seroit pas sage de s'attacher à elle, car je suis persuadé qu'un jour ou l'autre, il lui arrivera quelques peines, et je n'ai pas envie de me trouver là pour les partager. — Madame de Tésin, dont vous connoissez la double prétention à la sagesse et à l'esprit, interrompit M. de Verneuil, et lui dit : — Ce n'est point, monsieur, l'esprit qu'il faut blâmer; on connoît des personnes qui peuvent hardiment se comparer à madame d'Albémar sous ce rapport, mais qui ont beaucoup plus de connoissance du monde, et d'habitude de se conduire. Ces personnes ne se contentent pas de briller dans un salon, et se servent de leurs lumières pour éviter toutes les occasions de faire dire du mal d'elles. Distinguez donc, je vous en prie, monsieur, les torts de légèreté de madame d'Albémar, des inconvéniens de l'esprit en général. L'esprit est ce qui distingue éminemment les femmes citées pour leur raison. — Je me préparois à exciter une dispute sur ce sujet entre madame de Tésin et M. de Verneuil, lorsque madame du Marset et M. de Fierville, prévoyant mon intention, cherchèrent à ramener la conversation sur vous, et le firent avec une adresse vraiment perfide. Je voulois éviter même de vous défendre, parce que je sentois que c'étoit constater que vous aviez été attaquée, mais il fallut enfin arrêter leurs discours ; j'eus au moins le bonheur de persuader entièrement ceux qui nous écoutoient : ce qui me le prouva, c'est que M. de Fierville, qui donne toujours à madame du Marset le signal de la retraite, parce qu'il a beaucoup moins d'amertume et de persistance dans ses méchancetés, se hâta de se replier, en vous donnant les plus grands éloges.

J'aurois pu lui faire sentir combien il y avoit de contraste entre le commencement de sa conversation et la fin ; mais je ne voulois pas intéresser son amour-propre à se montrer conséquent. J'ai remarqué plusieurs fois dans la société que l'on fait beaucoup de mal à ses amis, même en les justifiant, quand on irrite l'amour-propre de ceux qui les ont attaqués. Il faut encore plus veiller sur soi quand on loue, que quand on blâme ; si l'on veut se faire honneur en défendant ses amis, si l'on cherche à faire remarquer son caractère en vantant le leur, on leur nuit au lieu de les servir.

Je croyois avant-hier que tout étoit fini ; mais hier madame du Marset (je suis sûre que c'est elle) a mis en avant une femme toute insignifiante, mais dont elle dispose, et s'en est servie pour parler contre vous, tandis qu'elle-même, madame du Marset, n'auroit pas été écoutée. Cette femme donc, après un long soupir, s'est écriée tout à coup : — La pauvre madame de Mondoville! — On lui a demandé la raison de sa pitié; elle a répondu qu'elle la croyoit bien malheureuse du sentiment que Léonce avoit pour vous. A l'instant M. de Fierville, que vous connoissez pour l'homme le plus insouciant de la terre, a pris un air de componction vraiment risible. Madame du Marset a levé les yeux au ciel, espérant donner ainsi à sa figure un air de bonté; et ce qu'il y avoit dans la chambre de plus frivole et de moins scrupuleux, s'est empressé de débiter des maximes sévères, sur les ménagemens que vous deviez à madame de Mondoville.

Quand la société de Paris se met à vouloir se montrer morale *contre* quelqu'un, c'est alors surtout qu'elle est redoutable. La plupart des personnes qui composent cette société sont en général très-indulgentes pour leur propre conduite, et souvent même aussi pour celle des autres, lorsqu'elles n'ont pas intérêt à la blâmer; mais si, par malheur, il leur convient de saisir le côté sévère de la question, elles ne tarissent plus sur les devoirs et les principes, et vont beaucoup plus loin en rigueur que les femmes véritablement austères, résolues à se diriger elles-mêmes d'après ce qu'elles disent sur les autres. Les développemens de vertu qui servent à la jalousie ou à la malveillance, sont le sujet de rhétorique sur lequel les libertins et les coquettes font le plus de *pathos*, dans de certaines occasions.

Je le supportai quelque temps; mais enfin, appuyée de plusieurs de vos amis, je démontrai ce que je sais positivement; c'est que madame de Mondoville est très-heureuse, et les mauvaises intentions furent encore déjouées. Mais, dans ce genre, plusieurs victoires valent une défaite. Je vous en conjure donc, ma chère Delphine, revenez à Paris, et montrez-vous, afin d'étouffer ces haines obscures, par l'admiration que vous faites éprouver à tous ceux qui vous voient. Au milieu des plus brillantes sociétés, il y a beaucoup de personnes impartiales qui se laissent aller tout simplement à leurs impressions, sans les soumettre ni à leurs prétentions, ni à celles des autres : ce grand nombre, car le grand nombre est bon, sera pour vous; mais ces mêmes gens, la plupart foibles et indifférens, laissent dire les méchans, quand vous n'êtes pas là pour leur en imposer. Ils ne les écoutent pas d'abord, ils sont ensuite quelque temps sans les croire;

mais ils finissent par se persuader que tout le monde dit du mal de vous, et se rangent alors à l'avis qu'ils supposent général, et qu'ils ont rendu tel, sans l'avoir un moment sincèrement partagé.

Cette histoire des progrès de la calomnie, pourroit s'appliquer aux plus grands intérêts publics, comme aux détails de la société privée ; mais puisqu'elle nous est connue, tâchons de nous en garantir. Je finis en vous priant de nouveau, ma chère Delphine, d'en croire mes vieux conseils; ils sont inspirés par une amitié digne d'être jeune, car elle est vive et dévouée.

LETTRE XVIII.

Réponse de Delphine à madame d'Artenas.

Bellerive, ce 8 février.

Tout ce que vous me dites, madame, est plein de justesse et d'esprit; et, ce qui me touche plus encore, votre amitié parfaite se retrouve à chaque ligne de votre lettre. Je me conformerois à vos conseils, si je n'étois pas résolue à passer ma vie dans la solitude : je sais combien je m'expose à la calomnie que vous essayez de combattre avec tant de bonté;

mais, quand j'immole au bonheur de Léonce le devoir qui me défendroit peut-être de continuer à le voir, il suffit du moindre de ses désirs pour obtenir de moi le sacrifice de mon existence dans le monde. Il m'a demandé de rester à Bellerive ; si je retournois à Paris, il en seroit malheureux ; jugez si je puis songer à revenir. Ah! je devrois braver sa peine, pour me retirer en Languedoc, pour m'arracher au danger de sa présence, au tort que j'ai de partager un sentiment que je devrois repousser ; mais lui causer un instant de chagrin, pour m'occuper de ce qu'on pourroit appeler mes intérêts, c'est ce que jamais je ne ferai.

Je suis sûre que Matilde est heureuse, je m'informe jour par jour de sa vie, je sais jusqu'aux moindres nuances de ses impressions : si elle découvroit mon attachement pour Léonce ; si cet attachement, resté pur, l'offensoit, je partirois à l'instant ; je partirai peut-être même sans ce motif, si mes sentimens ne suffisent pas à Léonce, si, dans un moment de courage, je puis renoncer à une situation que je condamne. Jamais alors je ne reverrois Paris ; ceux qui s'occupent de me juger ne me rencontreroient de leur vie, et rien ne pourroit me donner ni des consolations ni de la douleur.

Ce que je n'oublierai point, quoi qu'il m'arrive, c'est l'amitié protectrice dont vous n'avez cessé de me donner des preuves. Au moment où j'ai reçu votre lettre, je me proposois d'aller passer quelques heures à Paris, pour vous exprimer ma reconnoissance; mais madame de Mondoville s'étant renfermée, à cause du carême, dans le couvent où elle a été élevée, j'ai choisi demain pour proposer à Léonce de visiter avec moi une famille du Languedoc, établie dans mon voisinage, et que depuis long-temps je veux aller voir. Dans peu de jours, je réparerai ce que je perds en ne vous voyant pas; c'est pour vous seule que je puis quitter ma retraite, pardonnez-moi de ne regretter à Paris que vous.

LETTRE XIX.

Léonce à M. Barton.

Paris, ce 10 février.

Vous me demandez, mon ami, si je suis heureux: et, déposant la sévérité d'un maître, ce qui vous importe avant tout, m'écrivez-vous, c'est de lire au fond de mon cœur. Pourquoi ne l'avez-vous pas interrogé, il y a quelques jours? j'étois plus content de moi;

je crains que la soirée d'hier ne m'ait jeté dans un trouble dont je ne pourrai plus sortir. Vous jugerez mieux de mes sentimens, si je vous raconte ce qui s'est passé; il m'est amer et doux de me le retracer.

Depuis plus d'un mois, je goûtois le bonheur de voir tous les jours cet être angélique que vous aviez choisi pour la compagne de ma vie : des désirs impétueux, des regrets invincibles me saisissoient quelquefois, dans les momens les plus délicieux de nos entretiens; mais enfin, le bonheur l'emportoit sur la peine; je ne sais si maintenant la lutte n'est pas trop forte, si je pourrai jamais retrouver ces impressions douces, qui me permettoient de goûter les imparfaites jouissances de ma destinée.

Hier, madame de Mondoville étant absente, je pouvois passer la journée entière à Bellerive: madame d'Albémar me proposa une promenade après dîner; elle me dit qu'il s'étoit établi près de chez elle une famille du Languedoc, dont elle croyoit connoître le nom, et qu'elle seroit bien aise que nous allassions nous en informer. Nous partîmes, et madame d'Albémar donna rendez-vous à sa voiture à une demi-lieue de Bellerive.

Lorsque nous approchâmes de l'endroit

qu'on nous avoit désigné, nous vîmes de loin une maison de paysan, petite, mais agréable, et nous entendîmes des voix et des instrumens, dont l'accord nous parut singulièrement harmonieux. Nous approchâmes : un enfant, qui étoit sur la porte à faire des boules de neige, nous offrit de monter ; sa mère l'entendant, sortit de chez elle, et vint au-devant de nous. Madame d'Albémar reconnut d'abord, quoiqu'elle ne l'eût pas vue depuis dix ans, mademoiselle de Senanges qu'elle avoit rencontrée quelquefois dans la société de M. d'Albémar : mademoiselle de Senanges, à présent madame de Belmont, accueillit Delphine de l'air le plus aimable et le plus doux. Nous la suivîmes dans la petite chambre dont elle faisoit son salon, et nous vîmes un homme d'environ trente ans, placé devant un piano, et faisant chanter une petite fille de huit ans : il se leva à notre arrivée; sa femme s'approcha de lui aussitôt, et lui donna le bras pour avancer vers nous; nous aperçûmes alors qu'il étoit aveugle ; mais sa figure avoit conservé de la noblesse et du charme, malgré la perte de la vue : il régnoit dans tous ses traits une expression de calme qui en imposoit à la pitié même.

Delphine, dont le cœur est si accessible aux

émotions de la bonté, se troubla visiblement, malgré ses efforts pour le cacher. Elle fit une question à madame de Belmont sur les motifs de son départ du Languedoc. — Un procès que nous avons perdu, M. de Belmont et moi, nous a ruinés tout-à-fait, répondit-elle ; j'avois été déjà privée de la moitié de ma fortune, parce qu'une tante m'avoit déshéritée à cause de mon mariage. Il ne nous reste plus à mon mari, mes deux enfans et moi, que quatre-vingts louis de rente ; nous avons mieux aimé vivre dans un pays où personne ne nous connoissoit, que de nous trouver engagés à conserver, sans fortune, nos anciennes habitudes de société. Ce climat, d'ailleurs, convient mieux à la santé de mon mari, que les chaleurs du midi ; et depuis quinze jours que nous sommes ici, nous nous y trouvons parfaitement bien.

— M. de Belmont prit la parole pour se féliciter de connoître une personne telle que madame d'Albémar ; il s'exprima avec beaucoup de grâce et de convenance, et sa femme, se rappelant avec plaisir qu'elle avoit vu madame d'Albémar encore enfant chez ses parens, lui parla de leurs relations communes avec une simplicité et une sérénité parfaites. Je la regardois attentivement, et je ne voyois pas dans toute sa manière la moindre trace d'une peine quelconque; elle ne paroissoit pas se douter qu'il y eût rien dans sa situation qui pût exciter un intérêt extraordinaire, et fut long-temps sans s'apercevoir de celui qu'elle nous inspiroit.

Son mari voulut nous montrer son jardin ; il donna le bras à sa femme pour y aller; elle paroissoit avoir tellement l'habitude de le conduire, que, pendant un moment qu'elle le remit à Delphine pour aller donner quelques ordres, elle marchoit avec inquiétude, se retournoit plusieurs fois, et paroissoit, non pas troublée, c'est une personne trop simple pour s'inquiéter sans motif, mais tout-à-fait déshabituée de faire un pas sans servir de guide à son mari.

M. de Belmont nous intéressoit à tous les instans davantage par son esprit et sa raison; nous le ramenâmes plusieurs fois à parler de ses occupations, de ses intérêts ; il nous répondit toujours avec plaisir, paroissant oublier complétement qu'il étoit aveugle et ruiné, et nous donnant l'idée d'un homme heureux et tranquille, qui n'a pas dans sa vie la moindre occasion d'exercer le courage, ni même la résignation: seulement, en prononçant le nom de sa femme, en l'appelant ma chère amie, il avoit un accent que je ne puis définir, mais qui retentissoit à tous les souvenirs de sa vie, et nous les indiquoit sans nous les exprimer.

Nous rentrâmes dans la maison, le piano étoit encore ouvert ; Delphine témoigna à M. et à madame de Belmont, le désir d'entendre de près la musique qui nous avoit charmés de loin ; ils y consentirent, en nous prévenant que, chantant presque toujours des trio avec leur fille, ils alloient exécuter de la musique très-simple. Le père se mit à préluder au clavecin avec un talent supérieur et une sensibilité profonde. Je ne connois rien de si touchant qu'un aveugle qui se livre à l'inspiration de la musique ; on diroit que la diversité des sons et des impressions qu'ils font naître, lui rend la nature entière dont il est privé. La timidité, naturellement inséparable d'une infirmité si malheureuse, défend d'entretenir les autres de la peine que l'on éprouve, et l'on évite presque toujours d'en parler ; mais il semble, quand un aveugle vous fait entendre une musique mélancolique, qu'il vous apprend le secret de ses chagrins ; il jouit d'avoir trouvé enfin un langage délicieux, qui permet d'attendrir le cœur, sans craindre de le fatiguer.

Les beaux yeux de ma Delphine se remplirent de larmes, et je voyois à l'agitation de son sein, combien son âme étoit émue : mais quand M. de Belmont et sa femme chantèrent ensemble, et que leur fille, âgée de huit ans, vint joindre sa voix enfantine et pure à celle de ses parens, il devint impossible d'y résister. Ils nous firent entendre un air des moissonneurs du Languedoc, dont le refrain villageois est ainsi :

>Accordez-moi donc, ma mère,
>Pour mon époux, mon amant;
>Je l'aimerai tendrement,
>Comme vous aimez mon père.

La petite fille levoit ses beaux yeux vers sa mère en chantant ces paroles; son visage étoit tout innocence, mais, élevée par des parens qui ne vivoient que d'affections tendres, elle avoit déjà dans le regard et dans la voix cette mélancolie si intéressante à cet âge, cette mélancolie, pressentiment de la destinée qui menace l'enfant à son insu. La mère reprit le même refrain, en disant :

>Elle t'accorde, ta mère,
>Pour ton époux, ton amant;
>Tu l'aimeras tendrement,
>Ainsi qu'elle aime ton père.

A ces derniers mots, il y eut dans le regard de madame de Belmont quelque chose de si passionné, et tant de modestie succéda bientôt à ce mouvement, que je me sentis pénétré de respect et d'enthousiasme pour ces nobles liens de famille, dont on peut à la fois être si fier et si heureux. Enfin, le père chanta à son tour :

> Ma fille, imite ta mère,
> Prends pour époux ton amant;
> Et chéris-le tendrement,
> Comme elle a chéri ton père.

La voix de M. de Belmont se brisa tout-à-fait en prononçant ces paroles, et ce fut avec effort qu'il la retrouva, pour répéter tous les trois ensemble le refrain, sur un air de montagne qui sembloit faire entendre encore les échos des Pyrénées.

Leurs voix étoient d'une parfaite justesse; celle du mari, grave et sonore, méloit une dignité mâle aux doux accens des femmes; leur situation, l'expression de leur visage, tout étoit en harmonie avec la sensibilité la plus pure; rien n'en distrayoit, rien ne manquoit même à l'imagination. Delphine me l'a dit depuis; l'attendrissement que lui faisoit éprouver une réunion si parfaite de tout ce qui peut émouvoir, cet attendrissement étoit tel, qu'elle n'avoit plus la force de le supporter. Ses larmes la suffoquoient, quand madame de Belmont, se jetant presque dans ses bras, lui dit : — Aimable Delphine, je vous reconnois, mais nous croiriez-vous malheureux ? Ah ! combien vous vous tromperiez ! — Et comme si tout à coup la musique avoit fondé notre intimité, elle se plaça près de madame d'Albémar, et lui dit :

— Quand je vous ai connue, il y a dix ans, M. de Belmont m'aimoit déjà depuis quelques années ; mais comme on craignoit qu'il ne perdît la vue, mes parens s'opposoient à notre mariage : il devint entièrement aveugle, et je renonçai alors à tous les ménagemens que j'avois conservés avec ma famille. Chaque moment de retard, quand je lui étois devenue si nécessaire, me paroissoit insupportable ; et, n'ayant ni père ni mère, je me crus permis de me décider seule. Je me mariai à l'insu de mes parens, et j'eus pendant quelque temps assez à souffrir des menaces qu'ils me firent de rompre mon mariage : quand il fut bien prouvé qu'ils ne le pouvoient pas, ils travaillèrent à nous ruiner, ils y réussirent ; mais comme j'avois craint d'abord qu'ils ne parvinssent à me séparer de M. de Belmont, je ne fus presque pas sensible à la perte de notre fortune ; mon imagination n'étoit frappée que du malheur que j'avois évité.

Mon mari, continua-t-elle, donne des leçons à son fils ; moi, j'élève ma fille ; et notre pauvreté, nous rapprochant naturellement beaucoup plus de nos enfans, nous donne de nouvelles jouissances. Quand on est parfaitement heureux par ses affections, c'est peut-être une faveur de la Providence que certains revers, qui resserrent encore vos liens par la force même des choses. Je n'oserois pas le dire devant M. de Belmont, si je ne savois pas que sa cécité ne le rend point malheureux ; mais cet accident fixe sa vie au sein de sa famille, cet accident lui rend mon bras, ma voix, ma présence à tous les instans nécessaires : il m'a vue dans les premiers jours de ma jeunesse, il conservera toujours le même souvenir de moi, et il me sera permis de l'aimer avec tout le charme, tout l'enthousiasme de l'amour, sans que la timidité causée par la perte des agrémens du visage en impose à l'expression de mes sentimens. Je le dirai devant M. de Belmont, madame, il faut qu'il entende ce que je pense de lui, puisque je ne veux pas le quitter un instant, même pour me livrer au plaisir de le louer : le premier bonheur d'une femme, c'est d'avoir épousé un homme qu'elle respecte autant qu'elle l'aime ; qui lui est supérieur par son esprit et son caractère, et qui décide de tout pour elle, non parce qu'il opprime sa volonté, mais parce qu'il éclaire sa raison, et soutient sa foiblesse. Dans les circonstances même où elle auroit un avis différent du sien, elle cède avec bonheur, avec confiance à celui qui a la responsabilité de la destinée commune, et peut seul réparer une erreur, quand même il l'auroit commise. Pour que le mariage remplisse l'intention de la nature, il faut que l'homme ait par son mérite réel un véritable avantage sur sa femme, un avantage qu'elle reconnoisse et dont elle jouisse: malheur aux femmes obligées de conduire elles-mêmes leur vie, de couvrir les défauts et les petitesses de leur mari, ou de s'en affranchir, en portant seules le poids de l'existence ! Le plus grand des plaisirs, c'est cette admiration du cœur qui remplit tous les momens, donne un but à toutes les actions, une émulation continuelle au perfectionnement de soi-même, et place auprès de soi la véritable gloire, l'approbation de l'ami qui vous honore en vous aimant. Aimable Delphine, ne jugez pas le bonheur ou le malheur des familles par toutes les prospérités de la fortune où de la nature ; connoissez le degré d'affection dont l'amour conjugal les fait jouir, et c'est alors seulement que vous saurez quelle est leur part de félicité sur la terre !

— Elle ne vous a pas tout dit, ma douce amie, reprit M. de Belmont; elle ne vous a pas parlé du plaisir qu'elle a trouvé dans l'exercice d'une générosité sans exemple ; elle a tout sacrifié pour moi, qui ne lui offrois qu'une suite de jours pendant lesquels il falloit tout sacrifier encore. Riche, jeune, brillante, elle a voulu consacrer sa vie à un aveugle sans fortune, et qui lui faisoit perdre toute celle qu'elle possédoit. Dans quelque trésor du ciel il existoit un bien inestimable; il m'a été donné, ce bien, pour compenser un malheur que tant d'infortunés ont éprouvé dans l'isolement. Et telle est la puissance d'une affection profonde et pure, qu'elle change en jouissances les peines les plus réelles de la vie; je me plais à penser que je ne puis faire un pas sans la main de ma femme, que je ne saurois pas même me nourrir, si elle n'approchoit pas de moi les alimens qu'elle me destine. Aucune idée nouvelle ne ranimeroit mon imagination, si elle ne me lisoit pas les ouvrages que je désire connoître; aucune pensée ne parvient à mon esprit sans le charme que sa voix lui prête; toute l'existence morale m'arrive par elle, empreinte d'elle, et la Providence, en me donnant la vie, a laissé à ma femme le soin d'achever ce présent, qui seroit inutile et douloureux sans son secours.

Je le crois, dit encore M. de Belmont, j'aime mieux que personne; car tout mon être est concentré dans le sentiment : mais comment se fait-il que tous les hommes ne cherchent pas à trouver le bonheur dans leur famille? Il est vrai que ma femme, et ma femme seule pouvoit faire du mariage un sort si délicieux. Cependant, il me manque de n'avoir jamais vu mes enfans, mais je me persuade qu'ils ressemblent à leur mère! de toutes les images que mes yeux ont autrefois recueillies, il n'en est qu'une qui soit restée parfaitement distincte dans mon souvenir, c'est la figure de ma femme; je ne me crois pas aveugle près d'elle, tant je me représente vivement ses traits! Avez-vous remarqué combien sa voix est douce? quand elle parle, elle accentue gracieusement et mollement, comme si elle aimoit à soigner les plaisirs qui me restent; je sens tout, je n'oublie rien; un serrement de main, une voix émue ne s'effacent jamais de mon souvenir. Ah! c'est une existence heureuse que de savourer ainsi les affections et leur charme; d'en jouir sans éprouver jamais une de ces inconstances du cœur, qu'amènent quelquefois les splendeurs éclatantes de la fortune, ou les dons brillans de la nature.

Néanmoins, quoique mon sort ne puisse se comparer à celui de personne, je le dis, continua-t-il, aux grands de la terre, aux plus beaux, aux plus jeunes; il n'est de bonheur pendant la vie que dans cette union du mariage, que dans cette affection des enfans, qui n'est parfaite que quand on chérit leur mère. Les hommes, beaucoup plus libres dans leur sort que les femmes, croient pouvoir aisément suppléer aux jouissances de la vie domestique; mais je ne sais quelle force secrète la Providence a mise dans la morale; les circonstances de la vie paroissent indépendantes d'elle, et c'est elle seule cependant qui finit par en décider. Toutes les liaisons hors du mariage ne durent pas; des événemens terribles, ou des dégoûts naturels brisent les liens qu'on croyoit les plus solides; l'opinion vous poursuit, l'opinion, de quelque manière, insinue ses poisons dans votre bonheur. Et quand il seroit possible d'échapper à son empire, peut-on comparer le plaisir de se voir quelques heure au milieu du monde, quelques heures interrompues, avec l'intimité parfaite du mariage? Que serois-je devenu sans elle? moi qui ne devois porter mes malheurs qu'à celle qui pouvoit s'enorgueillir de les partager! Comment aurois-je fait pour lutter contre l'ordre de la société ? moi que la nature avoit désarmé! Combien l'abri des vertus constantes et sûres ne m'étoit-il pas nécessaire à moi, qui ne pouvois rien conquérir, et qui n'avois pour espoir que le bonheur qui viendroit me chercher! Mais ce ne sont point des consolations que je possède, c'est la félicité même; et je le répète avec assurance, celui qui n'est point heureux par le mariage est seul, oui, partout seul; car il est tôt ou tard menacé de vivre sans être aimé.

— M. de Belmont prononça ces paroles avec tant de chaleur, qu'elles jetèrent mon âme dans une situation violente; je vous l'avoue, ce que j'éprouve, quand une circonstance ranime en moi la douleur de n'avoir pas épousé madame d'Albémar, ce que j'éprouve tient beaucoup de cet état, que les anciens auroient expliqué par la vengeance des furies. Quelquefois cette douleur semble dormir dans mon sein ; mais quand elle se réveille, je sens qu'elle ne m'a jamais quitté, et que tous les jours écoulés me sont retracés par les regrets les plus amers.

Madame d'Albémar s'aperçut que j'étois saisi par ces mouvemens impétueux et déchirans.

En effet, j'avois résisté long-temps ; mais tant d'émotions, qui portoient sur la même blessure, l'avoient enfin rendue trop douloureuse. Delphine se leva, et dit qu'elle vouloit partir ; le temps menaçoit de la neige, monsieur et madame de Belmont voulurent l'engager à rester ; elle me regarda, et vit, je crois, que mon visage étoit entièrement décomposé ; car elle répéta vivement que sa voiture l'attendoit à quatre pas de la maison, et qu'elle étoit forcée de s'en aller. Elle promit de revenir ; monsieur et madame de Belmont, et leurs deux enfans, la reconduisirent jusqu'à la porte, avec cette affection qu'elle inspire si vite à quiconque est digne de l'apprécier.

Je lui donnai le bras sans rien dire, et nous marchâmes ainsi quelque temps. Arrivés à l'endroit où sa voiture devoit l'attendre, nous ne la trouvâmes point ; on avoit mal entendu nos ordres, et la neige commençoit à tomber avec une grande abondance. — J'ai bien froid, me dit-elle. — Ce mot me tira des pensées qui m'absorboient ; je la regardai, elle étoit fort pâle, et je craignis que sa santé ne souffrît du chemin qui lui restoit encore à faire ; je la suppliai de me permettre de la porter, pour que ses pieds au moins ne fussent pas dans la neige. Elle s'y refusa d'abord, mais son état étant devenu plus alarmant, j'insistai peut-être avec amertume, car j'étois agité par les sentimens les plus douloureux. Delphine consentit alors à ce que je désirois ; elle espéroit, j'ai cru le voir, que mes impressions s'adouciroient par le plaisir de lui rendre au moins ce foible service.

Mon ami, je la portai pendant une demi-lieue, avec des émotions d'une nature si vive et si différente, que mon âme en est restée bouleversée. Tantôt la fièvre de l'amour me saisissoit, en la pressant sur mon cœur, et je lui répétois qu'il falloit qu'elle fût à moi comme mon épouse, comme ma maîtresse, comme l'être enfin qui devoit confondre sa vie avec la mienne ; elle me repoussoit, soupiroit, et me menaçoit de refuser mon secours. Une fois la rigueur du froid la saisit tellement, qu'elle pencha sa tête sur moi, et je la soulevois comme si elle eût été sans vie : je regardai le ciel dans un mouvement inexprimable ; je ne sais ce que je voulois ; mais si elle étoit morte dans mes bras, je l'aurois suivie, et je ne sentirois plus la douleur qui me poursuit. Enfin nous arrivâmes, et mes soins la rétablirent entièrement. J'étois impatient de la quitter ; je ne me trouvois plus bien à Bellerive, dans ces lieux qui faisoient mes délices : malheureux que je suis! pourquoi falloit-il que je visse le spectacle d'une union si heureuse!

Aveugles, ruinés, relégués dans un coin de la terre, ils sont heureux par l'amour dans le mariage; et moi, qui pouvois goûter ce bien au sein de toutes les prospérités humaines, j'ai livré mon cœur à des regrets dévorans, qui n'en sortiront qu'avec la vie.

~~~~~~~~~~~~~~~~~~~~~~~~~~~~~~~~~~~~

LETTRE XX.

Delphine à Léonce.

Hier, vous n'êtes resté qu'un quart d'heure avec moi; à peine m'avez-vous parlé: en me quittant, j'ai vu que vous alliez dans la forêt, au lieu de retourner à Paris; j'ai su depuis que vous n'êtes rentré chez vous qu'au jour. Vous avez passé cette nuit glacée seul, à cheval, non loin de ma demeure; c'étoit vous pourtant qui aviez voulu abréger notre soirée. Inquiète, troublée, je suis restée à ma fenêtre pendant cette même nuit. Léonce, occupés ainsi l'un de l'autre, nous craignions de nous parler: que me cachez-vous? juste ciel! ne pouvons-nous plus nous entendre?

LETTRE XXI.

Léonce à Delphine.

J'ai passé une nuit plus douce que tous les jours qui me sont destinés : cette tristesse de l'hiver me plaisoit, je n'avois rien à reprocher à la nature. Mais vous, vous qui voyez dans quel état je suis, daignez-vous en avoir pitié ? Ce frisson que les longues heures de la nuit me faisoient éprouver m'étoit assez doux ; n'est-ce pas ainsi que s'annonce la mort ? et ne sentez-vous pas qu'il faudra bientôt y recourir ? Vous me demandez si je vous cache un secret ! l'amour en a-t-il ? Si vous partagiez ce que j'éprouve, ne me comprendriez-vous pas ? Cependant vous me le demandez ce secret ; le voici : je suis malheureux ; n'exigez rien de plus.

LETTRE XII.

Delphine à Léonce.

Vous êtes malheureux, Léonce ! ah ! le ciel m'inspiroit bien, quand je voulois partir, quand je refusois de croire à vos sermens ; vous me juriez qu'en restant, je comblerois tous les vœux de votre cœur; vous m'avez séduite par cet espoir, et déjà vous ne craignez plus de me le ravir. Autrefois les mêmes sentimens nous animoient, et maintenant, hélas! qu'est devenu cet accord? savez-vous ce que j'éprouvois? je jouissois avec délices de notre situation. Insensée que je suis! j'étois heureuse, je vous l'aurois dit; oh! que vous avez bien réprimé cette confiance imprudente!

Mais d'où vient donc, Léonce, cette funeste différence entre nous? Vous croiriez-vous le droit de me dire que vous êtes plus capable d'aimer que moi? avec quel dédain je recevrois ce reproche! je connois des sacrifices que vous ne pourriez pas me faire; il n'en est pas un au monde qui me parût mériter seulement votre reconnoissance, tant il me coûteroit peu! Vous ai-je parlé du tort que me faisoit mon séjour à Bellerive? loin de redouter les peines que mon amour pourra me causer, quand je m'égare dans les chimères qui me plaisent, j'aime à supposer des dangers, des malheurs de tout genre, que je braverois avec transport pour vous.

Oserez-vous prétendre que le don, ou plutôt l'avilissement de moi-même, est le sacrifice que je dois à ce que j'aime? Mon ami, ce seroit notre amour que j'immolerois, si je renonçois à cet enthousiasme généreux qui anime notre affection mutuelle. Si je cédois à vos désirs, nous ne serions bientôt plus que des amans sans passion, puisque nous serions sans vertu; et nous aurions ainsi bientôt désenchanté tous les sentimens de notre cœur.

Si je pouvois manquer maintenant aux derniers devoirs que je respecte encore, quelle seroit ma conduite à mes propres yeux? Je me serois établie dans une solitude, pour y passer ma vie seule avec l'homme que j'aime, avec l'époux d'une autre ; j'y resterois sans combats, sans remords, j'aurois été moi-même au-devant de ma honte : oh ! Léonce, je ne suis déjà peut-être que trop coupable; veux-tu donc dégrader l'image de Delphine ? Veux-tu la dégrader dans ton propre souvenir? qu'elle parte, et tu ne l'oublieras jamais ; qu'elle meure, et tu verseras des larmes sur sa tombe; mais si tu la rendois criminelle, tu la chercherois vainement telle qu'elle étoit, dans le monde, dans ta mémoire, dans ton cœur; elle n'y seroit plus ; et sa tête humiliée se pencheroit vers la terre, n'osant plus regarder ni le ciel ni Léonce.

Hier, n'étois-tu pas égaré, quand tu me reprochois d'être insensible à l'amour? ton accent étoit âpre et sombre ; tu m'accusois de ne pas savoir aimer! Ah! crois-tu que mon amour n'ait pas aussi sa volupté, son délire? la passion innocente a des plaisirs que ton cœur blasphème. Quand tu n'avois pas encore troublé mes espérances, quand je me flattois de passer ma vie entière avec toi, il n'existoit pas dans l'imagination un bonheur que l'on pût comparer au mien; aucun chagrin, aucune inquiétude ne me rendoient les heures difficiles; je me sentois portée dans la vie comme sur un nuage; à peine touchois-je la terre de mes pas; j'étois environnée d'un air azuré, à travers lequel tous les objets s'offroient à moi sous une couleur riante : si je lisois, mes yeux se remplissoient des plus douces larmes, à chaque mot que je rapportois à toi; je m'attendrissois en faisant de la musique, car je t'adressois toujours ce langage mystérieux, ces émotions indéfinissables que l'harmonie nous fait éprouver; j'avois en moi une existence surnaturelle que tu m'avois donnée, une inspiration d'amour et de vertu, qui faisoit battre mon cœur plus vite à tous les momens du jour.

J'étois heureuse ainsi, même dans ton absence : l'heure de te voir approchoit, et la fièvre de l'espérance m'agitoit; cette fièvre se calmoit, quand tu entrois dans ma chambre;

elle faisoit place aux sentimens délicieux qui se répandoient dans mon cœur : je te regardois, je considérois de nouveau tous les objets qui m'entourent, étonnée de la magie, de l'enchantement de ta présence, et demandant au ciel si c'étoit bien la vie qu'un tel bonheur, ou si mon âme déjà n'avoit pas quitté la terre! n'y avoit-il donc point d'amour dans cette ivresse? et quand tu m'environnois de tes bras, quand je reposois ma tête sur ton épaule, si je renfermois dans mon cœur quelques-uns de mes mouvemens, ce cœur en devenoit plus tendre; il eût perdu de sa sensibilité même, s'il n'avoit su rien réprimer.

J'ai voulu, Léonce, ne voir dans votre peine que vos inquiétudes sur mon sentiment pour vous; j'ai dissipé ces inquiétudes: si vous vous permettiez encore les mêmes plaintes, il ne seroit plus digne de moi d'y répondre.

LETTRE XXIII.

Léonce à Delphine.

MA volonté est soumise à la vôtre; mais je ne sais quel accablement douloureux altère en moi les principes de la vie ; hier, en revenant de chez vous, je pouvois à peine me soutenir sur mon cheval ; j'essaierai d'aller à Bellerive ce soir ; mais j'ai à peine la force d'écrire. Adieu.

LETTRE XXIV.

Delphine à Léonce.

Léonce, je vous crois généreux, pourquoi donc vous cacherois-je ce qui est dangereux pour moi ? Vous savez, vous devez savoir, que si vous me rendiez coupable, je n'y survivrois pas ; et vous me connoissez assez pour ne pas imaginer que j'imite ces femmes dissimulées, qui veulent se laisser vaincre, après avoir long-temps résisté. Si vous ne voulez pas que je meure de douleur ou de honte, je dois obtenir, en vous confiant le secret de ma foiblesse, que votre propre vertu m'en défende. O Léonce ! si vous souffrez, si vos peines altèrent quelquefois votre santé, ne vous montrez pas à moi dans cet état.

Hier, en vous voyant si pâle, si chancelant, je me sentis défaillir ; quand l'image de votre danger se présente à moi, toute autre idée disparoît à mes yeux. Il se passoit hier dans mon cœur une émotion inconnue, qui affoiblissoit ma raison, ma vertu, toutes mes forces; et j'éprouvois un désir inexprimable de ranimer votre vie aux dépens de la mienne, de verser mon sang pour qu'il réchauffât le vôtre, et que mon dernier souffle rendît quelque chaleur à vos mains tremblantes.

Léonce, en vous avouant l'empire de la souffrance sur mon cœur, c'est vous interdire à jamais de m'en rendre témoin; dérobez-la-moi, s'il est possible; cette prière n'est pas d'une âme dure, et vous l'adresser, c'est vous estimer beaucoup. Ne répondez pas à cette lettre; en l'écrivant, mon front s'est couvert de rougeur. Je vous ai imploré, protégez-moi; mais sans me rappeler que je vous l'ai demandé.

LETTRE XXV.
Léonce à Delphine.

Delphine, je veux respecter vos volontés, je le veux; cette résignation est tout ce que je puis vous promettre. Vous ne connoissez pas les sentimens qui m'agitent; je leur impose silence, je ne puis vous les confier. Je vous adore, et je crains de vous parler d'amour!

que deviendrai-je? et cependant tu m'aimes, et tu voudrois que je fusse heureux ! J'ai cru que je le serois, je me suis trompé. Essayons de ne pas nous parler de nous, de transporter notre pensée sur je ne sais quel sujet étranger, dont nous ne nous occuperons qu'avec effort, oui, avec effort. Puis-je ne pas me contraindre ? puis-je m'abandonner à ce que j'éprouve ! Si je m'y livre un jour, dans l'état où m'ont jeté mes désirs et mes regrets, si je m'y livre un jour, l'un de nous deux est perdu.

LETTRE XXVI.

Delphine à Léonce.

L'HOMME d'affaires de madame de Mondoville est venu voir le mien, pour lui parler de soixante mille livres que j'ai cautionnées pour madame de Vernon, et de quarante autres que je lui avois prêtées, il y a deux ou trois ans : vous sentez bien que je ne veux pas que vous acquittiez ces dettes, surtout à présent que vos affaires sont en désordre; mais il seroit tout-à-fait inconvenable pour moi d'avoir l'air de rendre un service à madame de Mondoville. Hélas ! j'ai des torts envers elle, et si jamais elle les découvre, je ne veux pas qu'elle puisse penser que j'ai cherché à enchaîner son ressentiment par des obligations de cette nature. Ayez donc la bonté de dire à madame de Mondoville, que je ne veux pas que de dix ans, il soit question en aucune manière des dettes que sa mère a contractées avec moi; mais persuadez-lui bien que je me conduis ainsi par amitié pour vous, ou à cause d'une promesse faite à sa mère : supposez tout ce que vous voudrez seulement arrangez tout; pour que madame de Mondoville ne puisse pas se croire liée personnellement envers moi, par la reconnoissance.

LETTRE XXVII.
Léonce à Delphine.

J'AI exécuté fidèlement vos ordres auprès de madame de Mondoville. Que parlez-vous de lui épargner de la reconnoissance? avez-vous donc oublié que c'est vous qui l'avez dotée, que sans votre générosité fatale je serois peut-être libre encore : ah Dieu! ne puis-je donc repousser ce souvenir, et tout dans la vie doit-il me le rappeler!

Je n'ai pu empêcher Matilde de vous aller voir demain; elle est touchée de vos procédés envers nous, quoique j'en aie diminué le mérite selon vos intentions; elle vouloit que je l'accompagnasse à Bellerive, cela m'est impossible; je ne veux pas vous voir ensemble, je ne veux pas la trouver dans les lieux que vous habitez, il me semble que son image y resteroit.... Permettez-moi de vous prier, ma Delphine, de recevoir Matilde comme vous l'auriez fait avant la mort de sa mère; vous êtes capable de vous troubler en la voyant, comme si vous aviez des torts envers elle: hélas! ne lui offrez-vous pas ma peine en sacrifice? n'est-ce point assez? conservez avec elle la supériorité qui vous convient. Il seroit difficile de lui donner des soupçons, jamais elle n'a été plus calme, plus heureuse; mais la seule personne qu'elle observe avec soin, c'est vous; non par jalousie, mais pour se démontrer à elle-même qu'il n'y a de bonheur que dans la dévotion; et que toutes vos qualités et vos agrémens vous sont inutiles, parce que vous n'êtes pas dans les mêmes opinions qu'elle.

Ne lui montrez donc, je vous prie, ni tristesse, ni timidité; et souvenez-vous qu'elle vous doit, et uniquement à vous, la conduite que je tiens envers elle. C'est une personne à laquelle je n'ai rien à reprocher, mais qui me convient si peu, que j'aurois cherché des prétextes pour m'éloigner, si vous ne m'aviez pas imposé son bonheur pour prix de votre présence; je le fais, ce bonheur, sans qu'il m'en coûte, grâce au ciel ! la moindre dissimulation. Elle ne compte dans la vie que les procédés, comme elle ne voit dans la religion que les pratiques ; elle ne s'inquiète ni du regard, ni de l'accent, ni des paroles, qui sont mille fois plus involontaires que les actions ; elle m'aime, je le crois; et si quelques circonstances éclatantes excitoient sa jalousie, elle pourroit être très-vive et très-amère ; mais tant que je ne manquerai pas à la voir chaque jour, elle n'imaginera pas que mon cœur puisse être occupé d'un autre objet. Il importe donc à son repos comme à votre dignité, ma chère Delphine, que vous ne changiez rien à votre manière d'être avec elle. Adieu, vous triomphez; sais-je assez me contenir ? Je parle comme si mon cœur étoit calme.... Delphine, un jour, un jour ! si tous ces efforts étoient vains, s'il falloit choisir entre ma vie et mon amour, ah ! que prononceriez-vous ?

LETTRE XXVIII.

Delphine à Léonce.

Quels cruels momens je viens de passer ! Matilde est venue à six heures du soir, et ne m'a quittée qu'à neuf : je crois qu'elle s'étoit prescrit à l'avance ces trois heures, les plus pénibles dont je puisse me faire l'idée. Je craignois d'être fausse en lui montrant de l'amitié ; je trouvois imprudent et injuste de la traiter avec froideur, et chaque mot que je disois me coûtoit une délibération et une incertitude. Je ne pouvois me défendre aussi de l'observer, de la comparer à moi, et j'étois mécontente des diverses impressions que me causoient tour à tour la beauté qu'elle possède, et les grâces dont elle est privée. Enfin ce qui a fini par dominer en moi, c'est l'amitié d'enfance que j'ai toujours eue pour elle, et je me sentois attendrie par sa présence, sans qu'elle eût provoqué d'aucune manière cette disposition.

Elle m'a demandé mes projets ; je lui ai dit que je retournois ce printemps en Languedoc ; il m'a été impossible de lui répondre autrement : je ne sais quelle voix a parlé pour moi, sans qu'aucune réflexion précédente m'eût suggéré ce dessein.

Matilde m'a témoigné plus d'intérêt que jamais, et sa bienveillance me faisoit tellement souffrir que, s'il eût été dans son caractère de s'exprimer avec plus de sensibilité, je me serois peut-être jetée à ses pieds par un mouvement plus fort que ma volonté et ma raison : mais vous connoissez sa manière, elle éloigne la confiance, elle oblige les autres à se contenir, comme elle se contient elle-même ; le seul moment où je lui ai trouvé un accent animé, et qui sortoit de ce ton uniforme et mesuré qu'elle conserve presque toujours, c'est lorsqu'elle m'a parlé de vous. — Tout mon bonheur est en lui, m'a-t-elle dit, et je n'ai point d'autre affection sur cette terre. — Ces mots m'ont ébranlée ; mes yeux se sont remplis de larmes : mais alors Matilde, craignant, comme sa mère, tout ce qui peut conduire à l'émotion, s'est levée subitement, et m'a fait des questions sur l'arrangement de ma maison.

Nous ne nous sommes entretenues depuis ce moment que sur les sujets les plus indifférens ; et nous nous sommes quittées, après trois heures de tête-à-tête, comme si nous avions eu une conversation de quelques minutes, au milieu d'un cercle nombreux. Mais, pendant ces heures elle étoit calme, et moi, combien j'étois loin de l'être! Ah! Léonce, je suis coupable, je le suis sûrement; car j'éprouvois tout ce qui caractérise le remords, le trouble, les craintes, la honte. Je redoutois de me trouver seule après son départ; puis-je méconnoître dans ce que je souffrois, les cruels symptômes du mécontentement de soi-même!

J'ai reçu ce matin une lettre de madame d'Ervins, qui m'annonce son arrivée dans un mois, et me parle avec estime et confiance de la sécurité qu'elle éprouve, en me remettant l'éducation de sa fille; dites-le moi, mon ami, puis-je accepter un tel dépôt? quel exemple Isore aura-t-elle sous les yeux? comment pourrai-je la convaincre de mon innocence, lorsque je dois surtout lui conseiller de ne pas imiter ma conduite? Sur mille femmes, à peine une échapperoit-elle aux séductions auxquelles je m'expose, Léonce, je ne suis pas encore criminelle, mais déjà je rougis, quand on parle des femmes qui le sont; j'éprouve un plaisir condamnable, quand j'apprends quelques traits des foiblesses du cœur; je me surprends à désirer de croire que la vertu n'existe plus. J'étois d'accord avec moi-même autrefois; maintenant, je me raisonne sans cesse, comme si j'avois quelqu'un à convaincre; et quand je me demande à qui j'adresse ces discours continuels, je sens que c'est à ma conscience dont je voudrois couvrir la voix.

Mon ami, si je persiste long-temps dans cet état, j'émousserai dans mon cœur cette délicatesse vive et pure, dont le plus léger avertissement disposoit souverainement de moi. Quel intérêt mettrai-je aux derniers restes de la morale que je conserve encore, si je flétris mon âme, en cessant d'aspirer à cette vertu parfaite, qui avoit été jusqu'à ce jour l'objet de mes espérances? Léonce, je t'aime avec idolâtrie; quand je te vois, je me sens comme transportée dans un monde de félicités idéales, et cependant je voudrois avoir la force de me séparer de toi : je voudrois avoir fait à la morale, à l'Être suprême cet héroïque sacrifice, et que ton souvenir, et que l'amour que tu m'inspires fussent à jamais gravés dans une âme, devenue sublime par son courage.

O mon ami! que ne me soutiens-tu dans ces élans généreux! un jour, nous tenant par la main, nous nous présenterions avec confiance au Créateur de la nature : si l'homme juste, luttant contre l'adversité, est un spectacle digne du ciel, des êtres sensibles triomphant de l'amour, méritent plus encore l'approbation de Dieu même! Aide-moi, je puis me relever encore; mais si tu persistes, je ne serai bientôt plus qu'un caractère abattu sous le poids du repentir, une âme douce, mais commune; et la plus noble puissance du cœur, celle des sacrifices, s'affoiblira tout-à-fait en moi.

Sais-je enfin si je ne devrois pas m'éloigner de vous, pour vous-même? Depuis quelque temps n'êtes-vous pas cruellement agité? puis-je, hélas! puis-je me dire du moins que c'est pour votre bonheur, que votre amie dégrade son cœur, en résistant à ses remords?

LETTRE XXIX.

Léonce à Delphine.

J'AI peut-être mérité, par le trouble où m'ont jeté des sentimens trop irrésistibles, la cruelle lettre que vous m'écrivez; cependant je ne m'y attendois pas. Je vous ai parlé de ce qui manquoit à mon bonheur, et vous me proposez de vous séparer de moi! quelle foible idée vous ai-je donc donnée de mon amour! Avez-vous pu penser que j'existerois un instant après vous avoir perdue! Je ne sais si vous avez raison d'éprouver les regrets et les remords qui vous agitent; je ne demande rien, je n'exige rien; mais je veux seulement que vous lisiez dans mon âme. Aucune puissance humaine, aucun ordre de vous ne pourroit me faire supporter la vie, si je cessois de vous voir. C'est à vous d'examiner ce que vaut cette vie, quels intérêts peuvent l'emporter sur elle! Je ne murmurerai point contre votre décision, quand vous saurez clairement ce que vous prononcez.

Je sens presque habituellement, à travers le bonheur dont je jouis près de toi, que la douleur n'est pas loin, qu'elle peut rentrer dans mon âme avec d'autant plus de force, que des instans heureux l'ont suspendue. Delphine, j'ai vingt-cinq ans; déjà je commence à voir l'avenir comme une longue perspective, qui doit se décolorer à mesure que l'on avance. Veux-tu que j'y renonce? je le ferai sans beaucoup de peine; mais je te défends de jamais parler de séparation. Dis-moi, *je crois ta mort nécessaire*, mon cœur n'en sera point révolté; mais j'éprouve une sorte d'irritation contre toi, quand tu peux me parler de ne plus se voir, comme d'une existence possible.

Mon amie! j'ai eu tort de t'entretenir de mes chagrins, pardonne-moi mon égarement;

en me présentant une idée horrible, tu m'as fait sentir combien j'étois insensé de me plaindre! Hélas! n'est-ce donc que par la douleur, que la raison peut rentrer dans le cœur de l'homme! et n'apprend-on que par elle à se reprocher des désirs trop ambitieux! Eh bien! eh bien! ne me parle plus d'absence, et je me tiens pour satisfait.

Pourrois-je oublier quel charme je goûte, en te confiant mes pensées les plus intimes? lorsque nous regardons ensemble les événemens du monde, comme nous étant étrangers, comme nous faisant spectacle de loin, et que, nous suffisant l'un à l'autre, les circonstances extérieures ne nous paroissent qu'un sujet d'observations. Ah! Delphine, j'accepterois avec toi l'immortalité sur cette terre ; les générations qui se succéderoient devant nous, ne rempliroient mon âme que d'une douce tristesse; je renouvellerois sans cesse avec toi mes sentimens et mes idées ; je revivrois dans chaque entretien.

Mon amie, écartons de notre esprit toutes les inquiétudes que notre imagination pourroit exciter en nous ; il n'y a rien de réel au monde qu'aimer ; tout le reste disparoît, ou change de forme et d'importance, suivant notre disposition : mais le sentiment ne peut être blessé sans que la vie elle-même ne soit attaquée. Il régloit, il inspiroit tous les intérêts, toutes les actions ; l'âme qu'il remplissoit ne sait plus quelle route suivre, et perdue dans le temps, toutes les heures ne lui présentent plus ni occupations, ni but, ni jouissances.

Crois-moi, Delphine, il y a de la vertu dans l'amour, il y en a même dans ce sacrifice entier de soi-même à son amant, que tu condamnes avec tant de force ; mais comment peux-tu te croire coupable, quand la pure innocence guide tes actions et ton cœur ? Comment peux-tu rougir de toi, lorsque je me sens pénétré d'une admiration si profonde pour ton caractère et ta conduite ? Juge de tes vertus comme de tes charmes, par l'amour que je ressens pour toi. Ce n'est pas ta beauté seule qui l'a fait naître ; tes perfections morales m'ont inspiré cet enthousiasme qui, tour à tour, exalte et combat mes désirs. O mon amie, abjure ta lettre, sois fière d'être aimée, et ne te repens pas de me consacrer ta vie.

LETTRE XXX.

Delphine à mademoiselle d'Albémar.

Bellerive, ce 2 avril 1791.

Vous m'écrivez moins souvent, ma chère Louise, et vous évitez de me parler de Léonce; il n'y a pas moins de tendresse dans vos lettres, mais un sentiment secret de blâme s'y laisse entrevoir : ah! vous avez raison, je le mérite, ce blâme; j'ai perdu le moment du courageux sacrifice, jugez vous-même à présent s'il est possible : je vous envoie la dernière lettre que j'ai reçue de Léonce; puis-je partir après ces menaces funestes, le puis-je? Toutes les femmes qui ont aimé, je le sais, se sont crues dans une situation qui n'avoit jamais existé jusqu'alors; mais, néanmoins, ne trouvez-vous pas que le sentiment de Léonce pour moi n'a point d'exemple au monde?

Cette tendresse profonde, dans une âme si forte, cet oubli de tout, dans un caractère qui sembloit devoir se livrer avec ardeur aux distinctions qui l'attendoient dans la vie; et quel homme étoit plus fait que Léonce pour aspirer à tous les genres de gloire? la noblesse de ses expressions, la dignité de ses regards,

m'en imposent quelquefois à moi-même; je
jouis de me sentir inférieure à lui. Jamais aucun triomphe n'a fait goûter autant de jouissances que j'en éprouve, en abaissant mon
caractère devant celui de Léonce. Qui pourroit mesurer tout ce qu'il est déjà, et tout ce
qu'il peut devenir? Par de-là les perfections
que j'admire, j'en soupçonne de nouvelles
qui me sont inconnues; et lorsqu'il se sert
des expressions les plus ardentes, quelque
chose de contenu dans son accent, de voilé
dans ses regards, me persuade qu'il garde
en lui-même des sentimens plus profonds
encore que ceux qu'il consent à m'exprimer.
Léonce exerce sur moi la toute-puissance
que lui donnent à la fois son esprit, son caractère et son amour. Il me semble que je
suis née pour lui obéir autant que pour l'adorer; seule, je me reproche la passion qu'il
m'inspire; mais en sa présence, le mouvement
involontaire de mon âme est de me croire
coupable, quand j'ai pu le rendre malheureux.
Il me semble que son visage, que sa voix,
que ses paroles portent l'empreinte de la vertu
même, et m'en dictent les lois. Ces récompenses célestes qu'on éprouve au fond de son
cœur, quand on se livre à quelque généreux
dessein, je crois les goûter quand il me parle;

et lorsque, dans un noble transport, il me dit qu'il faut immoler sa vie à l'amour, je rougirois de moi-même, si je ne partageois pas son enthousiasme.

Ne craignez pas, cependant, que son empire sur moi me rende criminelle; le même sentiment qui me soumet à ses volontés me défend contre la honte. Léonce commande à mon sort, parce que j'admire son caractère, parce qu'il réunit toutes les vertus que vous m'avez appris à chérir; je ne puis le quitter, s'il ne consent pas lui-même à ce sacrifice; mais, lorsque oubliant la différence de nos devoirs, il veut me faire manquer aux miens, je m'arme contre lui de ses qualités mêmes, et, certaine qu'il ne sacrifieroit pas son honneur à l'amour, le désir de l'égaler m'inspire le courage de lui résister. Ah! Louise, c'est bien peu, sans doute, que de conserver une dernière vertu, quand on a déjà bravé tant d'égards, tant de devoirs, qui me paroissoient jadis aussi sacrés que ceux que je respecte encore; mais ne gardez pas sur ma situation ce silence cruel! ne croyez pas qu'il ne soit plus temps de me donner des conseils, que je n'en puisse recevoir aucun! une fois, peut-être, je les suivrai, je n'en sais rien; mais aimez-moi toujours.

Hélas! notre situation peut à chaque instant être bouleversée. Je partirois, si Matilde, découvrant nos sentimens, désiroit que je m'éloignasse; je partirois, si Léonce cessoit un seul jour de me respecter, ou si l'opinion me poursuivoit au point de le rendre malheureux lui-même. Ah! de combien de manières prévues et imprévues, le bonheur dont je ne jouis qu'en tremblant ne peut-il pas m'être arraché! Louise, ne vous hâtez donc pas de prendre avec moi ce ton de froideur et de réserve, qu'il ne faut adresser qu'aux amis dont le sort est trop prospère ; n'oubliez pas la pitié, je vous la demanderai peut-être bientôt.

Déjà vous m'inquiétez, en m'annonçant que M. de Valorbe, ayant perdu sa mère, se prépare à partir pour Paris; il faudra que j'instruise Léonce, et de ses sentimens pour moi, et de ses droits à ma reconnoissance ; mais de quelque manière que je les lui fasse connoître, sa présence lui sera toujours importune. Ne pouvez-vous donc pas détourner M. de Valorbe de venir ici? Vous savez que, sous des formes timides et contraintes, il a un amour-propre très-sombre et très-amer, et que tout ce qu'il dit de son dégoût de la vie, vient uniquement de ce qu'il a une opinion de lui qu'il ne peut faire partager aux autres; il a plus d'esprit qu'il n'en sait montrer, ce qui est précisément le contraire de ce qu'il faut pour réussir à Paris, où l'on n'a le temps de découvrir le mérite de personne. Quand il ne devineroit pas mes véritables sentimens, il suffiroit de la supériorité de Léonce pour lui donner de l'humeur; et que de malheurs ne peut-il pas en arriver! Essayez de lui persuader, ma chère Louise, que rien ne pourra jamais me décider à me remarier. Je ne puis vous exprimer assez combien il me sera pénible de revoir M. de Valorbe, s'il me faut supporter qu'il me parle encore de son amour. D'ailleurs ma société est maintenant si resserrée, qu'en y admettant M. de Valorbe, je m'expose à faire croire qu'il m'intéresse.

Je ne vois habituellement que M. et madame de Lebensei, et quelquefois, mais plus rarement, M. et madame de Belmont; l'esprit de M. de Lebensei me plaît extrêmement, sa conversation m'est chaque jour plus agréable; il n'a de prévention ni de parti pris sur rien à l'avance, et sa raison lui sert pour tout examiner. La société d'un homme de ce genre vous promet toujours de la sécurité et de l'intérêt; on ne craint point de lui confier sa pensée, l'on est sûr de la confirmer ou de la rectifier en l'écoutant.

Sa femme a moins d'esprit et surtout moins de calme que lui; sa situation dans la société la rend malheureuse, sans qu'elle consente même à se l'avouer; ce chagrin est fort augmenté par une inquiétude très-naturelle et très-vive qu'elle éprouve dans ce moment; elle est prête d'accoucher, et elle a des raisons de craindre que sa grand'mère et sa tante, qui sont toutes les deux très-dévotes, ne veuillent pas reconnoître son enfant. Elle m'a dit, sans vouloir s'expliquer davantage, qu'elle avoit un service à me demander auprès de ses parens, qui sont un peu les miens; je serai trop heureuse de le lui rendre. Je voudrois lui faire quelque bien. Elle est souvent honteuse de ses peines, et mécontente de sa sensibilité, dont les jouissances ne lui font pas oublier tout le reste; elle craint que son mari ne s'aperçoive de ses chagrins, et reprend un air gai chaque fois qu'il la regarde. Madame de Belmont, avec un mari aveugle et ruiné, jouit d'une félicité bien plus pure; elle ne vit pas plus dans le monde que madame de Lebensei, mais elle n'a pas l'idée qu'elle en soit écartée; elle choisit la solitude, et la pauvre Élise y est condamnée: je la plains, parce qu'elle souffre, car, à sa place, je serois parfaitement heureuse; elle se croit, et a raison de se croire innocente ; elle a épousé ce qu'elle aime ; et l'opinion la tourmente ! quelle foiblesse !

Adieu, ma sœur, ne m'abandonnez pas ; reprenons l'habitude de nous écrire chaque jour tout ce que nous éprouvons ; je ne me crois pas un sentiment dont votre cœur indulgent et tendre ne puisse accepter la confidence.

LETTRE XXXI.

Léonce à Delphine.

LE neveu de madame du Marset est menacé de perdre son régiment, pour avoir montré, dit-on, une opinion contraire à la révolution. M. de Lebensei a beaucoup de crédit auprès des députés démocrates de l'assemblée constituante ; madame du Marset est venue me demander de vous engager à le prier de sauver son neveu. Si M. d'Orsan perdoit son régiment, il manqueroit un mariage riche qui, dans son état de fortune, lui est indispensablement nécessaire : je sais quelle a été la conduite de madame du Marset envers vous, envers moi ; mais je trouve plaisir à vous donner l'occasion d'une vengeance qui satisfait assez bien la fierté : car ce n'est point par bonté pure qu'on rend service à ceux dont on a raison de se plaindre ; on jouit de ce qu'ils s'humilient en vous sollicitant, et l'on est bien aise de se donner le droit de dédaigner ceux qui avoient excité notre ressentiment. Cette raison, d'ailleurs, n'est pas la seule qui me fasse désirer que vous soyez utile à madame du Marset.

Vous savez, quoique nous en parlions rarement ensemble, combien les querelles politiques s'aigrissent à présent ; on a dit assez souvent, et madame du Marset a singulièrement contribué à le répandre, que vous étiez très-enthousiaste des principes de la révolution françoise : il me semble donc qu'il vous convient particulièrement d'être utile à ses ennemis ; cette conduite peut faire tomber ce qu'on a dit contre vous à cet égard. En voyant le cours que prennent les événemens politiques de France, je souhaite tous les jours plus, que l'on ne vous soupçonne pas de vous intéresser aux succès de ceux qui les dirigent.

Vous avez exigé de moi, mon amie, que j'accompagnasse Matilde à Mondoville ; j'aurois plutôt obtenu d'elle que de vous la permission de m'en dispenser : savez-vous que ce voyage durera plus d'une semaine ? Avez-vous songé à ce qu'il m'en coûte pour vous obéir ? toutes les peines de l'absence, oubliées depuis trois mois, se sont représentées à mon souvenir. Je vous en prie, soyez fidèle à la promesse que vous m'avez faite de m'écrire exactement. Je sais d'avance les journées qui m'attendent ; elles n'auroient point de but ni d'espérance, si je ne devois pas recevoir une lettre de vous. Shakespeare a dit que *la vie étoit ennuyeuse comme un conte répété deux fois*. Ah! combien cela est vrai des momens passés loin de Delphine! quel fastidieux retour des mêmes ennuis et des mêmes peines!

Adieu, mon amie; j'éprouve une tristesse profonde, et quand je m'interroge sur la cause de cette tristesse, je sens que ce sont ces huit jours qui me voilent le reste de l'avenir; et vous osiez penser à me quitter! N'en parlons plus ; cette idée, je l'espère, ne vous est jamais venue sérieusement; vous vous en êtes servie pour m'effrayer de mes égaremens, et peut-être avez-vous réussi. Adieu.

LETTRE XXXII.

Delphine à Léonce.

M. de Lebensei, quelques heures après avoir reçu ma lettre, a terminé l'affaire de M. d'Orsan; vous pouvez, mon cher Léonce, en instruire madame du Marset; je ne me soucie pas le moins du monde d'en avoir le mérite auprès d'elle, car il seroit usurpé. Je l'ai servie parce que vous le désiriez, et non par les motifs que vous m'avez présentés. Sans doute, je pense comme vous qu'il faut être utile même à ses ennemis, quand on en a la puissance; mais, comme les moyens de rendre service sont très-bornés pour les particuliers, je ne m'occupe de faire du bien à mes ennemis, que quand il ne me reste pas un seul de mes amis qui ait besoin de moi; c'est un plaisir d'amour-propre, que de condamner à la reconnoissance les personnes dont on a de justes raisons de se plaindre; il ne faut jamais compter parmi les bonnes actions les jouissances de son orgueil.

Quant à l'intérêt que je puis avoir à me faire aimer de ceux qui n'ont pas les mêmes opinions que moi, je n'y mettrois pas le moindre prix sans vous. Je déteste les haines de parti, j'en suis incapable; et quoique j'aime vivement et sincèrement la liberté, je ne me suis point livrée à cet enthousiasme, parce qu'il m'auroit lancée au milieu de passions qui ne conviennent point à une femme; mais, comme je ne veux en aucune manière désavouer mes opinions, je me sentirois plutôt de l'éloignement que du goût, pour un service qui auroit l'air d'une expiation : je dirai plus, il n'atteindroit pas son but ; toutes les fois qu'on mêle un calcul à une action honnête, le calcul ne réussit pas.

Je veux vous transcrire à ce sujet un passage de la lettre que m'a répondue M. de Lebensei :
« Il faut, me dit-il, se dévouer, quand on le peut,
» à diminuer les malheurs sans nombre qu'en-
» traîne une révolution, et qui pèsent davantage
» encore sur les personnes opposées à cette révo-
» lution même ; mais il ne faut pas compter en gé-
» néral sur le souvenir qu'elles en conserveront.
» Je me suis donné, il y a deux mois, beaucoup
» de peine pour faire sortir de prison un homme
» que je ne connois pas, mais qui auroit ris-
» qué de perdre la vie, pour un fait politique
» dont il étoit accusé : j'ai appris hier, qu'il di-
» soit partout que j'étois un homme d'une
» activité très-dangereuse ; j'ai chargé un de
» mes amis de lui rappeler que, sans cette
» prétendue activité, il n'existeroit plus, et
» qu'elle devoit au moins trouver grâce à ses
» yeux. Un tel *désappointement* m'est fort égal,
» à moi qui suis tout-à-fait indifférent à ce que
» disent et pensent les personnes que je n'aime
» pas. Seulement je vous cite cet exemple, pour
» vous prouver qu'un homme de parti est

» ingénieux à découvrir un moyen de haïr à
» son aise celui qui lui a fait du bien, lors-
» qu'il n'est pas de la même opinion que lui ;
» et peut-être arrive-t-il souvent que l'on in-
» vente, pour se dégager d'une reconnoissance
» pénible, mille calomnies auxquelles on n'au-
» roit pas pensé, si l'on étoit resté tout-à-fait
» étrangers l'un à l'autre. » M. de Lebensei va
peut-être un peu loin, en s'exprimant ainsi ;
mais j'ai voulu que vous sussiez bien, cher
Léonce, que j'avois servi madame du Marset
pour vous plaire, et sans aucun autre intérêt.
Il m'a paru que dans cette affaire, M. de Lebensei accordoit une grande influence à votre
nom ; je crois qu'il seroit bien aise de se lier
avec vous : voulez-vous qu'à votre retour je
vous réunisse ensemble à dîner chez moi ?

Voilà une lettre, mon ami, qui ne contient
rien que des affaires ; vous l'avez voulu, en
m'occupant de madame du Marset : j'aurois pu
vous entretenir cependant de la douleur que
me cause votre absence ; quand il me faut
passer la fin du jour seule, dans ces mêmes
lieux où j'ai goûté le bonheur de vous voir,
je me livre aux réflexions les plus cruelles.
Hélas ! ceux qui n'ont rien à se reprocher
supportent doucement une séparation momentanée ; mais quand on est mécontent de soi,

l'on ne peut se faire illusion qu'en présence de ce qu'on aime. Gardez-vous cependant d'affliger Matilde, en revenant avant elle : songez que pour calmer mes remords, j'ai besoin de me dire sans cesse que mes sentimens ne nuisent point au bonheur de Matilde, et qu'à ma prière même, vous lui rendez souvent des soins que peut-être sans moi vous négligeriez.

LETTRE XXXIII.

Léonce à Delphine.

Mondoville, ce 20 avril.

Avant de quitter Mondoville, mon amie, je veux m'expliquer avec vous sur un mot de votre dernière lettre qui l'exige ; car je ne puis souffrir d'employer les momens que nous passons ensemble à discuter les intérêts de la vie. Je ferai toujours tout ce que vous désirerez ; mais si vous ne l'exigez pas, je préfère ne pas me lier avec M. de Lebensei. Je puis, au milieu des événemens actuels, me trouver engagé, quoiqu'à regret, dans une guerre civile ; et certainement je servirois alors dans un parti contraire à celui de M. de Lebensei.

Je vous l'ai dit plusieurs fois, les querelles

politiques de ce moment-ci n'excitent point
en moi de colère ; mon esprit conçoit très-
bien les motifs qui peuvent déterminer les
défenseurs de la révolution, mais je ne crois
pas qu'il convienne à un homme de mon nom
de s'unir à ceux qui veulent détruire la noblesse. J'aurois l'air, en les secondant, ou d'être
dupe, ce qui est toujours ridicule ; ou de me
ranger par calcul du parti de la force, et je
déteste la force, alors même qu'elle appuie la
raison. Si j'avois le malheur d'être de l'avis du
plus fort, je me tairois.

D'autres sentimens encore doivent me décider dans la circonstance présente ; je conviens que, de moi-même, je n'aurois pas attaché le point d'honneur au maintien des
priviléges de la noblesse ; mais, puisqu'il y a
de vieilles têtes de gentilshommes qui ont
décidé que cela devoit être ainsi, c'en est assez
pour que je ne puisse pas supporter l'idée de
passer pour démocrate ; et, dussé-je avoir mille
fois raison en m'expliquant, je ne veux pas
même qu'une explication soit nécessaire, dans
tout ce qui tient à mon respect pour mes ancêtres, et aux devoirs qu'ils m'ont transmis. Si
j'étois un homme de lettres, je chercherois en
conscience les vérités philosophiques qui seront peut-être un jour généralement recon-

nues; mais, quand on a un caractère qui supporte impatiemment le blâme, il ne faut pas s'exposer à celui de ses contemporains, ni des personnes de sa classe. La gloire même qu'on pourroit acquérir dans la prospérité, ne sauroit en dédommager : certes, il n'est pas question de gloire maintenant dans le parti de la liberté; car les moyens employés pour arriver à ce but sont tellement condamnables, qu'ils nuisent aux individus, quand il se pourroit, ce que je ne crois pas, qu'ils servissent la cause.

Vous aimez la liberté par un sentiment généreux, romanesque même, pour ainsi dire, puisqu'il se rapporte à des institutions politiques. Votre imagination a décoré ces institutions de tous les souvenirs historiques qui peuvent exciter l'enthousiasme. Vous aimez la liberté, comme la poésie, comme la religion, comme tout ce qui peut ennoblir et exalter l'humanité; et les idées que l'on croit devoir être étrangères aux femmes, se concilient parfaitement avec votre aimable nature, et semblent, quand vous les développez, intimement unies à la fierté et à la délicatesse de votre âme; cependant je suis toujours affligé, quand on vous cite pour aimer la révolution; il me semble qu'une femme ne sauroit avoir trop d'aristocratie dans ses opinions, comme dans le choix de sa société ; et tout ce qui peut établir une distance de plus me paroît convenir davantage à votre sexe et à votre rang. Il me semble aussi qu'il vous sied bien d'être toujours du parti des victimes ; enfin, et c'est de tous les motifs celui qui influe le plus sur moi, on se fait trop d'ennemis dans la société où nous vivons, en adoptant les opinions politiques qui dominent aujourd'hui ; et je crains toujours que vous ne souffriez une fois de la malveillance qu'elles excitent.

N'ai-je pas trop abusé, ma Delphine, de la déférence que vous daignez avoir pour moi, en vous donnant presque des conseils ? Mais vous m'inspirez je ne sais quel mélange, quelle réunion parfaite de tous les sentimens que le cœur peut éprouver. Je voudrois être à la fois votre protecteur et votre amant ; je voudrois vous diriger et vous admirer en même temps : il me semble que je suis appelé à conduire dans le monde un ange qui n'en connoît pas encore parfaitement la route, et se laisse guider sur la terre par le mortel qui l'adore, loin des piéges inconnus dans le ciel dont il descend. Adieu ; déjà je suis délivré de trois jours, sur les dix qu'il faut passer loin de vous.

LETTRE XXXIV.

Delphine à Léonce.

Bellerive, ce 24 avril.

Je ne veux point combattre vos raisonnemens; mon respect pour vos qualités, pour vos défauts même, m'interdit d'insister jamais, dès que vous croyez votre honneur intéressé le moins du monde dans une opinion quelconque. Mais quand vous prononcez l'horrible mot de *guerre civile*, puis-je ne pas m'affliger profondément du peu d'importance que vous attachez à la conviction individuelle, dans les questions politiques? Vous parlez de se décider entre les deux partis, comme si c'étoit une affaire de choix, comme si l'on n'étoit pas invinciblement entraîné dans l'un ou l'autre sens, par sa raison et par son âme.

Je n'ai point d'autre destinée que celle de vous plaire, je n'en veux jamais d'autre : vous êtes donc certain que j'éviterai avec soin de manifester une opinion que vous ne voulez pas que je témoigne; mais si j'étois un homme, il me seroit aussi impossible de ne pas aimer la liberté, de ne pas la servir, que de fermer mon cœur à la générosité, à l'amitié, à tous les sentimens les plus vrais et les plus purs. Ce ne sont pas seulement les lumières de la philosophie qui font adopter de semblables idées; il s'y mêle un enthousiasme généreux, qui s'empare de vous, comme toutes les passions nobles et fières, et vous domine impérieusement. Vous éprouveriez cette impression, si les opinions de votre mère et celle des grands seigneurs espagnols, avec qui vous avez vécu dès votre enfance, ne vous avoient point inspiré, pour la défense de la noblesse, les sentimens que vous deviez consacrer, peut-être, à la dignité et à l'indépendance de la nation entière. Mais c'est assez vous parler de votre manière de voir; avant tout, il s'agit de votre conduite.

Quoi! Léonce, seriez-vous capable de faire la guerre à vos concitoyens, en faveur d'une cause dont vous n'êtes pas réellement enthousiaste? Je vous en donne pour preuve l'objection même que vous faites contre le parti qui soutient la révolution : *il est le plus fort*, dites-vous, *et je ne veux pas être soupçonné de céder à la force;* et ne craignez-vous pas aussi qu'on ne vous accuse d'être déterminé par votre intérêt personnel, en défendant les priviléges de la noblesse? Croyez-moi, quelle que soit l'opinion que l'on embrasse, les ennemis trouvent aisément l'art de blesser la fierté par les motifs qu'ils vous supposent; il faut en revenir aux lumières de son esprit et de sa conscience. Nos adversaires, quoi que l'on fasse, s'efforcent toujours de ternir l'éclat de nos sentimens les plus purs. Ce qui est surtout impossible, c'est de concilier entièrement en sa faveur l'opinion générale, lorsqu'un fanatisme quelconque divise nécessairement la société en deux bandes opposées. Tout vous prouvera ce que j'ai souvent osé vous dire, c'est qu'on ne peut jamais être sûr de sa conduite ni de son bonheur, quand on fait dépendre l'une et l'autre des jugemens des hommes. Quoi qu'il en soit, ce que j'ai voulu vous démontrer, c'est que vous n'étiez pas profondément persuadé de la justice de la cause que vous voulez soutenir, et qu'ainsi vous n'avez pas le droit d'exposer une goutte de votre sang, de ce sang qui est le mien, pour une opinion que vous avez jugée convenable, mais qu'une conviction vive ne vous a point inspirée; votre devoir, dans votre manière de penser, c'est l'inaction politique, et tout mon bonheur tient à l'accomplissement de ce devoir. Ah! mon ami, renoncez à ces passions qui paroissent factices auprès de la seule naturelle, de la seule qui pénètre l'âme tout entière, et change, comme par une sorte d'enchantement, tout ce qu'on voit en une source d'émotions heureuses ! Soumettez les intérêts de convention à la puissance de l'amour; oubliez la destinée des empires pour la nôtre. L'égoïsme est permis aux âmes sensibles; et qui se concentre dans ses affections peut, sans remords, se détacher du reste du monde.

LETTRE XXXV.

Delphine à Léonce.

Bellerive, ce 26 avril.

Mon ami, je ne veux faire aucune démarche sans vous consulter; hélas! je sais trop ce qu'il m'en a coûté.

Madame de Lebensei est accouchée, il y a huit jours, d'un fils; j'ai été chez elle ce matin, et je m'attendois à la trouver dans le plus heureux moment de sa vie; mais les fortes raisons qu'elle a de craindre que sa famille ne veuille pas reconnoître son enfant, changent en désespoir les pures jouissances de la maternité; elle veut faire une démarche simple, mais noble, aller elle-même chez sa grand'-mère et chez sa tante, pour mettre son fils à leurs pieds; mais elle désire que je l'accompagne. Ces vieilles dames sont de mes parentes, et comme je leur ai toujours montré des égards, elles sont bien disposées pour moi. Madame de Lebensei m'a fait cette demande en tremblant, et j'ai vu, par l'état où elle étoit en me l'adressant, quelle importance elle y attachoit. Un mouvement tout-à-fait involontaire m'a entraînée à lui dire que j'y consentois : je la voyois souffrir, et j'avois besoin de la soulager; l'instant d'après, j'ai cru découvrir, en y réfléchissant, un rapport éloigné entre la résolution prompte que je venois de prendre, et ma facile condescendance pour Thérèse. A ce souvenir, j'ai frissonné; mais il m'a été impossible de détromper madame de Lebensei d'un espoir qu'elle avoit saisi si vivement, qu'il étoit presque devenu son droit; et j'ai continué à lui parler de choses indifférentes, pour qu'elle ne crût pas que je m'occupois de la promesse que je lui avois faite. En rentrant chez moi, cependant, j'ai résolu de soumettre cette promesse elle-même à votre volonté. Répondez-moi positivement avant votre retour. Je ne vous cache pas qu'il m'en coûteroit extrêmement de manquer de générosité envers madame de Lebensei, et de perdre dans l'estime de son mari que je considère beaucoup. Il vient de mettre une grâce parfaite à terminer l'affaire de madame du Marset, que je lui avois recommandée en votre nom. Me montrer froide et égoïste, quand je suis naturellement le contraire, seroit de tous les sacrifices le plus pénible pour moi. C'est presque refuser un bienfait du ciel, que d'éloigner l'occasion simple qui se présente de rendre un service essentiel, de causer un grand bonheur ; néanmoins, jusqu'à la sympathie même, jusqu'à ce sentiment que je n'ai jamais repoussé, je suis prête à tout vous immoler. Si vous exigez que je me dégage avec monsieur et madame de Lebensei, je le ferai.

Comment se peut-il faire qu'il vous échappe encore des plaintes amères dans votre dernière lettre (1) ! Léonce, notre bonheur se conservera-t-il ? Je crois voir approcher l'orage qui nous menace. Ah ! que je meure avant qu'il éclate !

---

(1) Cette lettre ne s'est pas trouvée.

LETTRE XXXVI.

Léonce à Delphine.

Mondoville, ce 29 avril.

Je ne veux pas contrarier les mouvemens généreux de votre âme, ma noble amie ; j'espère qu'il ne résultera aucun mal de cette démarche. J'aurois désiré que madame de Lebensei vous l'eût épargnée ; mais puisque vous avez donné votre parole, je pense comme vous, qu'il n'existe plus aucun moyen honorable de vous en dégager. Adieu, ma Delphine ! malgré mes instances, madame de Mondoville ne veut partir que dans quatre jours ; je serai à Bellerive seulement le 4 mai, à sept heures.

LETTRE XXXVII.

Madame de Lebensei à madame d'Albémar.

Cernay, ce 2 mai 1791.

Vous m'avez rendu, madame, le bonheur que j'étois menacée de perdre sans retour ! je ne pouvois supporter l'idée que mon fils ne seroit pas reconnu dans ma famille, et j'avois épuisé, pour y réussir, tous les moyens qu'un caractère assez fier pouvoit me suggérer. Vous avez paru, et tout a été changé; la vieillesse, les préjugés, l'embarras d'une longue injustice, rien n'a pu lutter contre la puissance irrésistible de votre éloquence et de la vraie sensibilité qui vous inspiroit.

Je n'oublierai jamais cet instant où, vous mettant à genoux devant ma grand'mère, pour lui présenter mon enfant, elle a posé ses mains desséchées sur les cheveux charmans qui couvroient votre tête, et vous a bénie comme sa fille; ah! que je voudrois vous voir heureuse! Les prières de tous ceux que votre bonté a protégés, ne seront-elles donc jamais efficaces?

M. de Lebensei est profondément reconnoissant de ce que vous venez de faire pour nous; il ne parle de vous, depuis qu'il vous connoît, qu'avec l'admiration la plus parfaite; permettez-moi de vous le dire, nous ne passons pas un jour sans nous affliger ensemble de ce que Léonce est l'époux de Matilde. Si M. de Mondoville, au milieu des événemens que prépare la révolution, pouvoit un jour trouver comme moi le moyen de rompre une union si mal assortie, mon mari seroit bien ardent à le lui conseiller; mais à quoi servent nos inutiles vœux? Qu'ils vous prouvent seulement combien nous nous occupons de vous ! Pensez avec quelque douceur, madame, au ménage de Cernay ; vous lui avez rendu la paix intérieure ; ce bien, qui devoit nous consoler de la perte de tous les autres, nous étoit ravi sans vous.

LETTRE XXXVIII.

Delphine à mademoiselle d'Albémar.

Bellerive, ce 5 mai 1791.

J'AI joui, jusqu'au fond du cœur, ma chère Louise, d'avoir réussi à réconcilier madame de Lebensei avec sa famille ; mais ce sentiment est troublé maintenant par une inquiétude vive ; Léonce est arrivé hier matin de Mondoville ; je m'attendois à le voir dans la journée, lorsqu'à huit heures du soir un homme à cheval est venu m'annoncer, de sa part, qu'il ne pourroit pas venir ; et cet homme, à qui j'ai parlé, m'a dit qu'il avoit laissé Léonce dans une assemblée très-nombreuse, chez madame du Marset : madame de Mondoville n'y étoit pas, et cependant, en envoyant chez moi, il a donné l'ordre qu'on ne lui amenât sa voiture qu'à une heure du matin. Comment se peut-il qu'il se soit si facilement résolu à ne pas me revoir, après quinze jours d'absence? Comment ne m'a-t-il pas écrit un seul mot? Seroit-il fâché de ma démarche pour madame de Lebensei, quand il y a consenti, quand il en sait l'heureux succès?

Louise, j'ai déjà beaucoup souffert; mais si le cœur de Léonce se refroidissoit pour moi, vous qui blâmez ma conduite, trouveriez-vous que le ciel me punît justement? Non, vous ne le penseriez pas; non, le plus grand des crimes, si je l'avois commis, seroit ainsi trop expié. Mais pourquoi ces douloureuses craintes? ne peut-il pas avoir été retenu par une difficulté, par une affaire? Ah! s'il commence à calculer les affaires et les obstacles, si je ne suis plus pour lui qu'un des intérêts de sa vie, placé comme les autres à son temps, dans la mesure de ses droits, je ne consentirai point à ce prix au genre d'existence qu'il m'a forcée d'adopter. C'est en inspirant un sentiment enthousiaste et passionné, que je puis me relever à mes propres yeux, malgré le blâme auquel je m'expose : si Léonce me réduisoit à son estime, à ses soins, à son affection raisonnée, non, la douleur et la gloire des sacrifices vaudroient mille fois mieux. Louise, je me fais mal en développant cette idée, et je m'efforce en vain de m'occuper d'aucune autre.

Madame d'Ervins m'écrit qu'elle sera de retour à Bellerive avant trois semaines, pour me remettre sa fille et prendre le voile. M. de Serbellane, n'espérant plus la faire changer de dessein, s'est établi en Angleterre, où il vit plongé dans la tristesse la plus profonde : homme généreux et infortuné ! Louise, quelquefois je me persuade que l'Être suprême a abandonné le monde aux méchans, et qu'il a réservé l'immortalité de l'âme seulement pour les justes : les méchans auront eu quelques années de plaisir, les cœurs vertueux de longues peines ; mais la prospérité des uns finira par le néant, et l'adversité des autres les prépare aux félicités éternelles. Douce idée ! qui consoleroit de tout, hors de n'être plus aimée ; car l'imagination elle-même alors ne pourroit se former l'idée d'aucun bonheur à venir.

Mon amie, combien je suis touchée de la dernière lettre que vous m'avez écrite ! vous revenez à me demander avec instance tous les détails de ma vie, de cette vie que vous désapprouvez, et qui retarde sans cesse le moment où je dois vous rejoindre : ah ! c'est vous qui savez aimer, c'est vous qui vous montrez toujours la même, qui n'avez ni caprices, ni préventions, ni négligences; c'est vous.... Hélas! croirois-je déjà que ce n'est plus lui!

LETTRE XXXIX.

Madame d'Artenas à madame d'Albémar.

Paris, ce 5 mai.

Il m'est vraiment douloureux, ma chère Delphine, d'être toujours chargée de vous inquiéter; mais la délicatesse de M. de Mondoville l'engageroit peut-être à vous cacher ce qui s'est passé hier au soir, et il faut absolument que vous le sachiez. Ma nièce, qui va dîner dans la vallée de Montmorenci, remettra cette lettre à votre porte.

Je suis arrivée hier chez madame du Marset, à peu près dans le même moment que Léonce: il venoit pour annoncer à la maîtresse de la maison que son neveu conserveroit son régiment; elle lui en fit de vifs remercîmens, et le pria de passer la soirée chez elle; il s'y refusa: pendant ce temps on m'établit à une partie, qui m'empêcha de me mêler de la conversation. Il y avoit dans la chambre un vrai rassemblement des femmes de Paris les plus redoutables par leur âge, leur aristocratie, ou leur dévotion ; et l'on n'y voyoit aucune de celles qui s'affranchissent de ces trois grandes dignités, par le désir d'être aimables. Léonce s'ennuyoit assez, à ce que je crois, en attendant que le quart d'heure qu'il destinoit à cette visite fût écoulé ; il étoit debout devant la cheminée, à causer avec quatre ou cinq hommes, lorsque votre nom prononcé à demi-voix dans les chuchotemens des femmes, attira son attention ; il ne se retourna pas d'abord, mais il cessa de parler pour mieux écouter, et il entendit très-distinctement ces mots prononcés par madame du Marset :— Savez-vous que madame d'Albémar a été présenter elle-même à madame de Cernay le bâtard de sa petite-fille, de madame de Lebensei ? Singulier emploi pour une femme de vingt ans !

— M. de Mondoville se retourna d'abord avec impétuosité, mais se retenant ensuite, pour mieux offenser par son mépris, il pria lentement madame du Marset de répéter ce qu'elle venoit de dire ; il articula cette demande avec un accent d'indignation et de hauteur, qui fit trembler madame du Marset, et les témoins d'une scène qui commençoit ainsi. Madame du Marset se déconcerta; madame de Tesin, qui la protége dans sa carrière de méchanceté, et dont le caractère a plus d'énergie que le sien, la regarda pour lui faire sentir qu'elle devoit répondre. Madame du Marset reprit en disant : — Vous savez bien, monsieur, qu'on ne peut pas regarder madame de Lebensei comme légitimement mariée ; ainsi, ainsi.... — Je sais, interrompit M. de Mondoville, par quelles bizarres idées vous imaginez qu'une femme qui a fait divorce selon les lois établies dans le pays de son premier mari, n'a pas le droit de se regarder comme libre ; mais ce que je sais, c'est qu'il doit vous suffire que madame d'Albémar reçoive madame de Lebensei, pour vous tenir pour honorée, si madame de Lebensei venoit chez vous. —

Madame du Marset n'avoit plus la force de se défendre ; elle pâlissoit, et cherchoit des yeux un appui. Madame de Tesin sentit avec son esprit ordinaire, que pour intéresser une partie de la société qui étoit présente à la cause de madame du Marset, il falloit y faire intervenir l'esprit de parti : — Quant à moi, dit-elle alors, ce que je ne concevrai jamais, c'est pourquoi madame d'Albémar reçoit habituellement un homme qui a des opinions politiques aussi détestables que celles de M. de

Lebensei. — Madame du Marset, reprit vivement M. de Mondoville, sait mieux que personne les motifs qu'on peut avoir pour se lier avec M. de Lebensei ; c'est à lui qu'elle doit que M. d'Orsan, son neveu, conserve son régiment ; et c'est à la prière seule de madame d'Albémar que M. de Lebensei s'en est mêlé, car il ne connoît point madame du Marset : j'ai reçu vingt billets d'elle pour engager ma cousine, madame d'Albémar, à solliciter M. de Lebensei ; elle l'a fait, elle y a réussi, et quand son adorable bonté l'engage à réunir une famille divisée, c'est madame du Marset qui se hasarde à blâmer la conduite de ma cousine ; mais je m'arrête, dit-il, c'en est assez ; il me suffit d'avoir prouvé à ceux qui m'écoutent que les propos inspirés par l'ingratitude et l'envie, méritent à peine qu'un honnête homme y réponde. —

M. de Fierville sentit alors une sorte de honte de laisser ainsi humilier son amie, madame du Marset ; il avoit jeté un coup d'œil sur M. d'Orsan, pour l'engager à protéger sa tante ; mais, comme il persistoit à se taire, M. de Fierville lui-même, quoique âgé de soixante et dix ans, ne put s'empêcher de dire à Léonce :
— Vous aurez un peu de peine, monsieur, si vous voulez empêcher qu'on ne parle des im-

prudences sans nombre de madame d'Albémar; il ne suffit pas pour cela de faire taire les femmes. — Léonce à ce mot rougit et pâlit de colère : impatient de s'en prendre à quelqu'un de son âge, il s'avança au milieu du cercle, et quoiqu'il parlât à M de Fierville, il fixoit M. d'Orsan. — Vous avez raison, dit-il, les vieillards et les femmes n'ont rien à faire dans cette occasion, et j'attends qu'un jeune homme soutienne ce que la foiblesse de votre âge vous a permis d'avancer. — Ces paroles furent prononcées avec un geste de tête d'une fierté inexprimable; un profond silence y succéda, ce silence étoit embarrassant pour tout le monde; mais personne n'osoit le rompre.

M. d'Orsan, quoique brave, ne se soucioit point de se battre avec Léonce, et probablement ensuite avec M. de Lebensei, pour les propos de sa tante; il prit un air distrait, caressa le petit chien de madame du Marset, le seul qui au milieu de cette scène osât faire du bruit comme à l'ordinaire, et s'approcha avec empressement de la partie où j'étois, comme s'il eût été très-curieux de mon jeu. Madame de Tesin, vivement irritée du triomphe de Léonce, se leva brusquement, et traversa le cercle pour aller parler à M. d'Orsan : son mouvement fut si remarquable, que tout le monde comprit qu'elle vouloit décider le neveu de madame du Marset à répondre à Léonce. Une femme qui s'intéresse à M. d'Orsan tendit les bras involontairement, comme pour arrêter madame de Tesin; elle ne s'en aperçut seulement pas, et prenant M. d'Orsan à part, elle lui parla bas avec une grande activité. Léonce, qui ne perdoit de vue rien de ce qui se passoit, se retourna vers madame du Marset, et lui dit avec un sourire d'une orgueilleuse amertume : — J'accepte, madame, l'invitation que vous m'avez faite, je reste ici ce soir; je veux laisser du temps, ajouta-t-il d'une voix plus haute, à tous ceux qui délibèrent. — Il sortit alors pour donner un ordre à ses gens, et salua, en allant vers la porte, le tête-à-tête de madame de Tesin et de M. d'Orsan avec un dédain qui véritablement devoit les offenser.

Pendant l'absence momentanée de Léonce, quelques femmes enhardies parlèrent un peu plus haut, et se hâtèrent de dire : — *Vous voyez que M. de Mondoville aime madame d'Albémar; il est bien clair qu'elle répond à son amour, elle ne s'est établie à Bellerive que pour être plus libre de le recevoir.* Léonce rentra, elles se turent subitement, avec un effroi ridicule : que pouvoient-elles craindre ? Mais

M. de Mondoville a un ascendant si marqué sur tout le monde, que les âmes qui ne sont point de sa trempe redoutent sa colère, sans même se faire une idée de l'effet qu'elle peut avoir. Il continua le reste de la soirée à examiner madame du Marset, madame de Tesin et M. d'Orsan ; il réunissoit habilement dans son regard l'observation et l'indifférence. M. d'Orsan, qui s'étoit replacé près de notre partie, offrit d'en être, et s'y établit. Léonce vint deux fois près de la table ; M. d'Orsan ne lui dit rien, et quand le jeu fut fini, il partit : Léonce alors s'en alla.

Je restai, parce que je vis bien que les amies de madame du Marset, qui ne s'étoient point encore retirées, se préparoient à se déchaîner contre vous. Madame de Tesin commença par déclarer que M. d'Orsan devoit se battre avec M. de Mondoville, puisqu'il avoit insulté sa tante ; je pris la parole avec chaleur, en disant que rien ne me paroissoit plus mal dans une femme que d'exciter les hommes au duel. — Il y a tout à la fois, ajoutai-je, de la cruauté, du caprice, et peu d'élévation, dans ce désir de faire naître des dangers qu'on ne partage pas, dans ce besoin orgueilleux d'être la cause d'un événement funeste. — C'est bien vrai, s'écria un vieil officier, dont la bravoure ne pouvoit être suspecte, et qu'on n'avoit pas remarqué, parce qu'il s'étoit endormi derrière la chaise de madame du Marset; il se réveilla comme je parlois, et répétant encore une fois : — C'est bien vrai ; il ajouta : — Si une femme m'avoit obligé à me battre, je le ferois, mais le lendemain je me raccommoderois avec mon adversaire, et je me brouillerois avec elle. — Madame de Tesin n'insista pas, et vous pouvez être bien sûre qu'il ne sera plus question de ce duel, dont la nécessité n'existoit que dans sa tête. Elle se mit alors à vous blâmer d'une manière générale, mais très-perfide; je la combattis sur tout ce qu'elle disoit ; à la fin, plusieurs femmes se joignirent à moi, et mon vieux officier, qui ne vous a vue qu'une fois, sans entendre rien au sujet de notre conversation, répétoit sans cesse des exclamations sur vos charmes.

Ce que j'ai remarqué cependant, c'est à quel point on est aigri sur tout ce qui tient aux idées politiques ; votre liaison avec M. de Lebensei vous fait plus d'ennemis que votre amour pour Léonce; et c'est à cause de vos opinions présumées qu'on sera sévère pour vos sentimens. Je sais bien qu'on n'obtiendra jamais de vous de renoncer à un de vos amis; mais évitez donc au moins tout ce qui peut avoir de l'éclat, ne rendez pas même de services lorsqu'ils sont de nature à être remarqués. Dans un temps de parti, une jeune femme dont on parle trop souvent, même en bien, est toujours à la veille de quelques chagrins. D'ailleurs, il n'y a rien qui soit également bon aux yeux de tout le monde ; quand une action généreuse est, pour ainsi dire, forcée par votre situation, que c'est votre père, votre frère, votre époux que vous secourez, on l'approuve généralement; mais si la bonté vous entraîne hors de votre cercle naturel, celui que vous servez vous en sait gré pour le moment; mais tous les autres éprouvent un sentiment durable d'humeur et de jalousie, qui leur inspire tôt ou tard ce qu'il faut dire, pour empoisonner ce que vous avez fait.

Enfin, Léonce a été trop peu maître de lui en vous entendant blâmer ; ce n'est pas ainsi que l'on sert utilement ses amis. Venez me voir demain, je vous en prie; je fermerai ma porte, et nous causerons. Il est encore temps de remédier au mal qu'on a pu dire de vous ; mais il devient absolument nécessaire que vous vous remettiez dans le monde ; cette vie solitaire avec Léonce vous perdra; on s'occupe de vous comme si vous étiez au milieu de la société, et vous ne vous défendez pas plus que si vous viviez à deux cents lieues de Paris. Ma chère Delphine, laissez-vous donc conduire par votre vieille amie ; toute la science de la vie est renfermée dans un ancien proverbe que les bonnes femmes répètent : *si jeunesse savoit, et si vieillesse pouvoit;* un grand mystère est contenu dans ce peu de mots, vous en êtes une preuve ; vous êtes supérieure à tout ce que je connois, mais votre jeunesse est cause que votre esprit même ne gouverne encore ni votre imagination, ni votre caractère : je voudrois vous épargner l'expérience, qui n'est jamais que la leçon de la douleur. Adieu, ma jeune amie, à demain.

LETTRE XL.

Delphine à mademoiselle d'Albémar.

Bellerive, ce 6 mai.

Après avoir reçu la lettre de madame d'Artenas que je vous envoie, ma chère Louise, j'attendois l'arrivée de Léonce avec une grande émotion ; je ne pouvois me remettre de l'effroi que m'avoit causé le récit de ce qui s'étoit passé chez madame du Marset. J'étois touchée du vif intérêt que Léonce avoit montré pour ma défense; mais j'éprouvois je ne sais quel sentiment de peine, en réfléchissant à l'importance qu'il avoit mise à de misérables ennemis, et je craignois que, tout en les repoussant, il n'eût conservé de ce qu'ils avoient dit contre moi une impression défavorable. Ces idées s'effacèrent dès qu'il entra dans ma chambre; il étoit ravi de me revoir, après quinze jours d'absence; il m'exprima un enthousiasme plein d'illusion sur ma figure qu'il prétendit embellie, et je me rassurai d'abord; cependant, quand je lui parlai de la soirée de la veille, je vis qu'il en étoit malheureux, mais par des motifs pleins de générosité pour moi.

— Madame d'Artenas vous a instruite de tout, me dit-il; ne croit-elle pas que je vous ai fait du tort dans le monde, en parlant de vous avec trop de chaleur? — Elle espère, répondis-je, qu'on pourra réparer une imprudence qu'il me seroit bien doux de vous pardonner, si vous n'aviez exposé que moi. — Hélas! reprit-il alors, depuis quelque temps j'ai toujours tort, mon cœur est dans une agitation continuelle; il faut en votre présence lutter contre l'amour qui me consume, et je m'abandonne, quand je ne vous vois pas, à des violences condamnables. Dans tout ce que j'ai fait, il n'y avoit de raisonnable que d'appeler une circonstance qui pût me délivrer de la vie. — Il prononça ces mots avec un accent si sombre, que je vis dans l'instant qu'une scène cruelle me menaçoit. J'essayai de la détourner, en lui parlant de M. de Lebensei, qui étoit allé le voir ce matin, pour le remercier de sa conduite, chez madame du Marset; on la lui avoit répétée le soir même. — M. de Lebensei, me répéta deux fois Léonce, comme si ce nom augmentoit son trouble, je l'ai vu, c'est sans doute un homme distingué; mais je ne sais par quel hasard il m'a dit tout ce qui pouvoit me faire souffrir davantage.

— J'interrogeai Léonce sur sa conversation avec M. de Lebensei; il ne me la raconta qu'à demi : il me parut seulement qu'elle avoit eu surtout pour objet, de la part de M. de Lebensei, la nécessité de mépriser l'opinion, quand elle étoit injuste. Après avoir appuyé cette manière de voir par tous les raisonnemens d'un esprit supérieur, il avoit fini par ces paroles remarquables, que Léonce me répéta fidèlement : Je m'étois un moment flatté, lui a-t-il dit, que la félicité dont vous avez été privé vous seroit rendue; je croyois que l'assemblée constituante établiroit en France la loi du divorce, et je pensois avec joie que vous seriez heureux d'en profiter, pour rompre une union formée par le mensonge, et pour lier votre sort à la meilleure et à la plus aimable des femmes! Mais on a renoncé dans ce moment à ce projet, et mon espoir s'est évanoui, du moins pour un temps. — Je voulus interrompre Léonce, et lui exprimer l'éloignement que j'aurois pour une semblable proposition, si elle étoit possible; mais à l'instant il me saisit la main avec une action très-vive: — Au nom du ciel, ne prononcez pas un mot sur ce que je viens de vous dire! s'écria-t-il; vous ne pouvez pas prévoir l'effet d'un mot sur un tel sujet; laissez-moi.

— Il descendit alors sur la terrasse, et marcha précipitamment dans l'allée qui borde mon ruisseau; je le suivis lentement: en revenant sur ses pas, il me vit, et se jetant à genoux devant moi: — Non! s'écria-t-il, il falloit ne pas te quitter; mais te revoir est une émotion si vive! il me semble que ta céleste figure a pris de nouveaux charmes qui m'enivrent d'amour et de douleur. Qu'est-il arrivé depuis quinze jours? que s'est-il passé hier? que m'a dit M. de Lebensei? qu'ai-je éprouvé en l'écoutant? Ah! Delphine, dit-il en s'appuyant sur ma main, et chancelant en se relevant, je voudrois mourir ; viens, conduis-moi sur le banc vers ces derniers rayons du soleil, que je le regarde encore avec toi. — Et il me pressa sur son cœur avec un transport si touchant, que les anges l'auroient partagé. — Reste là, dit-il, Delphine ; seulement quand tu restes là je cesse de souffrir. Ah ! dis-le-moi, qu'arrivera-t-il de nous, de notre amour, de la fatalité qui nous sépare, de mon caractère aussi ? car au milieu de la passion la plus violente, peut-être me poursuivroit-il. Que deviendrons-nous ? J'aurois pu te posséder, tu voulois être ma femme ; je pourrois être heureux encore, si ton inflexible cœur..... Mais, non, ce n'est pas là mon sort, je te verrai calomniée pour le sentiment qui nous lie, et ce sentiment, imparfait dans ton âme, me livrera sans cesse au tourment que j'endure. Qui m'en soulagera ? M. de Lebensei ne m'a-t-il pas rendu mille fois plus malheureux ! Je ne sais ce que j'éprouve, je me sens oppressé ; s'il y avoit de l'air je souffrirois moins. — Et tournant sa tête du côté du vent, il le respiroit avec avidité, comme s'il eût voulu appeler un sentiment de repos et de fraîcheur, pour calmer les pensées brûlantes qui le dévoroient.

Je lui pris la main, je m'assis à ses côtés, et pendant quelques instans, il me parut plus tranquille.. C'étoit le premier beau soir du printemps, je revoyois Léonce; je sentois en moi le plaisir de vivre : il y a dans la jeunesse de ces momens où, sans aucune nouvelle raison d'espoir, au milieu même de beaucoup de peines, on éprouve tout à coup des impressions agréables qui n'ont point d'autre cause qu'un sentiment vif et doux de l'existence. — O Léonce! lui dis-je, ni ce ciel, ni cette nature, ni ma tendresse, ne peuvent rien pour ton bonheur! — Rien! me répondit-il, rien ne peut affoiblir la passion que j'ai pour toi ; et cette passion à présent, me fait mal, toujours mal; tes yeux qui s'élèvent vers le ciel comme vers ta patrie, tes yeux implorent la force de me résister : Delphine, dans ces étoiles que tu contemples, dans ces mondes peut-être habités, s'il y a des êtres qui s'aiment, ils se réunissent; les hommes, la société, leurs vertus même ne les séparent point. — Cruel! m'écriai-je, et ne me suis-je donc pas donnée à toi ? Ai-je une idée dont tu ne sois l'objet ? mon cœur bat-il pour un autre nom que le tien ?

— Va, reprit Léonce, puisque ton amour est moins fort que ton devoir, ou ce que tu crois ton devoir, quel est-il cet amour? peut-il suffire au mien? — Et il me repoussa loin de lui, mais avec des mains tremblantes et des yeux voilés de pleurs.— Delphine! ajouta-t-il, ta présence, tes regards, tout ce délire, tout ce charme qui réveille tant de regrets, c'en est trop, adieu. — Et se levant précipitamment, il voulut s'en aller. — Quoi! lui dis-je en le retenant, tu veux déjà me quitter ? Est-ce ainsi que tu prodigues les heures qui nous restent ? les heures d'une vie de si peu de durée pour tous les hommes, hélas! peut-être bien plus courte encore pour nous ? — Oui, tu as raison, répondit-il en revenant, j'étois insensé de partir! je veux rester! je veux être heureux! Pourquoi suis-je dans cet état ? Pourquoi, continua-t-il en mettant ma main sur son cœur, pourquoi y a-t-il là tant de douleurs ? Ah! je ne suis pas fait pour la vie, je me sens comme étouffé dans ses liens; si je savois les rompre tous, tu serois à moi, je t'entraînerois. M. de Lebensei, M. de Lebensei! pourquoi m'as-tu fait connoître cet homme ? Il a des idées insensées sur cette terre où règne l'opinion, cette ennemie triomphante et dédaigneuse. Mais ces idées insensées troublent la tête, les sens; je ne suis plus à moi; je ne peux plus guider mon sort : si dans un autre monde nous conservons la mémoire de nos sentimens, sans le souvenir cruel des peines qui les ont troublés, si tu peux croire à cette existence, ô! mon amie, hâtons-nous de la saisir ensemble; il faut renverser ces barrières qui sont entre nous, il faut les renverser par la mort, si la vie les consacre! Parle-moi, Delphine, j'ai besoin du son de ta voix, de cette mélodie si douce; elle calme un malheureux, déchiré par son amour et sa destinée! viens, ne t'éloigne pas. — En achevant ces mots, il s'appuya sur un arbre, et, passant ses bras autour de moi, il me serra avec une ardeur presque effrayante.

Ne sens-tu pas, me dit-il, le besoin de confondre nos âmes? Tant que nous serons deux, ne souffriras-tu pas? Si mes bras te laissent échapper, n'éprouveras-tu pas quelque douleur qui puisse te donner une foible idée des miennes? —

Mon émotion étoit très-vive; je tremblois, je faisois des efforts pour m'éloigner. — Tu pâlis, s'écria-t-il; je ne sais ce qui se passe dans ton âme; répond-elle à la mienne? Delphine, dit-il avec un accent désespéré, faut-il vivre? faut-il mourir? — Une terreur profonde me saisit, je voulois m'éloigner, mais les regards, mais les paroles de Léonce me firent craindre de le livrer à lui-même; je n'avois plus la force de supporter sa douleur, et cependant j'étois indignée des dangers auxquels m'exposoit sa passion coupable. Tout à coup me retraçant ce qui avoit commencé le trouble de cette journée, je ne sais quelle pensée m'inspira un moyen cruel, mais sûr, de le faire rougir de son égarement.

— Léonce, lui dis-je alors avec un sentiment qui devoit lui en imposer, ce que vous voulez, c'est ma honte; notre bonheur innocent et pur ne vous suffit plus: vous m'accusez de ne pas vous aimer, quand mon cœur est mille fois plus dévoué que le vôtre; répondez-moi selennellement, songez que c'est au nom du ciel et de l'amour que je vous interroge: si, pour nous réunir l'un à l'autre, il falloit, comme M. et madame de Lebensei, nous perdre dans l'opinion, que feriez-vous?
— Léonce frémit, recula, et se tut pendant un moment; je saisis ce moment, et je lui dis: Vous m'avez répondu: et vous osiez me demander de vous sacrifier l'estime de moi-même! — Cruelle! interrompit Léonce avec une expression de fureur dont rien ne peut donner l'idée, non je n'ai pas répondu; c'est un piége que vous avez voulu me tendre; vous joignez la ruse à la dureté, et, comme les tyrans, vous faites d'insidieuses questions aux

victimes ! — Ce reproche me pe... le cœur, et je me repentis de l'avoir mérité. — Léonce, lui dis-je alors avec tendresse, ce n'est ni ton silence, ni ta réponse, qui auroient pu rien changer à ma résolution ni à notre sort ; je ne cherche point à trouver dans ton caractère des raisons de résistance ; ah ! sous quelques formes que se montrent tes qualités et tes défauts même, je ne puis voir en toi que des séductions nouvelles ; mais ne devois-je pas te rappeler quel joug la nécessité faisoit peser également sur nous deux ; cette nécessité, c'est le devoir, c'est la vertu, c'est tout ce qu'il y a de plus sacré sur la terre. Léonce, écoute-moi, Dieu m'entend ; si tu me fais subir une seconde fois d'indignes épreuves, ou je cesserai de vivre, ou je ne te reverrai plus.

— Je ne sais, me répondit Léonce, alors profondément abattu, je ne sais quel est ton dessein, j'ignore ce que le souvenir de ce jour peut t'inspirer ; si tu pars, je jure, et je n'ai pas besoin d'en appeler au ciel pour te convaincre, je jure de n'y pas survivre ; si tu restes, peut-être ne m'est-il plus possible de te rendre heureuse ; tu souffriras avec moi, ou je mourrai seul ; réfléchis à ce choix : adieu. — Et sans ajouter un seul mot, il s'élança vers la grille du parc ; je n'osai point le rappeler ;

je fis qu[...]as seulement pour continuer à le voir. Il partit, j'entendis long-temps encore de loin les pas de son cheval ; enfin tout retomba dans le silence, et je restai seule avec moi.

Mes réflexions furent amères ; je vous en prie, ma sœur, n'y ajoutez rien ; si la destinée, si Léonce me condamne au plus affreux sacrifice, n'en hâtez pas l'instant, ne précipitez pas les jours, on en donne pour se préparer à la mort ; je me suis commandé de vous dire ce que j'aurois le plus souhaité de cacher : vous savez comme moi tout ce qui peut m'imposer la loi de m'éloigner de Léonce, je n'ai pas voulu repousser l'appui que vous pouvez prêter à mon courage ; mais si Léonce m'épargnoit ce cruel effort, s'il consentoit à recommencer les mois qui viennent de s'écouler.... Ah ! ne me dites pas que je ne dois plus m'en flatter.

P. S. Madame d'Ervins doit arriver dans peu de jours ; elle aussi se réunira sans doute à vous ; qu'obtiendrez-vous toutes les deux de mon cœur déchiré ?

LETTRE XLI.

M. de Valorbe à madame d'Albémar.

Paris, ce 15 mai 1791.

Je suis à Paris, madame, et ne vous y ayant point trouvée, je me propose d'aller à votre campagne. Je ne sais pas si vous êtes bien aise de mon arrivée ; il ne tiendroit qu'à moi de croire, par quelques mots de votre belle-sœur, que vous n'avez pas un grand désir de me revoir ; il me semble cependant que j'ai des droits à votre bienveillance ; peut-être y a-t-il de la modestie à réclamer ses droits ! Mais je rends justice aux autres et à moi-même ; il faut encore s'estimer très-heureux, quand la reconnoissance n'est point oubliée.

Vous savez avec quelle sincérité, avec quel dévouement je vous suis attaché depuis que je vous connois : je ne m'attends pas à ce que vous fassiez grand cas de tout cela à Paris ; et je serai bien à mon désavantage à côté de tous les gens aimables qui vous entourent ; mais à trente ans on a eu le temps d'apprendre que les succès valent peu de chose, et je me consolerois de n'en point avoir, si votre bonté pour moi n'en étoit point altérée. Je me sens triste et ennuyé ; vous seule pouvez m'arracher à cette disposition ; je ne connois que vous pour qui il vaille la peine de vivre ; tout ce qu'on rencontre d'ailleurs est si inconséquent, et si absurde ! Depuis un jour que je suis ici, j'ai déjà parlé à je ne sais combien de gens impolis, distraits, frivoles, et ne s'occupant sérieusement que d'eux-mêmes, enfin ils sont ainsi, c'est moi qui ai tort d'en être impatienté.

Je ne suis venu que pour vous chercher, je ne reste que pour vous ; ne vous effrayez pas cependant, je ne vous verrai pas tous les jours. J'ai un voyage à faire chez une de mes tantes, qui durera près d'un mois, et plusieurs autres affaires me prendront du temps : vous voyez que je veux vous rassurer. Toutefois, en m'exprimant ainsi, je souffre, et vous le croyez bien ; ceux qui se condamnent à paroître calmes, n'en sont que plus agités au fond du cœur. Agréez, madame, mes respectueux hommages.

A. DE VALORBE.

LETTRE XLII.

Delphine à mademoiselle d'Albémar.

Bellerive, ce 18 mai.

JE n'ai plus dans ma vie un seul jour sans douleur; il me semble que mon devoir se montre à moi sous toutes les formes. Le ciel m'avertit, par les peines que j'éprouve, qu'il est temps de renoncer au dangereux espoir de passer avec Léonce, dans la retraite, une vie heureuse et douce; il ne se contente plus du plaisir de nos entretiens, il cherche en vain à me cacher l'agitation qui le dévore, tout sert à la trahir; tantôt il m'accable des reproches les plus injustes, tantôt il se livre à un désespoir que je n'ai plus la puissance de calmer; quelle foiblesse de rester encore, quand je ne fais plus son bonheur !

M. de Valorbe est arrivé hier à Bellerive, comme je recevois une lettre de lui qui me l'annonçoit; je n'avois pu en prévenir Léonce : il étoit près de sept heures, et je redoutois ce qu'éprouveroit mon ami, en voyant un inconnu chez moi, dans le moment même de la journée où j'ai coutume de le voir seul. Je ne l'avois point instruit à l'avance de la reconnoissance que je devois à M. de Valorbe, afin de n'être dans le cas ni de lui cacher ni de lui apprendre ses sentimens pour moi : la visite de M. de Valorbe m'inquiétoit donc beaucoup ; cependant j'espérois que Léonce ne seroit pas assez injuste pour s'en fâcher. M. de Valorbe fut d'abord embarrassé en me voyant ; cependant il cherchoit à me le dissimuler ; vous savez que c'est un homme qui dispute toujours contre lui-même : il veut passer pour maître de lui, et c'est un des caractères les plus violens qu'il y ait ; il ne dit pas deux phrases sans exprimer, de quelque manière, son mépris pour l'opinion des autres, et dans le fond de son cœur, il est très-blessé de n'avoir pas dans le monde la réputation qu'il croit mériter ; il est en amertume avec les hommes et avec la vie, et voudroit honorer ce sentiment du nom de mélancolie et d'indifférence philosophique.

En l'écoutant me répéter, que rien n'étoit digne d'un vif intérêt, toujours moi excepté ; que parmi les hommes qu'il avoit connus, il n'en avoit pas rencontré deux qui fussent estimables, je réfléchissois sur la prodigieuse différence de ce caractère avec celui de Léonce. Tous les deux susceptibles, mais l'un par amour-propre, et l'autre par fierté ; tous les deux sensibles aux jugemens que l'on peut porter sur eux, mais l'un par le besoin de la louange, et l'autre par la crainte du blâme; l'un pour satisfaire sa vanité, l'autre pour préserver son honneur de la moindre atteinte; tous les deux passionnés, Léonce pour ses affections, M. de Valorbe pour ses haines; et ce dernier, quoique honnête homme au fond du cœur, capable de tout cependant, si son orgueil, la douleur habituelle de sa vie, étoit irrité. Il se remettoit par degrés, seul avec moi, de cette timidité souffrante qui est la véritable cause de son humeur, et il me parloit avec esprit et malignité sur les personnes qu'il connoissoit, lorsque Léonce entra. Il ne vit et ne remarqua que M. de Valorbe, dont la figure a de l'éclat, quoique sa tête couverte de cheveux noirs rabattus sur le front, et son visage trop coloré, lui donnent une expression rude, et que plus on l'observe, plus on ait de peine à retrouver la beauté qu'on lui croyoit d'abord.

Rencontrer un homme jeune chez moi, me parlant avec intimité, étoit plus qu'il n'en falloit pour offenser Léonce; sa physionomie peignit à l'instant ce qu'il éprouvoit, d'une manière qui me fit trembler. M. de Valorbe soutint quelques momens encore la conversation; mais, quand il s'aperçut que Léonce affectoit de ne pas l'écouter, il se tut, et le regarda fixement. Léonce lui rendit ce regard, mais avec quel air ! Il étoit appuyé sur la cheminée ; et, considérant de haut M. de Valorbe qui étoit assis à côté de moi, il ressembloit à l'Apollon du Belvédère lançant la flèche au serpent. M. de Valorbe répondit par un sourire amer à cette expression qu'il ne pouvoit égaler, et sans doute il alloit parler, si je ne m'étois hâtée de dire à M. de Valorbe, que M. de Mondoville, mon cousin, étoit venu pour m'entretenir d'une affaire importante. M. de Valorbe réfléchit un moment, et se rappelant sans doute que Matilde de Vernon, ma cousine, avoit épousé M. de Mondoville, son visage se radoucit tout-à-fait.

Il prit congé de moi, et salua Léonce qui resta appuyé, comme il étoit, sur la cheminée, sans donner un signe de tête ni des yeux qui pût ressembler à une révérence. M. de Valorbe surpris, voulut recommencer à le saluer pour le forcer à une politesse ou à une explication ; je prévins cette intention en prenant tout de suite le bras de M. de Valorbe, pour l'emmener dans la chambre à côté, comme si j'avois eu quelques mots à lui dire. Cette familiarité amicale de ma part étoit si nouvelle pour M. de Valorbe, qu'elle lui fit tout oublier. Il me suivit avec beaucoup d'émotion, j'achevai de détourner ses observations, en lui disant que *mon cousin* étoit absorbé par une inquiétude très-sérieuse dont il venoit m'entretenir. Je consentis à revoir M. de Valorbe le lendemain matin, avant l'absence d'un mois qu'il projetoit, et je lui laissai prendre ma main deux fois, quoique Léonce pût le voir. J'étois si pressée de faire partir M. de Valorbe, que je ne comptois pour rien l'impression que pouvoit faire ma conduite sur M. de Mondoville. Enfin, M. de Valorbe s'en alla, et je rentrai dans la chambre où étoit Léonce. Non, Louise, vous ne pouvez pas vous faire une idée du dédain et de la fierté de ses premières paroles; je les supportai, pour me justifier plus tôt, en lui racontant mes rapports avec M. de Valorbe dans la plus exacte vérité, et je finis en insistant particulièrement sur la reconnoissance que je lui devois, pour avoir sauvé la vie de mon bienfaiteur, de M. d'Albémar.

— Il se peut, me répondit Léonce, qu'il ait sauvé la vie de M. d'Albémar; mais moi, je ne lui dois rien, et nous verrons si je ne le fais pas renoncer aux droits qu'il se croit sur vous, et que vous autorisez. — Je fus blessée de cette réponse, et le souvenir de ce qui s'étoit passé depuis le retour de Léonce ajoutant

encore à cette impression, je lui dis vivement:
— Vous flattez-vous de conserver un pouvoir absolu sur ma vie, quand tous mes jours se passent à repousser les plus indignes plaintes?
— Il est vrai, répondit-il avec emportement, que je vous ai rendue témoin de mes souffrances, pardon de l'avoir osé; mais avez-vous pensé que ce tort vous donnât le droit de me trahir? Vous êtes-vous crue libre, parce que je suis malheureux? Votre erreur seroit grande, ou du moins votre nouvel amant ne seroit pas votre époux avant d'avoir appris quel sang il doit verser pour vous obtenir! — L'indignation me saisit à ces paroles, et ce mouvement enfin m'inspira ce qui pouvoit apaiser Léonce. — Je vous conseille, lui dis-je, de vous livrer à ces soupçons qui nous ont déjà séparés, quand nous devions être unis; ils sont plus justes cette seconde fois que la première, car j'ai mérité de perdre votre estime le jour où, cédant à vos prières, j'ai renoncé à mon départ, et où je suis revenue dans cette retraite me dévouer au coupable et funeste amour que je ressens pour vous. — A ces mots, Léonce perdit tout souvenir de M. de Valorbe; il n'étoit plus irrité, mais je n'en espérai pas davantage pour notre bonheur à venir.

Il ne me cacha plus ce que je n'avois que

trop deviné; il m'avoua qu'il ne pouvoit plus supporter la vie, tant que notre sort resteroit le même; qu'il étoit jaloux, parce qu'il ne se croyoit aucun droit sur moi; il me répéta cet odieux reproche avec désespoir. — Je le sais, me dit-il, je peux être mille fois plus malheureux encore qu'à présent; il y a tant d'abîmes dans la douleur, que son dernier terme est inconnu; tant que vous ne m'avez pas abandonné, je vis, mais en furieux, en insensé.... — J'allois l'interrompre, pour le rappeler à des sentimens plus doux, lorsqu'on vint m'annoncer que le courrier de madame d'Ervins étoit arrivé, et la précédoit de quelques minutes.

Léonce voulut alors me quitter. — Je ne me sens pas en état, me dit-il, de voir madame d'Ervins; elle est à plaindre, je le sais; cependant j'ai besoin de me préparer à sa présence: c'est elle, je ne l'en accuse pas, mais enfin, c'est elle.... — Il n'acheva point, me serra la main, et partit précipitamment; peu d'instans après son départ, madame d'Ervins arriva.

Hélas! combien elle est changée! ses traits sont restés charmans; mais l'expression de son visage, sa pâleur, son abattement, ne permettent pas de la regarder sans attendrissement. Elle étoit si fatiguée, que je n'ai pu causer avec elle ce soir. Et pendant qu'elle repose, ma Louise, je vous écris; je veux aussi confier ma situation à Thérèse, j'espère en ses conseils, en son exemple; secondez-moi de vos vœux.

LETTRE XLIII.

Delphine à mademoiselle d'Albémar.

Bellerive, ce 21 mai.

Oh! que d'émotions Thérèse m'a fait éprouver! Je ne sais point ce qu'on veut de moi, ce qu'on peut en obtenir, mon cœur succombe devant l'effort qu'on exige; une lettre de vous est venue se joindre aux exhortations de Thérèse; ne vous réunissez pas pour m'accabler; vous ne savez pas ce que vous me demandez! Dois-je renoncer à Léonce! Le voulez-vous? Ah! ne le prononcez pas; j'ai pressenti que vous alliez approcher de cette horrible idée dans votre lettre, je tremblois de la lire; et quand, par délicatesse, vous n'avez point achevé ce que vous aviez commencé, je me suis crue soulagée, comme si vous m'aviez affranchie de mes devoirs en ne me les exprimant pas. Je suis foible, je le sens; je n'ai point les vertus qui préparent aux grands sacrifices. Mon âme, livrée dès son enfance aux mouvemens naturels qui l'avoient toujours bien conduite, n'est point armée pour accomplir des devoirs si cruels : je n'ai point appris à me contraindre. Hélas! je ne croyois pas en avoir besoin. Que n'ai-je l'exaltation religieuse de Thérèse! Mais, quand j'implore le ciel, où ma raison et mon cœur placent un Être souverainement bon, il me semble qu'il ne condamne pas ce que j'éprouve; rien en moi ne m'avertit qu'aimer est un crime; plus je rêve, plus je prie, et plus mon âme se pénètre de Léonce.

Je vous ai mandé que M. de Serbellane avoit quitté l'Italie, pour s'établir en Angleterre, et que désespérant de faire changer Thérèse de résolution, il ne voyoit plus personne, et paroissoit plongé dans la plus profonde mélancolie. Thérèse ne m'a pas prononcé son nom; une lettre de Londres m'avoit appris ces tristes détails, et je n'ai pas osé lui en parler. Qu'elle est noble et sensible, cependant, cette Thérèse qui s'immole à son devoir! je la conduis après demain à son couvent; que n'ai-je la force de l'y suivre! C'est ainsi qu'il faudroit se séparer! Il est moins cruel de descendre dans ce religieux tombeau de toutes les pensées de la terre, que de vivre encore en ne voyant plus ce qu'on aime!

Le lendemain de l'arrivée de Thérèse, je passai la matinée avec elle ; j'entrevis dans ses discours qu'elle se croyoit coupable envers moi, et qu'elle en éprouvoit les regrets les plus amers ; mais elle craignoit de m'en parler, et reculoit le moment de l'explication. Léonce vint le soir : au moment où madame d'Ervins entra dans ma chambre, il essaya de dissimuler l'impression qu'il éprouvoit ; mais elle n'échappa point aux regards de Thérèse, et j'appris bientôt qu'elle savoit tout ce que je croyois lui avoir caché.

— Monsieur, dit-elle à Léonce avec un ton de dignité que je n'avois jamais remarqué dans un caractère timide et presque soumis, je sais que par le concours des plus funestes circonstances, c'est moi qui ai été la cause de l'erreur fatale qui vous a séparé de madame d'Albémar ; j'ai fait le sacrifice à Dieu de tout mon bonheur dans ce monde ; il ne m'a pas encore donné la force de me consoler des peines que j'ai causées à ma généreuse amie ; si je n'avois pas cru que de mon consentement vous étiez instruit de mon crime, à l'époque même de la mort de M. d'Ervins, je me serois hâtée de m'accuser devant vous ; mais je n'ai découvert que depuis votre mariage la méprise cruelle, que la délicatesse de madame d'Albémar l'avoit engagée à me taire. J'aurois pu, dès que je le soupçonnai pendant mon séjour ici, et lorsque j'en eus acquis la certitude à Bordeaux, par les diverses questions que vous fîtes à ma fille, j'aurois pu, dis-je, publier la vérité; mais vous étiez marié: je ne pouvois rendre à mon amie le bonheur dont je l'ai privée, et j'avois les plus fortes raisons de craindre que la famille de mon mari ne m'enlevât ma fille, et ne se permît, pour me l'ôter, si je m'avouois coupable, le scandale d'un procès public. J'ai donc espéré que vous me pardonneriez d'avoir retardé la justification authentique que je dois à madame d'Albémar, jusqu'à ce jour, où j'ai fait signer d'une manière irrévocable à toute la famille de M. d'Ervins les arrangemens qui assurent la fortune d'Isore, et m'autorisent à la confier à madame d'Albémar. J'ai abandonné tous mes droits personnels sur les biens de mon malheureux époux, et j'entre après demain dans un couvent: je suis donc libre à présent de réparer aux yeux du monde le tort que j'ai pu faire à la réputation de madame d'Albémar; mais hélas! je le sais, je n'en aurai pas moins perdu sa destinée. Son cœur, inépuisable en sentimens nobles et tendres, n'a pas cessé de m'aimer : vous, monsieur, ajouta-t-elle en tendant à Léonce, avec une douceur angélique, sa main tremblante, serez-vous plus inflexible qu'un Dieu de bonté qui, malgré mes offenses, a reçu mon repentir? me pardonnerez-vous?

O ma sœur! que n'avez-vous pu voir Léonce en ce moment! Non, vous ne m'auriez plus demandé de le quitter; l'expression triste, sombre, et presque toujours contenue qu'il avoit depuis quelque temps, disparut entièrement, et son visage s'éclaira, pour ainsi dire, par le sentiment le plus pur et le plus doux. Il mit un genou en terre, pour recevoir la main de madame d'Ervins, et, de la voix la plus émue, il lui dit : — Pouvez-vous douter du pardon que vous daignez demander? Ce n'est pas vous, c'est moi qui suis le seul coupable; et cependant je vis, et cependant elle souffre mes plaintes, mes défauts, quelquefois même mes reproches. Aurois-je le droit de vous en adresser? non sans doute, et j'en ai moins encore le pouvoir; votre sort, votre courage, votre vertu, oui, votre vertu, entendez cette louange sans la repousser, me pénètrent de respect et de pitié; et si j'étois digne de me joindre à vos touchantes prières, je demanderois au ciel pour vous le calme que mon cœur déchiré ne connoît plus, mais qu'au prix de tant de sacrifices vous devez enfin obtenir.

Ah! dit Thérèse en relevant Léonce, je vous remercie d'écarter de moi votre haine; mais ce n'est pas tout encore, il faudra que vous m'écoutiez sur votre sort à tous les deux: avant de vous en parler, je veux voir madame d'Artenas; je ne connois qu'elle à Paris, c'est une parente de M. d'Ervins, elle est aussi l'amie de madame d'Albémar; je dois lui faire part de la résolution que j'ai prise. Voulez-vous avoir la bonté, M. de Mondoville, de me conduire demain chez elle? J'entre, après demain, dans mon couvent, et huit jours après, le premier de juin, je prendrai le voile de novice.

— Ciel! dans huit jours! m'écriai-je. — C'est un secret, reprit Thérèse; vous savez que par les nouvelles lois on ne reconnoît plus les vœux; mais le prêtre vénérable qui me conduit a tout arrangé, et si l'on ne permettoit plus aux religieuses de vivre en France en communauté, il m'a assuré un asile dans un couvent en Espagne; je vous demanderai, ma chère Delphine, de me conduire vous-même dans ma retraite avec ma fille; je l'embrasserai sur le seuil du couvent pour la dernière fois, et, après cet instant, c'est vous qui serez sa mère.

— Sa voix s'altéra en parlant de sa fille ; mais faisant un nouvel effort, elle dit à Léonce :
— Demain à midi, n'est-il pas vrai, M. de Mondoville, vous viendrez me chercher pour me mener chez madame d'Artenas? — Léonce consentit à ce qu'elle désiroit par un signe de tête; il ne pouvoit parler, il étoit trop ému. Ah! c'est une âme aussi tendre que fière! ce n'est pas l'amour seul qui le rend sensible, la nature lui a donné toutes les vertus. Thérèse le regardoit avec attendrissement, et c'est lui, j'en suis sûre, dont elle auroit imploré la protection, s'il lui étoit encore resté quelque intérêt dans le monde.

Le lendemain, Léonce et madame d'Ervins revinrent ensemble à quatre heures de chez madame d'Artenas; je vis, sans en savoir la cause, que Léonce avoit été très-attendri : Thérèse, calme en apparence, demanda cependant à se retirer quelques heures dans sa chambre. Léonce, resté seul avec moi, me raconta ce qui venoit de se passer; il ne se doutoit point du projet de madame d'Ervins, en la conduisant chez madame d'Artenas, et dans la route elle n'avoit rien dit qui pût lui en donner l'idée.

Ils arrivèrent ensemble chez madame d'Artenas, et la trouvèrent seule avec sa nièce, madame de R. Après que madame d'Ervins eut annoncé sa résolution à madame d'Artenas, elle lui fit le récit de la conduite que j'avois tenue envers elle, et attribuant à cette conduite un mérite bien supérieur à celui qu'elle peut avoir, elle avoua tout, excepté ce qui eût indiqué mes sentimens pour Léonce. Il m'a dit que de sa vie il n'avoit éprouvé, pour aucune femme, autant de respect que pour madame d'Ervins, dans le moment où elle croyoit faire un acte d'humilité. Léonce a remarqué que Thérèse avoit rougi plusieurs fois en parlant, mais sans jamais hésiter. — Et je voyois réunie en elle, a-t-il ajouté, la plus grande souffrance de la timidité et de la modestie, à la plus ferme volonté. — Elle finit en déclarant à madame d'Artenas, que loin de demander le secret sur ce qu'elle venoit de lui dire, elle désiroit qu'elle le publiât, chaque fois que ses relations dans le monde la mettroient à portée de repousser la calomnie dont je pourrois être l'objet.

Elle se recueillit un instant, après avoir achevé ses pénibles aveux, pour chercher s'il ne lui restoit point encore quelque devoir à remplir; personne n'osa rompre le silence; elle avoit trop ému ceux qui l'écoutoient;

pour qu'ils fussent en état de lui répondre; et comme sans doute elle craignoit toute conversation sur un pareil sujet, elle se leva pour la prévenir, en faisant une inclination de tête à madame d'Artenas et à sa nièce; elle sortit, sans leur avoir laissé le temps d'exprimer l'intérêt et l'attendrissement qu'elles éprouvoient. Vous concevez, ma chère Louise, combien cette scène m'a touchée. Admirable Thérèse! bien plus admirable que si jamais elle n'avoit commis de fautes; que de vertus elle a tirées du remords! combien elle vaut mieux que moi, qui me traîne sans forces sur les dernières limites de la morale, essayant de me persuader que je ne les ai pas franchies!

Cette journée d'émotion n'étoit pas terminée; Thérèse n'avoit pas encore accompli tout ce que sa religion lui commandoit: elle vint rejoindre Léonce et moi, et comme j'allois vers elle pour lui exprimer ma reconnoissance: — Attendez, me dit-elle, car je crains bien d'être forcée de vous déplaire; mais demain je quitte le monde, et j'ai presque aujourd'hui les droits des mourans; écoutez-moi donc encore. — Elle s'assit alors, et s'adressant à Léonce et à moi, elle nous dit:

— J'ai détruit votre bonheur; sans moi vous

seriez unis, et la vertu contribueroit autant que l'amour à votre félicité; ce tort affreux, ce tort que je ne pourrai jamais expier, c'est mon crime qui en a été la cause; un malheur plus funeste encore, la mort de mon mari a été la suite immédiate de mon coupable amour. Ce n'est donc pas moi, non ce n'est pas moi qui pourrois me croire le droit de donner de sévères conseils à des âmes aussi pures que les vôtres; cependant Dieu peut choisir la voix des pécheurs pour faire entendre des avis salutaires aux cœurs les plus vertueux. Vous vous aimez; l'un de vous est lié par des chaînes sacrées, et vous vous voyez, et vous passez presque tous vos jours ensemble, vous fiant à la morale qui vous a préservés jusqu'à présent! Je n'avois point sans doute vos lumières, je n'avois point vos vertus; mais je formai néanmoins les mêmes résolutions que vous, et le charme de la présence affoiblit par degrés tous les sentimens honnêtes sur lesquels je m'appuyois. Delphine, faudroit-il qu'après être tombée, je vous entraînasse dans ma chute! aurois-je à rendre compte de votre âme à l'Éternel! Ah! ce seroit moi seule qui mériterois d'être punie, mais vous ne seriez plus cet être incomparable que je retrouverai dans le ciel un jour, si mon repentir m'y fait recevoir.

Et vous, Léonce, et vous, continua-t-elle, serez-vous heureux si vous entraînez mon amie? si vous égarez ce caractère noble et vertueux, que Dieu appellera plus particulièrement à lui, quand le malheur, ou ce qui est la même chose, une plus longue durée de la vie lui aura fait sentir la nécessité d'une religion positive? quand elle guidera ma fille dans le monde, au lieu d'y régner elle-même?.... — Votre fille! m'écriai-je, pourquoi l'abandonnez-vous? pourquoi m'en remettez-vous le soin? je n'en suis pas digne.

— Delphine, généreuse Delphine, interrompit Thérèse, me serois-je donc si mal fait comprendre que vous puissiez penser qu'il existe un être au monde que j'estime plus que vous! quand vous vous laisseriez entraîner par l'amour, je sais que votre cœur, resté pur, ne puiseroit dans ses fautes qu'une connoissance plus cruelle, mais plus certaine de la nécessité de la morale. Les malheurs de mon amie me seroient, hélas! un garant de plus des soins qu'elle donneroit à l'éducation vertueuse de ma fille. Mais vous, mais vous, Delphine, que deviendrez-vous si vous êtes coupable? et par quel vain espoir vous flattez-vous de l'éviter? s'il gémit de votre résistance, s'il vous montre sa douleur, s'il vous la cache, et que ses traits altérés le trahissent, s'il est malheureux enfin; dites-moi donc, si vous le savez, comment vous ferez pour le supporter? Écoutez, je suis prête à m'ensevelir pour toujours, la main de Dieu est déjà sur moi; j'ai trouvé dans mon âme la force de tout briser, de renoncer à tout; eh bien! je ne me sentirois pas encore la puissance de voir souffrir ce que j'aime; et vous vous la croyez cette puissance! Delphine, insensée, il faut vous séparer de lui pour jamais, ou tomber à ses pieds, soumise à ses désirs. Vous ne pouvez trouver que dans l'exaltation d'un grand sacrifice des forces contre l'amour. Delphine, au nom du ciel..... — Arrêtez, s'écria Léonce avec l'accent le plus douloureux; ce n'est point à Delphine que vous devez vous adresser, elle est libre et je suis lié pour jamais; elle vouloit s'unir à moi, je l'ai méconnue; s'il faut déchirer un cœur, choisissez le mien; je puis partir, je le puis; la guerre va bientôt s'allumer en France; j'irai me joindre à ceux dont je dois partager les opinions; dans ce parti sans puissance, se faire tuer n'est pas difficile. Si vous avez dans votre religion des ressources pour faire supporter à Delphine la mort de Léonce, si vous en avez, j'y consens et je vous le pardonne : mais pouvez-vous imaginer qu'après avoir passé près d'elle des jours orageux, et néanmoins pleins de délices, des jours pendant lesquels je lui ai confié mes peines les plus secrètes, mes sentimens les plus intimes, je vivrois privé tout à la fois de ma maîtresse et de mon amie ! de celle qui devroit être ma femme, et que je ne reverrois plus ! de celle qui dirige mes actions, donne un but à mes pensées, et m'est sans cesse présente ? croyez-moi, sans avoir besoin de recourir à la résolution du désespoir, mon sang glacé cesseroit de ranimer mon cœur, si je ne vivois plus pour elle. Et c'est vous, madame, qui pouvez oublier tout ce que vous-même vous avez inspiré ! tout ce qu'éprouve encore sans doute celui qui pleure loin de vous ! — C'en est trop, s'écria Thérèse en pâlissant, avec un tremblement convulsif qui me causa le plus mortel effroi ; c'en est trop : quel langage vous me faites entendre ! me croyez-vous donc assez guérie pour n'en pas mourir ? ignorez-vous ce qu'il m'en coûte ? pouvez-vous réveiller ainsi tous mes souvenirs ? Cessez ! cessez ! Delphine, soutenez-moi, éloignons-nous d'ici. —

Léonce, inconsolable de l'état où il avoit

jeté madame d'Ervins, n'osoit approcher d'elle; on l'emporta dans sa chambre, je la suivis, et je fis dire à Léonce que je ne redescendrois pas. Je ne voulois pas quitter madame d'Ervins, et je me sentois aussi dans un trouble qui me rendoit impossible de parler à Léonce. Pourquoi le rendre témoin de mes cruelles incertitudes? des remords que madame d'Ervins a fait naître en moi? je veux me déterminer enfin, je le veux; mais je ne puis le revoir qu'après avoir pris une décision. Quelle sera-t-elle? ô mon Dieu!

Madame d'Ervins passa près d'une heure sans prononcer une parole, m'écoutant quelquefois, et ne me répondant que par des pleurs; je crus que c'étoit le moment d'essayer encore de la détourner d'entrer au couvent: les premiers mots que je prononçai sur ce sujet lui rendirent tout à coup du calme; elle me demanda doucement de m'éloigner. J'ai appris depuis qu'elle avoit passé deux heures en prières, qu'après ces deux heures elle s'étoit couchée, et qu'elle avoit paisiblement dormi jusqu'au matin.

Pour moi, j'ai passé cette nuit sans fermer l'œil: infortunée que je suis! un esprit éclairé, quand l'âme est passionnée, ne fait que du mal; je ne puis, comme Thérèse, adopter aveuglément toutes les croyances qui remplissent son imagination, et mon cœur en auroit besoin. J'invoque une terreur, un fanatisme, une folie, un sentiment, quel qu'il soit, assez fort pour lutter contre l'amour. Quelquefois je suis prête à vous conjurer de venir ici; je voudrois m'en remettre à vous sur mon sort, vous parleriez à Léonce, vous le verriez et vous me jugeriez. Ah! ma sœur, cette prière seroit-elle trop exigeante? feriez-vous ce sacrifice à celle que vous avez élevée, et qui vous redemanderoit d'exercer de nouveau l'empire le plus absolu sur sa volonté?

LETTRE XLIV.

Delphine à mademoiselle d'Albémar.

Bellerive, ce 26 mai 1791.

Non, ne venez pas, tout est promis; je le crois, tout est décidé. Thérèse a trop usé peut-être de l'empire que mon attendrissement lui donnoit sur moi; mais enfin, j'ai cédé à ses larmes, à l'ardeur de ses prières. Son imagination étoit frappée de l'idée qu'elle auroit à se reprocher la perte de mon âme; son confesseur, je crois, l'avoit encore, la veille, pénétrée de nouveau de cette crainte.

Sa douleur, son éloquence, m'ont entièrement bouleversée ; je n'ai pas consenti cependant à m'éloigner de Léonce sans être rassurée sur son désespoir ; je ne le puis, je ne le dois pas : le véritable crime seroit d'exposer sa vie ; quel effroi peut l'emporter sur une telle crainte ! le remords même est plus facile à braver.

Thérèse veut que Léonce soit témoin avec moi de la cérémonie qui consacrera le moment où elle doit prendre le voile de novice. Elle compte sur l'impression de cette solennité, et, malgré la résistance qu'il a déjà opposée à ses prières, elle croit qu'au pied de l'autel, ses derniers adieux obtiendront de Léonce qu'il me laisse partir. Elle veut lui répéter alors ce dont elle est convaincue, c'est que son salut à elle-même dépend du mien, et qu'il ne peut sans barbarie se refuser au dernier effort qu'elle veut tenter, pour m'arracher aux malheurs qui me menacent ; elle se croit sûre d'obtenir ainsi le consentement de Léonce. J'ai promis que si elle l'obtenoit en effet, je partirois à l'instant même ; c'est dans six jours, et je dois jusque-là cacher à Léonce ce que j'éprouve ; je l'ai juré. Je vous l'avoue, lorsque Thérèse m'a arraché tous les engagemens qu'elle a voulu, j'avois un espoir secret que rien ne pourroit décider Léonce à mon départ; mon opinion à présent n'est plus la même : Thérèse est si touchante! le moment qu'elle a choisi pour parler à Léonce est si propre à l'émouvoir ! J'y joindrai moi-même mes instances, je le dois, je le ferai; mais se taire pendant ces six jours, le revoir avec l'idée que bientôt peut-être nous serons séparés! Thérèse a trop exigé de moi; sa dévotion, tout à la fois exaltée et romanesque, m'ébranle, m'entraîne, et ne me soutient pas.

Elle m'a répété de mille manières, avec cet accent passionné qu'elle tient de l'amour et qu'elle consacre à la religion, que je ne pouvois pas me refuser à l'espoir qui lui restoit encore de me sauver, et d'obtenir l'absolution de ses fautes. — Je vous demande bien peu, me disoit-elle, je vous demande seulement la permission d'essayer dans un moment solennel, si je puis attendrir votre amant sur le sort auquel il vous livre; vous ne pouvez pas vous y opposer, sans vous avouer à vous-même que, dût-il accéder à votre départ, vous n'en seriez pas capable! — Je résistois encore à ce qu'elle désiroit, une crainte vague me retenoit; mais lorsque j'étois prête à la quitter, elle s'est précipitée à mes pieds avec sa fille, et m'a représenté avec une telle force ce que j'éprouverois si je me rendois coupable, ce qu'elle avoit souffert ; parce que, éloignée de moi, une âme courageuse n'étoit point venue à son secours ; elle a fait naître dans mon cœur une émotion si vive, que j'ai consenti à tout.

Qu'en arrivera-t-il? une séparation déchirante : je suis comme égarée, on dispose de moi sans que ma volonté me guide, je ne sais ce que je dois craindre ; peut-être de tels efforts augmenteront-ils les dangers même dont on veut me sauver. — Ah! Léonce, c'est à vous qu'on s'en remet, est-ce vous qui briserez nos liens?

LETTRE XLV.

Léonce à Delphine.

Paris, ce 28 mai.

D'où vient le trouble que j'éprouve? jamais vous ne m'avez paru plus touchante, plus sensible qu'hier! J'étois dans l'ivresse auprès de vous, et quand je me suis rappelé notre soirée, je n'ai éprouvé qu'une inquiétude, une tristesse indéfinissable. Je vous ai trouvée vous faisant peindre pour moi ; vous aviez revêtu un costume grec qui vous rendoit plus céleste encore, tous vos charmes se développoient à mes yeux; je vous ai regardée quelque temps, mais je me sentois dévoré par une passion qui consumoit ma vie; le peintre nous a quittés, je vous ai serrée dans mes bras, et deux fois vous avez penché votre tête sur mon épaule; mais je ne vous avois point communiqué l'ardeur que j'éprouvois. Vos yeux se remplissoient de larmes, votre visage étoit pâle, et votre regard abattu; si, dans cet état, il eût été possible que votre cœur vous livrât à mon amour, il me semble qu'un sentiment inconnu, mais tout puissant, m'eût interdit d'accepter le bonheur même.

Je m'éloignois, je me rapprochois de vous, vous gardiez le silence; cependant vous m'aimiez, et j'éprouvois au dedans de moi-même une fièvre d'amour, un frisson de douleur tout-à-fait inexplicable. J'ai voulu vous demander de prendre votre harpe; vous savez combien vous me calmez, en me faisant entendre votre voix unie à cet instrument. — Ah! m'avez-vous répondu vivement, je ne puis pas supporter la musique, ne m'en demandez pas. — Pourquoi ne pouvez-vous plus la supporter? Vous m'avez souvent répété ces paroles de Shakespeare: *l'âme qui repousse la*

musique est pleine de trahison et de perfidie.
Pourquoi la repoussez-vous?

J'ai votre parole de ne jamais partir à mon insçu, je ne puis la révoquer en doute, vous me l'avez de nouveau répété; quelle est donc la cause de l'état où je vous ai vue? Ah! sentiriez-vous quelque atteinte de la douleur qui me tue? sentiriez-vous qu'il faut mourir, si nous ne nous appartenons pas l'un à l'autre? Non, vos yeux n'exprimoient ni l'entraînement ni l'abandon. Delphine, ton âme est si pure, si vraie, que rien ne peut la troubler sans que ton ami l'aperçoive; dis-moi donc quel est le sentiment qui t'occupoit hier.

LETTRE XLVI.

Léonce à M. Barton.

Paris, ce 31 mai.

L'un de vos amis vous a mandé qu'il m'avoit trouvé changé, et vous en êtes inquiet; je vous en prie, rassurez-vous; je souffre, mais il n'y a point de danger pour ma vie; j'ai assez souvent la fièvre le soir, ce sont les peines de mon âme qui me la donnent. Depuis quelque temps je crains sans cesse que madame d'Albémar ne s'éloigne de moi; le trouble qu'elle me cause excite dans mon sang une agitation continuelle ; mais ce n'est pas, soyez-en sûr, la maladie qui me tuera. Ne venez point me voir, vous ne pourriez rien sur moi ; jamais on n'a ressenti ce que j'éprouve ! Je sortirai de cet état, il faut qu'il finisse à quelque prix que ce puisse être, il le faut. Attendez mon sort ; je ne veux pas que votre vie paisible s'approche de la mienne, une influence fatale tomberoit sur vous.

LETTRE XLVII.

Delphine à Léonce.

Bellerive, ce 1er juin, à 10 heures du matin.

MADAME d'Ervins m'écrit encore ce matin, qu'elle désire vivement que vous soyez témoin de la cérémonie de ce soir ; venez me chercher à quatre heures pour me conduire à son couvent ; elle le veut, nous ne pouvons pas le lui refuser.

LETTRE XLVIII.

Réponse de Léonce à Delphine.

Paris, ce 1er juin, à midi.

Si vous l'exigez, j'irai; mais essayez de m'en dispenser, j'ai peur des émotions; vous ne savez pas, dans la disposition actuelle de mon âme, combien elles me font mal! Je serai chez vous à quatre heures; mais, s'il est possible, écrivez à madame d'Ervins que vous irez seule.

LETTRE XLIX.

Delphine à mademoiselle d'Albémar.

Bellerive, ce 2 juin.

Si je ne suis pas encore tout-à-fait indigne de vous, ma Louise, je ne sais à quel secours du ciel je le dois. Méritois-je ce secours, après des momens si coupables? Non, sans doute, mais il m'a été donné pour me livrer à la douleur, pour expier par mes regrets, ce jour où mes sentimens ont profané tout ce qu'il y a de plus respectable au monde. Je suis bien malade; on me croit en danger, on me défend d'écrire; mais si je dois mourir, je veux que vous connoissiez les dernières heures que j'ai passées. Elles ont été terribles! que le souvenir en demeure déposé dans votre sein! Apprenez quels sont les efforts qui peut-être ont précédé la fin de ma vie! Je crains que ma fièvre ne me fasse tomber dans le délire; je n'ai peut-être plus que quelques instans pour recueillir mes pensées, je vous les consacre encore. Aimez-moi! Si je meurs, je puis être pardonnée.

Léonce, à regret, s'étoit enfin décidé à m'accompagner comme le désiroit madame d'Ervins; nous arrivons à la porte du couvent où je l'avois conduite la veille, et près duquel demeuroit son confesseur; un homme m'y attendoit, pour me remettre une lettre d'elle qui m'apprenoit qu'elle seroit reçue novice, dans quel lieu, juste ciel! dans l'église même où j'ai vu Léonce se marier! Thérèse me l'avoit caché, mais c'étoit sur ce moyen qu'elle comptoit, pour triompher de notre amour. J'hésitai, je l'avoue, si je continuerois ma route; mais la fin de la lettre de Thérèse étoit tellement pressante, elle me disoit avec tant de force qu'elle avoit besoin de me revoir encore, que je lui percerois le cœur en la privant dans un tel moment de la présence de sa seule amie, que je n'eus pas le courage de la refuser.

Léonce, cette fois, voyant dans quel état d'émotion j'étois, insista pour ne pas m'abandonner seule à cette épreuve douloureuse. J'étois déjà dans un tel trouble que je cessai de vouloir, et je me laissai conduire sans réflexion ni résistance.

Pendant la route qui nous restoit encore à faire, nous gardâmes l'un et l'autre le plus profond silence; néanmoins, à l'instant où ma voiture tourna dans le chemin qui conduit à l'église de Sainte-Marie, Léonce reconnoissant les lieux qu'il ne pouvoit oublier, dit avec un profond soupir : — C'étoit ainsi que j'allois avec Matilde; elle étoit là, s'écria-t-il en montrant ma place : oh! pourquoi suis-je venu! Je ne puis!..... — Il sembloit vouloir fuir; mais en me regardant, ma pâleur et mon tremblement le frappèrent sans doute, car, s'arrêtant tout à coup, il ajouta : — Non, pauvre malheureuse, tu souffres, je ne te laisserai point souffrir seule, appuie-toi sur ton ami.

— Nous descendîmes de la voiture; l'église étoit fermée pour tout le monde, excepté pour nous : un vieux prêtre vint à notre rencontre, et se souvenant mal des deux personnes qu'on l'avoit chargé de recevoir, il me dit en montrant Léonce : Madame, monsieur est sans doute votre mari? — Ah! Louise, ce mot si simple réveilloit tant de regrets et de remords, que je restai comme immobile devant la porte de l'église, n'osant en franchir le seuil. — Léonce prit la parole avec précipitation : — Je suis le parent de madame, répondit-il ; — et m'entraînant après lui, nous entrâmes.

Le prêtre nous fit asseoir sur un banc peu éloigné de la grille du chœur. Léonce se plaça de manière qu'il ne pût apercevoir l'autel devant lequel il s'étoit marié ; sa respiration étoit haute et précipitée ; moi, j'avois couvert mes yeux de mon mouchoir, je ne voyois rien, je pensois à peine, j'éprouvois seulement une agitation intérieure, une terreur sans objet fixe, qui troubloit entièrement mes réflexions. L'une des portes qui conduisoient dans l'intérieur du couvent s'ouvrit ; des religieuses couvertes d'un voile noir, suivies par l'infortunée Thérèse, vêtue d'une robe blanche, s'avancent à quelque distance de nous, dans un profond silence ; Thérèse s'appuyoit sur le bras de son confesseur ; mais ses pas n'étoient point chancelans, on pouvoit même remarquer qu'une exaltation extraordinaire les rendoit trop rapides ; pendant qu'elle marchoit, les prêtres chantoient un psaume lugubre, qu'accompagnoit un orgue assez doux ; Thérèse quitta les religieuses pour venir vers moi ; elle me serra la main avec une expression que je ne pourrai jamais oublier, et tendant une lettre à Léonce, elle lui dit à voix basse : — Quand la barrière éternelle sera refermée sur moi, lisez ce papier, dans cette église même, à la lueur de cette lampe qui brûle à quelques pas de l'autel où vous avez prononcé d'irrévocables sermens. Écoutez, pour vous préparer à ce que j'ose vous demander, les chants des religieuses qui vont consacrer mon entrée dans leur asile ; quand ils auront cessé, je n'existerai plus pour le monde ; mais, si vous exaucez mes prières, vous me réconcilierez avec Dieu ; je ne serai plus coupable devant lui de votre perte à tous les deux ; et toi, mon amie, me dit-elle, tu vois où l'amour m'a conduite, fuis mon exemple, adieu. — En achevant ces mots, elle s'approcha de la grille du chœur, tourna la tête encore une fois vers moi, et dans le moment où cette grille alloit nous séparer pour toujours, elle me fit un dernier signe, comme sur les confins de la terre et du ciel. Je crus la voir passer de la vie à la mort, et dans l'éloignement, elle m'apparoissoit telle qu'une ombre légère, déjà revêtue de l'immortalité.

Léonce étoit resté immobile, tenant à la main la lettre de Thérèse. — Que contient-elle? me dit-il avec l'accent le plus sombre; que voulez-vous de moi? Seriez-vous d'accord avec elle? — Je vous en conjure! interrompis-je, obéissez à la prière de Thérèse, ne lisez point encore ce qu'elle vous écrit! Donnez un moment à la pitié pour elle! Je suis là, près de vous, mon ami; ah! pleurons encore quelques instans sans amertume! — Léonce, placé derrière moi, posa sa main sur le pilier qui me servoit d'appui; ma tête tomba sur cette main tremblante, et ce mouvement, je crois, suspendit quelque temps son agitation. La musique continua; l'impression qu'elle me causoit me plongea dans une rêverie extraordinaire, dont je n'ai pu conserver que des souvenirs confus; bientôt j'entendis les sanglots étouffés de mon malheureux ami, et je m'abandonnai sans contrainte à mes larmes. J'invoquai Dieu pour mourir dans cette situation, elle étoit pleine de délices; je n'imposois plus rien à mon âme, elle se livroit à une émotion sans bornes; il me sembloit que j'allois expirer à force de pleurs, et que ma vie s'éteignoit dans un excès immodéré d'attendrissement et de pitié. Je ne sais combien de temps dura cette sorte d'extase, mais je n'en fus tirée que par le bruit que firent les rideaux du chœur, lorsqu'on les ferma. La cérémonie terminée, les religieuses et les prêtres s'étant retirés, nous n'entendîmes plus, nous ne vîmes plus personne, et nous nous trouvâmes seuls dans l'église, Léonce et moi.

Léonce, sans quitter ma main, s'approcha de la lumière, et lut la prière solennelle, éloquente et terrible, que Thérèse lui adressoit, pour l'engager à sauver mon âme, en rompant nos liens, et en cessant de nous voir. Je ne pus en saisir que quelques paroles, qu'il répétoit en frémissant. A peine l'eut-il finie que, levant sur moi des yeux pleins de douleur et de reproches, il me dit : — Est-ce vous qui avez combiné ces émotions funestes ? Est-ce vous qui avez résolu de me quitter ? — Consentez, lui dis-je avec effort, consentez à mon absence. Léonce, je t'en conjure, cède à la voix du ciel que Thérèse t'a fait entendre ! Ne sens-tu pas que les forces de mon âme sont épuisées ? Il faut que je m'éloigne, ou que je devienne criminelle ! Un plus long combat n'est pas en ma puissance ! Saisissons cet instant !... — Il est donc vrai, reprit Léonce, il est donc vrai que vous avez formé le dessein de me quitter ! que tant de jours passés ensemble n'ont point laissé de trace dans votre cœur ! Oui ! c'en est fait ! il n'y aura plus sur cette terre une heure de repos pour moi ! Et quand devoit-elle commencer, cette séparation? — A l'heure même! m'écriai-je; tout est prêt, l'on m'attend, laissez-moi partir, que ce lieu soit témoin de ce noble effort! — Il sera témoin, s'écria-t-il, de ma mort; je me sens abattu, je n'ai plus l'espérance qui pourroit m'aider à triompher de votre dessein! Je me suis trompé! vous n'avez pas d'amour! vous n'en avez pas! vous pouvez partir. Eh bien! le sacrifice est fait, vous le pouvez. Adieu.

— Louise, jamais la douleur de Léonce n'avoit été si profonde et si touchante; elle avoit changé son caractère. Il n'essayoit pas de me retenir; mais je voyois dans son regard une expression funeste, une résignation sombre qui me glaçoit de terreur. J'essayai de lui parler, il ne me répondoit plus; je ne pouvois supporter qu'il eût cessé de croire à ma passion pour lui; dix fois il en repoussa l'assurance, et sembloit craindre les sentimens les plus doux, comme si, décidé à mourir, il avoit eu peur de regretter la vie. Enfin, un accent plus tendre le ranima tout à coup, mais pour lui rendre un égarement non moins effrayant que l'accablement dont il sortoit. — Eh bien! me dit-il, si tu veux que je croie à ton amour, si tu veux que je vive, il en existe encore un moyen! Il peut seul expier ce que tu m'as fait souffrir! il peut seul prévenir les tourmens qui m'attendent! Il faut te lier à l'instant même par un serment que tu nommeras sacrilége, mais sans lequel aucune puissance humaine ne peut me faire consentir à la vie. — Que veux-tu de moi? lui dis-je épouvantée; ne sais-tu pas que je t'adore? n'es-tu pas le souverain de ma vie? — Qui pourroit compter, me répondit-il avec amertume, qui pourroit compter sur ton âme incertaine, combattue, toujours prête à m'échapper? Il n'est qu'un lien sur la terre, il n'en est qu'un qui puisse répondre de toi! Et ce moment de désespoir est le dernier où la passion toujours repoussée, toujours vaincue par chaque nouveau repentir, puisse te demander, puisse obtenir l'engagement de l'amour. Qu'il soit donné dans ces lieux mêmes dont tu invoques sans cesse contre moi les cruels souvenirs! que l'horreur même de ce séjour consacre ta promesse ou ton refus irrévocable. Viens, suis-moi. — Je sentois qu'il vouloit m'entraîner vers l'autel fatal, près de la colonne derrière laquelle j'avois été témoin de son malheureux mariage; nous en étions encore à quelques pas, et je m'appuyois sur l'un des tombeaux que des regrets pieux ont consacrés dans cette église.

— Restons ici, dis-je à Léonce, reposons-nous près des morts. — Non, me dit-il avec une voix qui retentit encore dans tout mon être, ne résiste point, suis mes pas. — Les forces me manquoient, il passa son bras autour de moi, et entraînée par lui, je me trouvai précisément en face de l'autel où le sacrifice de mon sort avoit été accompli. Je regardai Léonce, cherchant à découvrir sa pensée; ses cheveux étoient défaits, sa beauté, plus remarquable que dans aucun moment de sa vie, avoit pris un caractère surnaturel, et me pénétroit à la fois de crainte et d'amour. — Donne-moi ta main, s'écria-t-il, donne-la-moi; s'il est vrai que tu m'aimes, tu dois, infortunée, tu dois avoir besoin comme moi de bonheur; jure sur cet autel, oui, sur cet autel même dont il faut à jamais écarter le fantôme horrible d'un hymen odieux; jure de ne plus connoître d'autres liens, d'autres devoirs que l'amour; fais serment d'être à ton amant, ou je brise à tes yeux ma tête sur ces degrés de pierre, qui feront rejaillir mon sang jusqu'à toi; c'en est trop de douleurs, c'en est trop de combats; c'est dans ce sanctuaire, triste asile des larmes, que j'ose déclarer que je suis las de souffrir! je veux être heureux, je le veux; la trace de mes chagrins est trop profonde; rien ne peut faire cesser mes craintes;

je te verrai toujours prête à m'échapper, si des liens chers et sacrés ne me répondent pas de notre union ; le poids que je soulève pour respirer l'air m'oppresse trop péniblement ; il faut que je m'enivre des plaisirs de la vie, ou que la mort m'arrache à ses peines. Si tu me refuses, Delphine, tiens, les lieux sont bien choisis ; sous ces marbres sont des tombeaux, indique la pierre que tu me destines, fais-y graver quelques lignes, et tu seras quitte envers mon sort ; que reste-t-il de tant d'hommes infortunés comme moi ? des inscriptions presque effacées sur lesquelles le hasard porte encore quelquefois nos yeux inattentifs. Delphine, la mort est sous nos pas, repousse ton amant dans l'abîme, ou viens te jeter dans ses bras ; il t'enlèvera loin de ces voûtes funestes, et nous retrouverons ensemble et le ciel et l'amour. —

Ses regards me causoient une terreur inexprimable ; je lui dis : — Léonce, sortons d'ici ; je ne partirai pas ; que veux-tu de moi ? sortons d'ici. — Non ! s'écria-t-il en me retenant avec violence, dans une heure tu reprendras sur moi ton funeste empire ; je recommencerai cette misérable vie de tourmens, de craintes, de regrets ; non, ce jour terminera cette existence insupportable ; ton âme doit sentir en cet instant ce qu'elle peut pour moi : si tu résistes à l'état où je suis, au trouble qu'il te cause, c'en est fait, nos nœuds sont brisés. Fais le serment que j'exige, ou laisse-moi; reviens seulement demain à la même heure, les prêtres chanteront pour moi les mêmes hymnes que pour ton amie, tu seras seule au monde. Delphine, pauvre Delphine! ainsi séparée de tout ce qui te fut cher, ne regretteras-tu donc pas le malheureux insensé qui t'a si tendrement aimée? — Louise, mon cœur s'égaroit. — Cruel! m'écriai-je, quoi! c'est dans ce lieu même que tu peux exiger une semblable promesse! Oses-tu donc profaner tout ce qu'il y a de saint sur la terre?

— Je veux, reprit Léonce, te lier pour jamais; je veux affranchir ton âme violemment et sans retour, de tous les scrupules vains qui la retiennent encore. Delphine, si nous étions au bout du monde, si les volcans avoient englouti la terre qui nous donna naissance, les hommes que nous avons connus, croirois-tu faire un crime en t'unissant à ton amant? Eh bien! oublie l'univers, il n'est plus, il ne reste que notre amour. Tu ne l'as jamais connu, l'amour, fille du ciel! aucun mortel n'a possédé tes charmes. Quand ton âme sera tout entière livrée à moi, tu m'aimeras d'une affection que tu ne peux encore comprendre; il naîtra pour nous deux une seule et même vie, dont nos existences séparées n'ont pu te donner l'idée. Dis-moi donc, ne sens-tu pas ce que j'éprouve, un élan du cœur vers la félicité suprême, un délire d'espérance qu'on ne pourroit tromper sans que l'avenir fût flétri pour toujours ? Écoute, Delphine, si tu sors de ces lieux sans que ta volonté soit vaincue, sans que tes desseins soient irrévocablement changés, j'en ai le pressentiment, tout est fini pour moi; tu auras horreur de ma violence, tu ne te souviendras que d'elle. Delphine, c'en est fait, prononce, jamais la mort ne fut plus près de moi! Quand tout mon sang, s'écria-t-il en frappant avec violence sa poitrine, quand tout mon sang sortit de cette blessure, j'avois mille fois plus de chances de vie qu'en cet instant! — Qui pourroit, juste ciel, se faire l'idée de l'expression de Léonce alors! il étoit tellement hors de lui-même, que je ne doutai pas du plus funeste dessein. J'allois perdre tout sentiment de moi-même, j'allois promettre, dans le sanctuaire des vertus, d'oublier tous mes devoirs; je me jetai à genoux cependant, par une dernière inspiration secourable, et j'adressai à Dieu la prière qui, sans doute, a été entendue.

— O Dieu! m'écriai-je, éclairez-moi d'une lumière soudaine! tous les souvenirs, toutes les réflexions de ma vie ne me servent plus;

il me semble qu'il se passe en moi des transports inouïs qu'aucun devoir n'avoit prévus; si tant d'amour est une excuse à vos yeux, si, quand de tels sentimens peuvent exister, vous n'exigez pas des forces humaines de les combattre, suspendez cet effroi que j'éprouve encore, pour un serment que je crois impie! éloignez le remords de mon âme, et qu'oubliant tout ce que j'avois respecté, je fasse ma gloire, ma vertu, ma religion du bonheur de ce que j'aime. Mais si c'est un crime que ce serment, demandé avec tant de fureur, ô mon Dieu! ne me condamnez pas du moins à voir souffrir Léonce; anéantissez-moi à l'instant, dans ce temple saint tout rempli de votre présence! des sentimens d'une égale force s'emparent tour à tour de mon âme, vous pouvez seul faire cesser cette incertitude horrible. O mon Dieu! la paix du cœur, ou la paix des tombeaux, je l'appelle, je l'invoque..... — Je ne sais ce que j'éprouvai alors, mais la violence de mes émotions surpassant mes forces, je crus que j'allois mourir, et frappée de l'idée qu'il y avoit quelque chose de surnaturel dans cet effet de ma prière, en perdant connoissance, je pus encore articuler ces mots: — O mon Dieu! vous m'exaucez. —

Léonce m'a dit depuis, qu'il se persuada, comme moi, que j'étois frappée par un coup du ciel, et qu'en me relevant dans ses bras, il douta quelques instans de ma vie : il me porta jusqu'à ma voiture, et j'arrivai à Bellerive, sans avoir repris mes sens. Lorsque j'ouvris les yeux, je trouvai Léonce au pied de mon lit; je fus long-temps sans me rappeler ce qui s'étoit passé; comme le jour commençoit à paroître, mes souvenirs revinrent par degrés, je frémis de ce qu'ils me retracèrent. Le remords, la honte, une vive impression de terreur me saisit, en me rappelant dans quel lieu l'on m'avoit demandé des sermens criminels; je détournai mes regards de Léonce, je le conjurai de me quitter, de retourner chez lui calmer l'inquiétude que son absence devoit causer à Maltide ; je vis à son trouble qu'il craignoit les résolutions que je pourrois former, je lui jurai de l'attendre ce soir. Oh! je ne puis pas partir, je n'ai plus la force de rien.

Louise, je crois, en effet, que ma prière a été réellement exaucée; ce que j'éprouve ressemble aux approches de la mort. J'ai pu du moins écrire jusqu'à la fin ce récit terrible; vous saurez, quoi qu'il m'arrive, quel combat j'ai soutenu, quelles douleurs..... ah! ce seront les dernières. Adieu, Louise; ma main tremble, je sens ma raison troublée; avec mes dernières forces, avec mon dernier accent, je vous dis encore que je vous aime.

LETTRE L.

Madame de Lebensei à mademoiselle d'Albémar.

Paris, ce 4 juin 1791.

JE suis bien malheureuse, mademoiselle, d'avoir à vous causer la peine la plus cruelle. Madame d'Albémar est à toute extrémité; on l'a transportée à Paris dans le délire, et ce qu'elle dit dans cet état, fait trop voir que les peines de son cœur sont la cause de la maladie dont elle est atteinte. S'il en est encore temps, venez près d'elle; M. de Mondoville est dans un état qui ne diffère guère de celui de Delphine; mon mari seul conserve assez de présence d'esprit pour secourir ces deux infortunés. Madame d'Albémar a déjà prononcé plusieurs fois votre nom. Ah! que n'êtes-vous ici! que ne nous reste-t-il du moins l'espérance que vous y arriverez à temps!

QUATRIEME PARTIE.

LETTRE PREMIÈRE.

Léonce à M. Barton.

Paris, ce 10 juin 1791.

On vous a écrit que j'avois la tête perdue, on a dit vrai; la vie de Delphine est en danger, je suis dans une chambre près de la sienne; je l'entends gémir; c'est moi, criminel que je suis, c'est moi qui l'ai jetée dans cet état: pensez-vous que, pour être calme, il suffise de la résolution de se tuer si elle meurt ? Il y a des tourmens inouïs, tant que le sort est en suspens ! Hier elle m'a regardé avec une douceur céleste, elle a reposé sa tête sur moi comme si elle vouloit recevoir quelque bien de moi, de ce furieux, l'unique cause... Non, elle ne mourra point, depuis quelques heures ses plaintes sont moins déchirantes.

Elle n'a cessé, dans son délire, de rappeler une horrible scène dans une église.... La nuit dernière surtout, madame de Lebensei et moi nous veillions auprès de son lit; tout à coup elle a soulevé sa tête, ses cheveux sont tombés sur ses épaules, son visage étoit d'une pâleur mortelle, cependant il avoit je ne sais quel charme que je ne lui connoissois point encore ; son regard pénétroit le cœur, et me faisoit éprouver un sentiment de pitié si douloureux, que j'aurois voulu mourir à l'instant pour en abréger la souffrance. — Léonce, me disoit-elle, Léonce, je t'en conjure, n'exige pas de moi, dans le lieu le plus saint, le serment le plus impie ; ne me fais pas jurer mon déshonneur, ne me menace pas de ta mort, laisse-moi partir ! rends-moi la promesse que je t'ai faite de rester, rends-la-moi !

— Elle m'appeloit, et cependant elle ne me connoissoit pas ; ses yeux me cherchoient dans la chambre, et ne pouvoient parvenir à me distinguer. Je m'écriai, en me jetant à genoux devant son lit, que je la dégageois de tout, qu'elle étoit libre de me quitter ; que n'aurois-je pas fait pour la calmer ! quel arrêt n'aurois-je pas prononcé contre moi-même ! Mais, hélas ! elle n'entendit point ma réponse, et, répétant sa prière, elle m'accusa de la refuser, et me demanda grâce avec un accent toujours plus déchirant, chaque fois qu'elle croyoit n'obtenir aucune réponse.

Ah, ciel ! concevez-vous un supplice égal

à celui que j'éprouvois ! on eût dit qu'un pouvoir magique nous empêchoit de nous comprendre ; elle m'imploroit, et je lui paroissois inflexible. Elle se plaignoit de mon silence, et son délire l'empêchoit de m'entendre. Moi, qu'elle accusoit et supplioit tour à tour, j'étois là, près d'elle, essayant en vain de faire arriver jusqu'à son cœur une seule des paroles que mon désespoir lui prodiguoit, et ne pouvant ni la détromper ni la secourir. O mon maître ! quelle âme m'avez-vous formée ? D'où viennent tant de douleurs ? Une fois, dans mon enfance, je m'en souviens, j'ai failli mourir dans vos bras ; si vous eussiez prévu mes jours d'à présent, n'est-il pas vrai, vous ne m'auriez pas secouru ? Je ne serois pas ici, ses cris ne perceroient pas jusqu'à ma tombe, j'y reposerois en paix depuis long-temps : O ciel ! elle m'appelle !...

LETTRE II.

Léonce à Delphine.

Ce 12 juin.

Tu vivras, ma Delphine, ils me l'ont juré ! que le ciel les en récompense ! Ah ! combien il a duré, le temps qui vient de s'écouler ! Est-il vrai que tu n'as été en danger que pendant dix jours? Le souvenir de toutes mes années me semble moins long; tu es mieux, on m'en répond, je devrois en être certain ; mais que je suis loin encore d'être rassuré ! Les pensées qui t'agitent prolongent tes souffrances ; que puis-je faire, que pourrois-je te dire qui portât du calme dans ton âme? As-tu besoin de m'entendre répéter que je déteste la scène criminelle qui a produit sur ton imagination un effet si terrible? Ah ! tu n'en peux douter ! Souviens-toi que je me refusois à te suivre dans cette fatale église ; je me sentois depuis quelques jours dans un égarement qui m'ôtoit tout empire sur moi-même. Cette prière solennelle de Thérèse, que je croyois concertée avec toi, la terreur de ton départ, le souvenir d'un hymen funeste, cruellement retracé, l'amour, les regrets; que sais-je ? l'homme peut-il se rendre compte de ce qui cause sa folie? J'étois insensé ; mais tu ne dois pas craindre que désormais ce coupable délire puisse s'emparer de moi, tu ne le dois pas, si tu as quelque idée de l'impression qu'a faite sur mon cœur l'état où je t'ai vue ; mon amour n'a rien perdu de sa force, mais il a changé de caractère.

Il me sembloit, avant ta maladie, qu'une

vie surnaturelle nous animoit tous les deux ;
j'avois oublié la mort, je ne pensois qu'à la
passion, qu'à ses prodiges, qu'à son enthousiasme. Au milieu de cette ivresse, tout à coup
la douleur t'a mise au bord du tombeau ; oh !
jamais un tel souvenir ne peut s'effacer ! la
destinée m'a replacé sous son joug, elle m'a
rappelé son empire, je suis soumis. Toutes les
craintes, tous les devoirs pourront m'en imposer maintenant : n'ai-je pas été au moment
de te perdre ? Suis-je sûr de te conserver encore ? et mes emportemens criminels n'ont-ils
pas rempli ton âme innocente de terreur et de
remords ?

O Delphine ! être que j'adore ! ange de
jeunesse et de beauté ! relève-toi ! ne te laisse
plus abattre, comme si ma passion coupable
avoit humilié l'âme sublime qui sut en triompher ! Delphine ! depuis que je t'ai vue prête
à remonter dans le ciel, je te considère comme
une divinité bienfaisante qui recevra mes
vœux, mais dont je ne dois pas attendre des
affections semblables aux miennes. Que se
passe-t-il dans ton cœur ? Tu parois indifférente à la vie, et cependant je suis là, près de
toi ; nous ne sommes pas séparés, nous nous
voyons sans cesse, et tu veux mourir ! Mon
amie ! les jours de Bellerive sont-ils donc en-

tièrement effacés de ta mémoire? nous en avons eu de bien heureux, ne t'en souvient-il plus? ne veux-tu pas qu'ils renaissent? insensé que je suis! puis-je désirer encore que tu me confies ta destinée? Delphine, ton sort étoit paisible, tu étois l'admiration et l'amour de tous ceux qui te voyoient, je t'ai connue, et tu n'as plus éprouvé que des peines! Eh bien! douce créature, es-tu découragée de m'aimer? ce sentiment qui te consoloit de tout, est-il éteint? Tu n'as pu me parler; j'ignore ce qui t'occupe, je ne sais plus ce que je suis pour toi. Cependant, puisque je ne me sens pas seul au monde, sans doute tu m'aimes encore.

J'ai craint de t'agiter trop vivement par un entretien; j'ai préféré de t'écrire pour te rassurer, pour te dire même que tu étois libre, oui, libre de me quitter! Si mon supplice, si mon désespoir..... Non, je ne veux point t'effrayer, je t'ai rendu le pouvoir absolu, à quelque prix que ce soit, tu peux en user: mais quand je te jure par tout ce qu'il y a de plus sacré sur la terre, de te respecter comme un frère, Delphine, pourquoi changerois-tu rien à notre manière de vivre? Ne frémis-tu pas à l'idée de ces résolutions nouvelles qui bouleversent l'existence; quand tout est si bien! Coupable que je suis! pourquoi n'ai-je pas toujours pensé ainsi? Je suis résigné, tu n'as plus rien à craindre de moi, tu dois en être convaincue, nous nous connoissons trop pour ne pas répondre l'un de l'autre. Oh! n'est-il pas vrai qu'à présent, si tu le veux, tu seras bientôt guérie? tu en as le pouvoir; cet amour qui existe en nous peut appeler ou repousser la mort à son gré; il nous anime, il est notre vie; Delphine, il réchauffera ton sein. Sois heureuse, livre ton âme aux plus douces espérances; les douleurs que j'ai ressenties ont pour toujours enchaîné les passions furieuses de mon âme; oui, de quelque puissance que vienne cette horrible leçon, elle a été entendue. Mon amie, je vais te voir, je vais te porter cette lettre; après l'avoir lue, ne me dis rien, ne me réponds pas; un de tes regards m'apprendra tes plus secrètes pensées.

LETTRE III.
Mademoiselle d'Albémar à madame de Lebensei.

Dijon, ce 14 juin 1791.

Je serai à Paris, madame, le lendemain du jour où vous recevrez cette lettre; préparez

Delphine à mon arrivée. O ma pauvre Delphine ! dans quel état vais-je la trouver ? Elle sera mieux, je l'espère ; sa jeunesse, vos soins l'auront sauvée ? De quel secours pourrai-je être à son bonheur ? Mais elle m'a nommée, dites-vous, j'ai dû venir. Je vous en conjure, madame, épargnez-moi le plus que vous pourrez les occasions de voir du monde. Vous ne savez peut-être pas à quel point je souffre d'arriver à Paris ; mais aucune considération n'a pu m'arrêter, quand il s'agissoit d'une personne si chère. Adieu, madame, je repars à l'instant pour continuer ma route.

LOUISE D'ALBÉMAR.

LETTRE IV.

Madame de Lebensei à M. de Lebensei.

Paris, ce 19 juin.

Tu peux m'envoyer chercher demain, mon cher Henri, pour retourner près de toi. La belle-sœur de madame d'Albémar est arrivée depuis deux jours. Delphine est mieux, malgré l'émotion très-vive que lui a causée la présence de son amie ; elle peut maintenant se passer de mes soins ; quoique mon amitié pour elle soit la plus tendre de toutes, j'ai besoin de me retrouver dans notre doux intérieur : la vie m'est pénible loin de mon époux et de mon enfant.

Madame d'Albémar a reçu une lettre de Léonce qui l'a un peu calmée, à ce que je crois, car au milieu de nous, elle a eu quelque retour de cet esprit aimable et piquant qui la rend si séduisante. Je ne pourrai jamais te peindre la reconnoissance qui animoit les regards de Léonce, à chaque mot qu'elle disoit. Depuis que nous craignons pour la vie de Delphine, j'ai pris pour M. de Mondoville un intérêt véritable; chaque jour il m'a donné une preuve nouvelle de la sensibilité la plus profonde. Quand Delphine souffroit, Léonce se tenoit attaché aux colonnes de son lit, dans un état de contraction qui étoit plus effrayant encore que celui de son amie. Souvent il se plaçoit devant elle, en l'observant avec des regards si fixes, si perçans, qu'il pressentoit tout ce qu'elle alloit éprouver, et rendoit compte de son mal aux médecins, avec une sagacité, avec une sollicitude qui étonnoit leur longue habitude de la douleur. As-tu remarqué l'autre jour l'art avec lequel il les interrogeoit, son besoin de savoir, ses efforts pour écarter une réponse funeste? J'étois convaincue, en le voyant, que si les médecins lui avoient prononcé que Delphine n'en reviendroit pas, il seroit tombé mort à leurs pieds.

Depuis que tu nous as quittés, depuis que Delphine est presque convalescente, il invente mille soins nouveaux, comme l'amie la plus attentive; quand Delphine s'endort, il rougit et pâlit au moindre bruit qui pourroit l'éveiller; s'il essaie de lui faire la lecture, et que ses yeux se ferment en l'écoutant, il reste immobile à la même place pendant des heures entières, repoussant de la main les signes qu'on lui fait pour l'inviter à venir prendre l'air, et contemplant en silence, avec des yeux mouillés de larmes, cette belle et touchante créature que la mort a été si près de lui enlever. Enfin, je ne puis m'empêcher d'excuser Delphine, en voyant comme elle est aimée.

La preuve touchante d'amitié que mademoiselle d'Albémar a donnée à sa belle-sœur, lui a causé beaucoup de joie; mais il m'a paru que M. de Mondoville étoit extrêmement troublé de l'arrivée de mademoiselle d'Albémar. Il s'imagine, je crois, qu'elle vient pour emmener Delphine, et si j'en juge par quelques mots qu'il a dits, ce projet ne s'accomplira pas facilement; cependant il seroit peut-être nécessaire qu'elle s'éloignât pendant quelque temps. Une femme de mes amies m'a assuré qu'on commençoit à dire assez de mal d'elle dans le monde ; on a rencontré Léonce une fois revenant très-tard de Bellerive ; les visites qu'il y faisoit chaque soir sont connues ; la chaleur avec laquelle il a pris la défense de Delphine, lorsqu'elle s'est dévouée si généreusement pour nous, a donné de la consistance aux soupçons vagues qui existoient déjà. On se souvient encore des bruits qui ont été répandus sur M. de Serbellane ; et quoique la noble démarche de madame d'Ervins, avant de prendre le voile, les ait formellement démentis, tu sais bien que dans un pays où l'on n'écoute point la réponse, une justification ne sert presque à rien. La première accusation fait perdre à une femme la pureté parfaite de sa réputation ; elle pourroit la recouvrer, dans une société qui mettroit assez d'importance à la vertu pour chercher à savoir la vérité ; mais à Paris l'on ne veut pas s'en donner la peine. Tu sais braver, mon cher Henri, toutes ces défaveurs de l'opinion, dont nous sommes tous les deux plus victimes que personne ; mais Léonce n'a point à cet égard un caractère aussi fort que le tien. Ne vaudroit-il pas mieux pour Delphine ne pas le mettre à cette épreuve !

Au reste, M. de Mondoville ne se doute pas

du murmure encore sourd qui menace la considération de celle qu'il aime. Il n'a point été dans le monde depuis que Delphine est malade, il partage sa vie entre elle et sa femme, et je le crois fort occupé du désir de captiver la bienveillance de mademoiselle d'Albémar. Il lui montre une déférence et des égards dont elle est fort reconnoissante; ses désavantages naturels lui font éprouver une telle timidité, qu'elle a besoin d'être encouragée pour oser seulement entrer dans une chambre, et y prononcer à voix basse quelques mots toujours spirituels, mais dont elle a constamment l'air de douter.

Mon ami, quel malheur que d'être ainsi privée de toute confiance en soi-même, et de ne pouvoir inspirer à aucun homme l'affection qui l'engageroit à vous servir d'appui! Si j'avois eu la figure et la taille de mademoiselle d'Albémar, vainement mon cœur et mon esprit eussent été les mêmes, je t'aurois aimé sans que jamais ton amour eût récompensé le mien.

LETTRE V.

Delphine à madame de Lebensei.

Paris, ce 6 juillet.

Pourquoi l'indisposition de votre fils ne vous a-t-elle pas permis de venir hier chez moi ! Je le regrette vivement. Je ne sais quelle pensée douce et triste, quel pressentiment, qui tient peut-être à la foiblesse que la maladie m'a laissée, me dit que j'ai joui de mon dernier jour de bonheur. Pourquoi donc l'ai-je goûté sans vous ? Quand mes amis célébroient ma convalescence, ne deviez-vous pas en être témoin ? Vos soins m'ont sauvé la vie, et dût-elle ne pas être un bienfait pour moi, je chérirai toujours le sentiment qui vous a inspiré le désir de me la conserver.

Vous aviez déjà remarqué les soins de Léonce pour ma belle-sœur ; il cherchoit à se la rendre favorable, parce qu'il imaginoit que je la choisirois pour l'arbitre de notre sort. Nous ne nous en étions point parlé ; mais il existe entre nos cœurs une si parfaite intelligence, qu'il devine même ce que je ne pense encore que confusément. Mademoiselle d'Albémar, par respect pour la mémoire de son frère, a introduit M. de Valorbe chez moi ; Léonce, qui avoit ordonné qu'on lui fermât ma porte pendant que j'étois malade, le voyant amené par mademoiselle d'Albémar, ne s'y est point opposé, et cependant M. de Valorbe gâte assez, selon moi, le plaisir de notre intimité ; mais Léonce met tant de prix à plaire à ma belle-sœur, qu'il ne veut en rien la contrarier. Je remarquois seulement, depuis quelques jours, que toutes les fois que l'on parloit du départ du roi, et de la cruelle manière dont il a été ramené à Paris, Léonce cherchoit à faire entendre qu'il croyoit le moment venu de se mêler activement des querelles politiques ; et il m'étoit aisé de comprendre que son intention étoit de me menacer de quitter la France, et de servir contre elle, si je me séparois de lui.

Je cherchois l'occasion de dire à Léonce que, ne me sentant plus la force de me replonger dans l'incertitude qui a failli me coûter la vie, je m'en remettois de mon sort à ma sœur ; je voulois l'assurer en même temps que j'ignorois son opinion ; car, par ménagement pour moi, elle n'a pas voulu, jusqu'à ce jour, m'entretenir un seul instant de ma situation. Mais hier, à six heures du soir, comme je devois descendre pour la première fois dans mon jardin, Léonce et ma belle-sœur me proposèrent d'aller à Bellerive : votre mari, qui étoit venu me voir, insista pour que j'acceptasse ; M. de Valorbe se crut le droit de me prier aussi ; il m'étoit pénible de n'être pas seule, en retournant dans des lieux si pleins de mes souvenirs ; je cédai cependant au désir qu'on me témoignoit ; je demandai Isore, qui m'est devenue plus chère encore par l'intérêt qu'elle m'a montré pendant ma maladie ; on me dit qu'elle étoit sortie avec sa gouvernante, et nous partîmes. La voiture m'étourdit un peu ; je me plaignois, pendant la route, de ce que nous arriverions de nuit ; mais comme personne ne paroissoit s'en inquiéter, je me laissai conduire. Le long épuisement de mes forces m'a laissé de la rêverie et de l'abattement ; je n'ai pas retrouvé la puissance de penser avec ordre, ni de vouloir avec suite.

Nous entrâmes d'abord dans ma maison ; elle étoit ouverte, et je m'étonnai de n'y trouver aucun de mes gens ; mais au moment où j'ouvris la porte du salon, je vis le jardin tout entier illuminé, et j'entendis de loin une musique charmante ; je compris alors l'intention de Léonce, et, soit que je fusse encore foible, ou que tout ce qui me vient de lui me cause une émotion excessive, je sentis mon visage couvert de larmes, à la première idée d'une fête donnée par Léonce pour mon retour à la vie.

J'avançai dans le jardin ; il étoit éclairé d'une manière tout-à-fait nouvelle ; on n'apercevoit pas les lampions cachés sous les feuilles, et on croyoit voir un jour nouveau, plus doux que celui du soleil, mais qui ne rendoit pas moins visibles tous les objets de la nature. Le ruisseau qui traverse mon parc répétoit les lumières placées des deux côtés de son cours, et dérobées à la vue par les fleurs et les arbrisseaux qui le bordent. Mon jardin offroit de toutes parts un aspect enchanté; j'y reconnoissois encore les lieux où Léonce m'avoit parlé de son amour, mais le souvenir de mes peines en étoit effacé ; mon imagination affoiblie ne m'offroit pas non plus les craintes de l'avenir, je n'avois de forces que pour le présent, et il s'emparoit délicieusement de tout mon être. La musique m'entretenoit dans cet état; je vous ai dit souvent combien elle a d'empire sur mon âme! On ne voyoit point les musiciens, on entendoit seulement des instrumens à vent; harmonieux et doux, les sons nous arrivoient comme s'ils descendoient du ciel ; et quel langage en effet conviendroit mieux aux anges que cette mélodie, qui pénètre bien plus avant que l'éloquence elle-même dans les affections de l'âme ! il semble qu'elle nous exprime les sentimens indéfinis, vagues et cependant profonds, que la parole ne sauroit peindre.

• Je n'avois encore vu que la fête solitaire ; au détour d'une allée, j'aperçus sur des degrés de gazon ma douce Isore entourée de jeunes filles, et dans l'enfoncement plusieurs habitans de Bellerive qui m'étoient connus. Isore vint à moi ; elle voulut d'abord chanter je ne sais quels vers en mon honneur ; mais son émotion l'emporta, et se jetant dans mes bras, avec cette grâce de l'enfance qui semble appartenir à un meilleur monde que le nôtre, elle me dit : — Maman, je t'aime, ne me demande rien de plus, je t'aime. — Je la serrai contre mon cœur, et je ne pus me défendre de penser à sa pauvre mère. Thérèse, me dis-je tout bas, faut-il que je reçoive seule ces innocentes caresses, dont votre cœur déchiré s'est imposé le sacrifice ! Léonce me présenta successivement les habitans du village à qui j'avois rendu quelques services ; il les savoit tous en détail, et me les dit l'un après l'autre, sans que je pensasse à l'interrompre ; je le laissois me louer pour jouir de son accent, de ses regards, de tout ce qui me prouvoit son amour.

Enfin, il fit approcher des vieillards que j'avois eu le bonheur de secourir, et leur dit: — Vous qui passez vos jours dans les prières, remerciez le ciel de vous avoir conservé celle qui a répandu tant de bienfaits sur votre vie! Nous avons tous failli la perdre, ajouta-t-il avec une voix étouffée, et dans ce moment la mort menaçoit de bien plus près encore le jeune homme que le vieillard; mais elle nous est rendue; célébrez tous ce jour, et s'il est un de vos souhaits que je puisse accomplir, vous obtiendrez tout de moi au nom de mon bonheur. — Je craignis dans ce moment que M. de Valorbe ne fût près de nous, et que ces paroles ne l'éclaircissent sur le sentiment de Léonce; votre mari, qui a pour ses amis une prévoyance tout-à-fait merveilleuse, l'avoit engagé dans une querelle politique, qui l'animoit tellement, qu'il fut près d'une heure loin de nous.

Quand la danse commença, nous revînmes lentement, ma belle-sœur, Léonce et moi, vers cette partie du jardin réservée pour nous seuls, qui environnoit ma maison; nous y retrouvâmes la musique aérienne, les lumières voilées, toutes les sensations agréables et douces, si parfaitement d'accord avec l'état de l'âme dans la convalescence. Le temps étoit calme, le ciel pur, j'éprouvois des impressions tout-à-fait inconnues ; si la raison pouvoit croire au surnaturel, s'il existoit une créature humaine qui méritât que l'Être suprême dérangeât ses lois pour elle, je penserois que, pendant ces heures, des pressentimens extraordinaires m'ont annoncé que bientôt je passerai dans un autre monde. Tous les objets extérieurs s'effaçoient par degrés devant moi ; je n'entendois plus, je perdois mes forces, mes idées se troubloient ; mais les sentimens de mon cœur acquéroient une nouvelle puissance, mon existence intérieure devenoit plus vive ; jamais mon attachement pour Léonce n'avoit eu plus d'empire sur moi, et jamais il n'avoit été plus pur, plus dégagé des liens de la vie ! Ma tête se pencha sur son épaule ; il me répéta plusieurs fois avec crainte : — Mon amie ! mon amie, souffrez-vous ? — Je ne pouvois pas lui répondre, mon âme étoit presqu'à demi séparée de la terre ; enfin les secours qu'on me donna me firent ouvrir les yeux, et me reconnoître entre ma sœur et Léonce.

Il me regardoit en silence ; sa délicatesse parfaite ne lui permettoit pas de m'interroger sur ce qui l'occupoit uniquement, dans un jour où ses soins pleins de bonté pouvoient lui donner de nouveaux droits; mais avois-je besoin qu'il me parlât pour lui répondre? — Léonce, lui dis-je en serrant ses mains dans les miennes, c'est à ma sœur que je remets le pouvoir de prononcer sur notre destinée; voyez-la demain, parlez-lui, et ce qu'elle décidera, je le regarde d'avance comme l'arrêt du ciel, j'y obéirai. — Qu'exigez-vous de moi? interrompit ma sœur. — Mon père, mon époux, mon protecteur revit en vous, lui dis-je; jugez de ma situation : vous connoissez maintenant Léonce, je n'ai plus rien à vous dire. — Ma sœur ne répondit point, Léonce se tut, et il me sembla que les plus profondes réflexions s'emparoient de lui; votre mari et M. de Valorbe nous rejoignirent, et nous revînmes tous à Paris. M. de Valorbe et M. de Lebensei causèrent ensemble pendant la route, sans que nous nous en mêlassions.

Quel usage Louise fera-t-elle des droits que je lui ai remis? peut-être prononcera-t-elle qu'il faut nous séparer! mais j'espère qu'elle me laissera encore un peu de temps, et si j'ai du temps, qui sait si je vivrai? Vous ne savez pas combien, dans de certaines situations, une grande maladie et la foiblesse qui lui succède donnent à l'âme de tranquillité. L'on ne regarde plus la vie comme une chose si certaine, et l'intensité de la douleur diminue avec l'idée confuse que tout peut bientôt finir; je m'explique ainsi le calme que j'éprouve, dans un moment où va se décider la résolution dont la seule pensée m'étoit si terrible. Je me refuse à souffrir; mes facultés ne sont plus les mêmes. Suis-je restée moi? hélas! sais-je si demain je ne sentirai pas toutes les douleurs que je crois émoussées!

Je vous écrirai ce qui sera prononcé sur mon sort; vous vous intéressez à mon bonheur, vous me l'avez dit, vous me l'avez prouvé de mille manières; jamais mon cœur n'aura rien de caché pour vous. Adieu; cette longue lettre m'a fatiguée; mais je voulois que vous fussiez présente à cette fête qui vous étoit due, car personne n'a plus contribué que vous à mon rétablissement.

LETTRE VI.

Mademoiselle d'Albémar à Delphine.

Paris, ce 8 juillet.

J'AIME mieux vous écrire que vous parler, ma chère Delphine; je ne veux pas prolonger votre anxiété, et je ne me sens pas la force, ce soir, après les heures que je viens de passer avec Léonce, de soutenir une émotion nouvelle. Vous avez voulu que je fusse l'arbitre de votre sort; est-ce par foiblesse, est-ce par courage que vous l'avez souhaité? je n'en sais rien; mais quoi qu'il dût m'en coûter, je ne pouvois me résoudre à repousser votre confiance; et puisque j'ai fait de votre destinée la mienne, j'ai presque le droit d'intervenir dans la plus importante décision de votre vie.

Que vais-je vous dire cependant? je devrois avoir plus de force que vous, et je vous en montrerai peut-être moins; je devrois vous encourager dans le plus pénible effort, et je vais peut-être affoiblir les motifs qui vous en rendroient capable; j'aurai sûrement une conduite différente de celle que vous attendez; mais comme je me sacrifie moi-même au conseil que je vous donne, je suis sûre au moins que mon opinion n'est pas dirigée par ce qui entraîne les hommes au mal, l'intérêt personnel.

Il est possible que vous ayez en moi un mauvais guide; je connois peu le monde, et le spectacle des passions, tout-à-fait nouveau pour moi, ébranle trop fortement mon âme; mais enfin, après avoir observé Léonce, après l'avoir écouté long-temps, je ne me crois pas permis de vous conseiller de vous séparer de lui maintenant. La douleur excessive qu'il m'a montrée, la douleur plus dévorante encore qu'il essayoit en vain de contenir, les résolutions funestes que dans les circonstances politiques où la France se trouve, vous pouvez seule l'empêcher d'adopter; tout m'effraie sur votre sort, si vous preniez un parti devenu trop cruel pour tous les deux. Delphine, après avoir laissé tant d'amour se développer dans le cœur de Léonce, il est du devoir d'une âme sensible de ménager avec les soins les plus délicats ce caractère passionné; je m'entends mal à déterminer les limites de l'empire entre la morale et l'amour, la destinée ne m'a point appris à les connoître; mais il me semble qu'après le mariage de Léonce, il falloit vous séparer de lui, mais que vous ne devez pas maintenant briser son cœur, en l'immolant tout à coup à des vertus *intempestives*.

Je ne sais si le charme de Léonce a exercé sur moi trop de puissance; je le confesse, s'il existe une gloire pour les femmes hors de la route de la morale, cette gloire est sans doute d'être aimée d'un tel homme : ses qualités éminentes ne sont point un motif pour lui sacrifier vos principes, mais vous lui devez de chercher à les concilier avec son bonheur; un caractère si remarquable impose des devoirs ❀ tous ceux qui peuvent influer sur son sort. En vous parlant ainsi, croyez bien que je me suis imposé celui de ne pas vous quitter; malgré mon éloignement pour Paris, je resterai jusques à ce que vous puissiez vous en aller avec moi, sans exposer les jours de Léonce. Vous voulez m'arranger un appartement chez vous, je l'accepte: M. de Mondoville se soumet à ne vous voir qu'avec moi ; il proteste qu'après ce qu'il a craint, il sera heureux de votre seule présence, de votre entretien, de ce charme que vous savez répandre autour de vous, et dont je sens si bien la douce influence. Delphine, essayez ce nouveau genre de vie, il calmera par degrés la violence des sentimens de Léonce, et vous pourrez goûter un jour peut-être ensemble les pures jouissances de l'amitié.

Ce que je crois certain, au moins selon les lumières de ma raison, c'est qu'il seroit mal de faire succéder tant de rigueur à tant de foiblesse, et de cesser tout à coup de voir Léonce, après six mois passés presque seule avec lui. Souffrez que je vous le dise, mon amie, la parfaite vertu préserve toujours de l'incertitude; mais, quand on s'est permis quelques fautes, les devoirs se compliquent, les relations ne sont plus aussi simples, et il ne faut pas imaginer de tout expier par un sacrifice inconsidéré, qui déchireroit le cœur dont vous avez accepté l'amour. Si vous vous sépariez de Léonce avant d'avoir, s'il est possible, affoibli la douleur que cette idée lui cause, vous ne feriez qu'une action barbare autant qu'inconséquente ; et vous le livreriez à un désespoir dont la cause seroit la passion même que vous avez excitée.

En me permettant de prononcer un avis, que l'austère vertu condamneroit peut-être, j'ai réfléchi sur moi-même ; il se peut que, n'ayant jamais été l'objet d'aucun sentiment d'amour, je sois moins accoutumée à résister à la pitié qu'il inspire ; il se peut que, n'ayant jamais eu à triompher de mon propre cœur, j'hésite à conseiller un sacrifice dont je n'ai jamais mesuré la force ; enfin, il se peut, surtout, qu'ayant passé ma triste vie sans avoir jamais été le premier objet des sentimens de personne, je tremble de briser l'image d'un tel bonheur, lorsqu'elle s'offre à moi ; c'est à vous de juger des motifs qui ont influé sur mon opinion, mais quelles qu'en soient les causes, j'ai dû vous l'exprimer.

Convaincue, comme je le suis, que si, dans la disposition actuelle de Léonce, vous persistiez à vouloir le quitter, il s'exposeroit à une mort inévitable, je ne puis vous engager à partir. Je souffrirois en vous donnant un tel conseil, comme si je faisois une action injuste et cruelle; je ne vous le donnerai donc point.

LETTRE VII.

Delphine à madame de Lebensei.

Paris, ce 10 juillet.

MA sœur a décidé que je ne devois pas partir; Léonce a exercé sur elle cet ascendant irrésistible qui est peut-être aussi mon excuse; enfin, j'avois promis de me soumettre à ce qu'elle prononceroit. Elle sacrifie ses goûts à mon bonheur, elle veut rester près de moi pour veiller sur mon sort; les promesses de Léonce, les réflexions que j'ai faites pendant ma longue maladie, tout me répond de moi-même et de lui; j'éprouve donc depuis quelques jours, ma chère Élise, un sentiment de calme souvent assez doux : cependant, m'étoit-il permis de mettre ainsi l'opinion d'une autre à la place de ma conscience ? Je ne sais, mais je n'avois plus la force de me guider, et j'éprouvois une telle anxiété, que peut-être je devois enfin compatir à moi-même, et chercher pour moi, comme pour un autre, une ressource quelconque, qui soulageât les maux que je ne pouvois plus supporter. Quand j'ai choisi pour arbitre l'âme la plus honnête et la plus pure, n'en ai-je pas assez fait? que peut-on exiger de plus ?

Léonce étoit hier parfaitement heureux ; ma sœur nous regardoit avec attendrissement; il me sembloit que nous goûtions les plaisirs de l'innocence ; ne peuvent-ils pas exister même dans notre situation ; ou seroit-ce encore une des illusions de l'amour ? J'ai néanmoins répété, en consentant à rester, que si Matilde exprimoit de l'inquiétude sur ma présence, je partirois ; mais elle est venue me voir deux ou trois fois depuis ma convalescence, elle s'est fait écrire tous les jours chez moi quand j'étois malade, et je n'ai rien vu, ni dans ses manières, ni dans sa conduite, qui annonçât le plus léger changement dans ses dispositions pour moi; elle a l'air de la tranquillité la plus parfaite. Je ne conçois pas comment l'on peut être la femme d'un homme tel que Léonce, l'aimer sincèrement, et n'éprouver ni des sentimens exaltés, ni l'inquiétude qu'ils inspirent.

Je ne veux point retourner à Bellerive, cette vie solitaire est trop dangereuse ; je crains d'ailleurs de m'être fait assez de mal dans la société en m'en éloignant. Léonce n'a vu personne encore depuis ma maladie : est-il sûr qu'il n'apprendra rien sur ce qu'on dit de moi qui puisse le blesser ? Hier, madame d'Artenas est venue me voir, j'étois seule ; il m'a semblé qu'il y avoit dans sa conversation assez d'embarras ; elle me donnoit des consolations, sans m'apprendre à quel malheur ces consolations s'adressoient ; elle m'assuroit de son appui, sans me dire contre quel danger elle me l'offroit, et se répandoit en idées générales sur la raison et la philosophie, d'une manière peu conforme à son caractère habituel. J'ai voulu l'engager à s'expliquer, elle m'a répondu vaguement que tout s'arrangeroit, quand je reparoîtrois dans le monde ; et ne voulant entrer dans aucun détail avec moi, elle m'a beaucoup pressée de venir chez elle. Telle que je connois madame d'Artenas, ses impressions viennent toutes de ce qu'elle entend dire dans les salons de Paris ; son univers est là, tout son esprit s'y concentre : elle a sur ce terrain assez d'indépendance et de générosité ; mais, n'ayant pas l'idée qu'on puisse trouver du bonheur, ou de la considération, hors de la bonne compagnie de France, elle vous plaint ou vous félicite d'après la disposition de cette bonne compagnie pour vous, comme s'il n'existoit pas d'autre intérêt dans le monde. Je suis persuadée qu'elle auroit fini par me parler sincèrement, si ma sœur n'étoit pas arrivée; mais elle a saisi ce prétexte pour partir, en me répétant avec amitié, qu'elle comptoit sur moi tous les soirs où elle a du monde chez elle.

N'avez-vous rien appris, ma chère Élise, qui vous confirme les observations que j'ai faites sur madame d'Artenas? Ce n'est pas à vous qui avez sacrifié l'opinion à l'amour, que je devrois montrer le genre d'inquiétude qu'elle me cause; mais comment ne souffrirois-je pas de ce qui pourroit rendre Léonce malheureux? Les affaires publiques dont votre mari s'occupe lui donnent plus de rapport que vous avec la société; découvrez par lui, je vous en conjure, tout ce qui me concerne, tout ce que Léonce ne manquera pas de savoir, dès qu'il retournera dans le monde. Je ne puis interroger que vous sur un sujet si délicat; on craint de montrer aux autres de l'inquiétude sur ce qu'on dit de nous, car il est bien peu de personnes qui ne tirent de ce genre de confidence une raison d'être moins bien pour celle qui la leur fait.

Mandez-moi donc ce que vous saurez, et

pardonnez-moi cette lettre que votre parfaite amitié peut seule autoriser.

LETTRE VIII.

Delphine à madame de Lebensei.

Paris, ce 18 juillet.

Votre réponse, ma chère Élise, ne m'a point entièrement rassurée; j'ai bien vu que votre intention étoit de me calmer, mais la vérité de votre caractère ne vous l'a pas permis; et vous savez, j'en suis sûre, ce que je n'ai que trop remarqué dans le monde, depuis que j'ai essayé d'y retourner. Certainement, ma position n'y est pas entièrement la même; je n'y suis pas mal encore, mais je ne me sens plus établie dans l'opinion, d'une manière aussi sûre ni aussi brillante qu'auparavant.

Hier, par exemple, j'ai été chez madame d'Artenas; comme ma belle-sœur a une répugnance invincible pour se montrer, je ne la priai pas de m'accompagner : en arrivant, je vis quelques voitures des femmes de ma connoissance qui me suivoient, et, presque sans y réfléchir, je restai sur l'escalier assez de temps pour entrer avec elles : autrefois, il me plaisoit assez d'arriver seule; une inquiétude vague m'empêchoit hier de le désirer. On me témoigna presque le même empressement qu'à l'ordinaire; j'étois loin cependant de goûter dans cette société un plaisir égal à celui que j'y trouvois autrefois.

Je mettois de l'importance à tout; les politesses de madame d'Artenas me sembloient plus marquées, comme si elle avoit cru nécessaire de me rassurer, et d'indiquer aux autres la conduite que l'on devoit tenir envers moi; la froideur de quelques femmes, dont je ne me serois pas occupée dans un autre temps, cette froideur qui peut-être étoit causée par des circonstances étrangères à celles qui m'occupoient, m'inquiétoit tellement, que je ne pouvois plus me livrer, comme je le faisois jadis si volontiers, au mouvement de la conversation; elle n'étoit plus pour moi un amusement, un repos agréable et varié; je faisois des observations sur chaque parole, sur chaque mouvement, comme un ambitieux au milieu d'une cour. En effet, celui dont je dépends n'y étoit-il pas! il me sembloit que je voyois quelques nuances d'embarras dans la figure de Léonce; il avoit plus de prudence dans sa conduite, il cherchoit à mieux cacher son sentiment : enfin, ce n'étoit pas encore la peine, mais tous les présages qui l'annoncent.

Dès mon enfance, accoutumée à ne rencontrer que les hommages des hommes et la bienveillance des femmes, indépendante par ma situation et ma fortune, n'ayant jamais eu l'idée qu'il pût exister entre les autres et moi d'autres rapports que ceux des services que je pourrois leur rendre, ou de l'affection que je saurois leur inspirer, c'étoit la première fois que je voyois la société comme une sorte de pouvoir hostile, qui me menaçoit de ses armes, si je le provoquois de nouveau.

Je n'ai pas besoin de vous dire, ma chère Elise, qu'aucune de ces réflexions n'approcheroit de mon esprit, si je n'attachois le plus grand prix à conserver aux yeux de Léonce cet éclat de réputation qui lui plaît, et dont il aime à jouir. Dès l'instant où la société m'auroit été moins agréable, je m'en serois éloignée pour toujours, et je ne suis pas assez foible pour m'affliger de la défaveur de l'opinion, avec un caractère qui me porte naturellement à ne pas la ménager; mais ce qu'il y a de pénible dans ma situation, c'est que mon sentiment pour Léonce m'expose au blâme, et que l'objet pour qui je braverois ce blâme avec joie, y est mille fois plus sensible que moi-même. Néanmoins, depuis cette soirée de madame d'Artenas, je n'ai rien aperçu dans la manière de mon ami qui me fît croire à la moindre inquiétude de sa part; je n'aurois pu la soupçonner qu'aux expressions plus aimables encore et plus sensibles qu'il m'adressoit le lendemain.

M. de Mondoville ira sûrement bientôt à Cernay; en voyant tous les jours chez moi M. de Lebensei, pendant ma maladie, il a perdu les préventions politiques qui l'éloignoient de lui, et s'est pénétré d'estime pour son caractère, et d'admiration pour son esprit; il a pour vous, vous le savez, ma chère Elise, la plus sincère amitié : si par un mot de lui vous apprenez qu'il soit inquiet de ma situation dans le monde, instruisez-m'en, je vous en conjure, sans ménagement : c'est le seul sujet sur lequel Léonce ne me parleroit pas avec une confiance absolue; jugez donc, ma chère Élise, combien il m'importe qu'à cet égard vous ne me laissiez rien ignorer.

LETTRE IX.

Delphine à madame de Lebensei.

Paris, ce 1ᵉʳ août.

Léonce ne vous a rien dit, je n'ai rien su de nouveau par madame d'Artenas ni par personne. J'espère donc que mon imagination m'avoit un peu exagéré ce que je craignois ; mais dès qu'une inquiétude cesse, une autre prend sa place ; il semble qu'il faut toujours que la faculté de souffrir soit exercée.

Les assiduités de M. de Valorbe commencent à déplaire visiblement à Léonce, et sa condescendance pour ma sœur est, à cet égard, presque entièrement épuisée. Je ne sais comment écarter M. de Valorbe, sans qu'il m'accuse de la plus indigne ingratitude, et vous jugerez vous-même si, d'après ce qui vient de se passer, je ne dois pas chercher un prétexte quelconque pour cesser de le voir. Il a été trouver ma sœur avant-hier, et lui a déclaré qu'il avoit découvert mon attachement pour Léonce. Son premier mouvement, a-t-il dit, avoit été de se battre avec lui ; mais réfléchissant que c'étoit un moyen sûr de me perdre, il avoit trouvé plus convenable de m'arracher au sentiment qui compromettoit ma réputation, ma morale et mon bonheur. Il venoit donc conjurer ma sœur de me décider à l'épouser : c'est un singulier rapprochement d'idées, que celui qui conduit un homme à désirer d'autant plus de se marier avec moi, qu'il se croit plus certain que j'en aime un autre. Mais tel est M. de Valorbe ; son amour-propre seroit flatté d'obtenir ma main, il le seroit d'autant plus qu'il croiroit remporter ainsi un triomphe sur Léonce, dont la supériorité l'importune ; et, quoiqu'il m'aime réellement, il s'inquiète moins de mes sentimens pour lui, que de la préférence extérieure qu'il voudroit que je lui accordasse. C'est un homme qui apprend des autres s'il est heureux, et qui a besoin d'exciter l'envie pour être content de sa situation ; son orgueil combat et détruit tout ce qu'il a d'ailleurs de bonnes qualités, et je le redoute beaucoup, maintenant que je suis obligée de le blesser par un refus positif.

Je répétois depuis plusieurs jours à ma sœur, combien je craignois qu'elle ne se repentît elle-même d'avoir amené si souvent M. de Valorbe chez moi, lorsque ce matin elle est venue, ce qui vous étonnera peut-être assez, me proposer sérieusement de l'épouser ;

elle m'a d'abord assuré qu'il m'aimoit avec idolâtrie, et que la plupart des défauts que je lui trouvois dans le monde, tenoient à l'embarras de sa situation vis-à-vis de moi.—C'est un homme, m'a-t-elle dit, que le succès et le bonheur rendront toujours très-bon; je ne réponds pas de lui dans l'adversité, mais comme il en seroit à jamais préservé s'il vous épousoit, ma chère Delphine, vous pourriez compter sur ce qu'il y a d'honnête dans son caractère. Sans doute, après avoir aimé Léonce, vous n'éprouverez jamais un sentiment vif pour personne; mais dans un mariage de raison, vous pouvez goûter la douceur d'être mère; et croyez-moi, ma chère amie, il est si difficile d'avoir pour époux l'homme de son choix, il y a tant de chances contre tant de bonheur, que la Providence a peut-être voulu que la félicité des femmes consistât seulement dans les jouissances de la maternité; elle est la récompense des sacrifices que la destinée leur impose, c'est le seul bien qui puisse les consoler de la perte de la jeunesse.

— Je vous l'avouerai, ma chère Élise, j'étois presque indignée que ma sœur, qui avoit elle-même reconnu que je ne pouvois, sans barbarie, me séparer de Léonce, vînt me proposer de le trahir. Comme j'exprimois ce sentiment avec assez de vivacité, elle m'interrompit pour me soutenir qu'elle m'offroit l'unique moyen de rendre Léonce à ses devoirs, aux intérêts naturels de sa vie ; elle assura que tant que je serois libre, il ne feroit aucun effort sur lui-même pour renoncer à moi. Elle me dit enfin tout ce qu'on dit dans une semblable situation, quand, avec une âme tendre, on ne peut néanmoins concevoir une passion qui tient lieu de tout dans l'univers ; une passion sans laquelle il n'existe ni jouissances, ni espoir, ni considérations tirées de la raison ou de la sensibilité commune, qu'on ne rejette intérieurement avec mépris : mais il est doux de se livrer à ce mépris que l'on prodigue au fond de son cœur à tous les rivaux de celui qu'on aime.

La conversation finit bientôt sur ce sujet ; quelques paroles de moi donnèrent promptement à ma sœur l'idée d'une résistance telle, qu'aucune force humaine ne pourroit imaginer de la vaincre, et je ne songeai plus qu'à supplier Louise d'éloigner M. de Valorbe. Elle me promit de s'en occuper, mais elle en conçoit peu d'espérance, soit à cause de l'entêtement qui le caractérise, soit parce qu'elle se sent foible contre un homme qui a été le sauveur de son frère.

« Demandez à M. de Lebensei, ma chère Élise, quel conseil il pourroit me donner pour sortir de cette perplexité. Il connoît M. de Valorbe, car ils causent souvent de politique ensemble. Quoique M. de Valorbe soit dans le fond du cœur ennemi de la révolution, il a en même temps la prétention de passer pour philosophe, et se donne beaucoup de peine pour expliquer à votre mari, que c'est comme homme d'état qu'il soutient les préjugés, et comme penseur qu'il les dédaigne. M. de Lebensei ne voit dans cette profondeur que de l'inconséquence, et M. de Valorbe sourit alors comme si votre mari faisoit semblant de ne pas l'entendre, et qu'ils fussent deux augures, dont l'un voudroit avoir l'air de ne pas comprendre l'autre. Dans toute autre disposition je m'amuserois de ces discussions, entre M. de Valorbe qui voudroit se faire admirer des deux partis, et votre mari qui ne pense qu'à soutenir ce qu'il croit vrai ; entre M. de Valorbe qui feint de mépriser les hommes, pour cacher l'importance qu'il met à leurs suffrages, et votre mari qui, étant indifférent à l'opinion de ce qu'on appelle le monde, n'a point de misanthropie, parce qu'il n'y a jamais de mécompte dans ses prétentions et ses succès. Mais ce qui m'importe, c'est de savoir si M. de Lebensei n'a point découvert dans tout le jeu de l'amour-propre de M. de Valorbe, quelque moyen de l'attacher à une idée, à un intérêt qui le détournât de son acharnement à s'occuper de moi.

Je suis extrêmement inquiète des événemens que peuvent amener la fierté de Léonce et l'amour-propre de M. de Valorbe; quand il voit M. de Mondoville, il est contenu par cette dignité de caractère, qui rend impossible aux ennemis même de Léonce de lui manquer en présence; mais il s'indigne en secret, j'en suis sûre, de l'impression involontaire que Léonce lui fait éprouver; et l'effort dont il auroit besoin pour se révolter contre le respect importun qui l'arrête, pourroit l'emporter d'autant plus loin. Encore une fois, ma chère Élise, consultez pour moi votre mari, dans cette situation délicate; et gardez-vous de laisser apercevoir à Léonce ce que je viens de vous confier sur M. de Valorbe.

LETTRE X.

Delphine à madame de Lebensei.

Paris, ce 7 août, à 11 heures du matin.

Mon dieu ! combien mes craintes étoient fondées ! j'envoie chez vous, à l'insu de Léonce, pour supplier M. de Lebensei de venir ; je vous écris pendant que mon valet de chambre cherche un cheval pour aller à Cernay. Instruisez votre mari de tout, remettez-lui ma lettre pour qu'il la lise, et qu'il voie si, avant même de venir chez moi, il ne pourroit pas prendre un parti qui nous sauvât. Fatal événement ! Ah ! le sort me poursuit.

Hier, Léonce me dit qu'il devoit y avoir une grande fête chez une de ses parentes qui demeure dans la même rue que moi ; il ajouta qu'il croyoit nécessaire d'y aller, afin de ne pas trop faire remarquer son absence du monde ; il m'étoit revenu le matin même, que M. de Valorbe parloit avec assez de confiance de ses prétentions sur moi, et je craignois qu'on n'en informât Léonce dans cette assemblée, où il devoit trouver tant de personnes réunies ; mais comme je ne pouvois lui donner aucun motif raisonnable pour s'y refuser, je me tus ; et ma sœur approuvant Léonce, il me quitta de bonne heure pour chercher un de ses amis qu'il conduisoit à cette fête. Un quart d'heure après, M. de Valorbe arriva chez moi assez troublé, et nous apprit que, s'étant mêlé d'une manière imprudente de ce qui concernoit le départ du roi, il avoit reçu l'avis à l'instant qu'un mandat d'arrêt étoit lancé contre lui, et devoit s'exécuter dans quelques heures. Il venoit me demander de se cacher chez moi cette nuit même, et me prier d'obtenir de votre mari qu'il tâchât de lui faire avoir un moyen de partir aujourd'hui pour son régiment, et d'y rester jusques à ce que son affaire fût apaisée.

Vous sentez, ma chère Élise, s'il étoit possible d'hésiter: un asile peut-il jamais être refusé! je l'accordai; il fut convenu que ma sœur, qui logeoit encore dans l'appartement d'une de ses parentes, où elle étoit descendue en arrivant, resteroit ce soir chez moi, que M. de Valorbe viendroit dans ma maison lorsque tous mes gens seroient couchés, et qu'Antoine seul veilleroit pour l'introduire secrètement. Il n'étoit encore que huit heures du soir; M. de Valorbe devoit aller terminer quelques affaires essentielles chez son notaire, et y rester le plus tard qu'il pourroit, pour attendre l'heure convenue. Tout ce qui concernoit la sûreté de M. de Valorbe étant ainsi réglé, il partit, après m'avoir témoigné beaucoup plus de reconnoissance que je n'en méritois, puisque j'ignorois alors ce qu'il alloit m'en coûter.

Je me hâtai de rentrer chez moi pour écrire à Léonce, sous le sceau du secret, ce qui venoit de se passer; je n'avois point d'autre motif, en le lui mandant, que de l'instruire avec scrupule de toutes les actions de ma vie; j'ordonnai cependant qu'on remît avec soin ma lettre au cocher qui devoit aller le chercher dans la maison où il soupoit, si par hasard il y étoit déjà. Je m'endormis parfaitement tranquille, assurée que j'étois de l'approbation de Léonce pour une action généreuse, alors même que son rival en étoit l'objet.

Ce matin, mademoiselle d'Albémar est entrée dans ma chambre, et j'ai compris à l'instant même, en la voyant, qu'elle avoit à m'annoncer un grand malheur. — Qu'est-il arrivé? me suis-je écriée avec effroi. — Rien encore, me dit-elle; mais écoutez-moi, et voyez si vous avez quelques ressources contre le cruel événement qui nous menace. — Alors elle m'a raconté qu'elle avoit découvert, par quelques mots de M. de Valorbe, qu'il avoit rencontré Léonce cette nuit même; mais comme il ne vouloit pas lui confier ce qui s'étoit passé, elle a écrit à huit heures du matin à M. de Mondoville, de manière à lui faire croire qu'elle savoit tout, et qu'il étoit inutile de lui rien cacher. Sa réponse contenoit les détails que je vais vous dire.

Hier, en sortant du bal, Léonce, impatienté de ce que la foule empêchoit sa voiture d'avancer, se décida à l'aller chercher à pied au bout de la rue ; il éprouvoit, il en convient, beaucoup d'humeur de ce que diverses personnes lui avoient annoncé mon mariage avec M. de Valorbe comme très-probable. Dans cette disposition, cependant, il se faisoit plaisir encore, dit-il, de revoir ma maison pendant mon sommeil, et choisit à dessein le côté de la rue qui le faisoit passer devant ma porte; il étoit alors une heure du matin. Par un funeste hasard, au moment où il approchoit de chez moi, M. de Valorbe se dérobant avec soin à tous les regards, enveloppé de son manteau, se glisse le long du mur, frappe à ma porte, et dans l'instant on l'ouvre pour le recevoir. Léonce reconnut Antoine, qui tenoit une lumière pour éclairer à M. de Valorbe. Léonce l'a dit, je le crois, il ne lui vint pas seulement dans la pensée que je pusse être d'accord avec M. de Valorbe ; mais convaincu que sa conduite avoit pour but quelques desseins infâmes, il s'élança sur lui avant qu'il fût entré chez moi, le saisit au collet, et le tirant violemment loin de la porte, il lui demanda avec beaucoup de hauteur, quel motif le conduisoit, à cette heure et ainsi déguisé, chez madame d'Albémar. M. de Valorbe irrité, refusa de répondre; Léonce, dans le dernier degré de la colère, le saisit une seconde fois, et lui dit de le suivre, avec les expressions les plus méprisantes. M. de Valorbe étoit sans armes; la crainte d'être découvert lui revint à l'esprit; il répondit avec assez de calme à M. de Mondoville : — Vous ne doutez pas, je le pense, monsieur, qu'après l'insulte que vous m'avez faite, votre mort ou la mienne ne doive terminer cette affaire; mais je suis menacé d'être arrêté cette nuit pour des raisons politiques; c'est afin de me soustraire à ce danger, que madame d'Albémar m'a accordé un refuge; sa belle-sœur est venue s'établir chez elle ce soir même, pour m'autoriser, par sa présence, à profiter de la générosité de madame d'Albémar; je crains d'être poursuivi, si ma retraite est connue; remettons à demain une satisfaction qui, certes, m'intéresse plus que vous. — A ces mots, Léonce confus, couvrit ses yeux de sa main, et se retira sans rien dire. A quelques pas de là, il retrouva ses gens, on lui remit ma lettre, et il confesse qu'il fut très-honteux, en la lisant, de son impétuosité ; mais il déclare en même temps, à ma belle-sœur, qu'il ne faut pas penser à en prévenir les suites.

Lorsque mademoiselle d'Albémar fut instruite de tout, elle en parla à M. de Valorbe ; il lui parut mortellement offensé, et n'admettant pas l'idée qu'une réconciliation fût possible. Cependant, il est certain que personne n'a été témoin de l'emportement de Léonce ; votre mari ne peut-il pas être médiateur entre M. de Valorbe et M. de Mondoville? s'il obtient un passe-port pour M. de Valorbe, un pareil service ne lui donnera-t-il aucun empire sur lui ?

Léonce doit venir me voir tout à l'heure ; mais puis-je me flatter du moindre pouvoir sur sa conduite, dans une semblable question? cependant je lui parlerai, je conserve encore du calme ; savez-vous ce qui m'en donne ? c'est la certitude de ne pas survivre un jour à Léonce ; le ciel même ne l'exigeroit pas de moi! Mais est-ce assez de cette certitude pour supporter le malheur qui me menace ? s'il perdoit cette vie dont il fait un si noble usage, si son amour pour moi lui ravissoit tant de jours de gloire et de bonheur, que la nature lui avoit destinés, si sa mère redemandoit son fils, en maudissant ma mémoire! O Élise, Élise, les douleurs que j'éprouve, vous ne les avez jamais senties; et moi qui ai tant versé de pleurs, que j'étois loin d'avoir l'idée de ce que je souffre! Antoine arrive, il va partir; au nom du ciel, ne perdez pas un moment!

LETTRE XI.

Delphine à madame de Lebensei.

Paris, ce 8 août.

MES craintes sont dissipées; je dois beaucoup à votre mari, à M. de Valorbe lui-même : il est parti, tout est apaisé; mais suis-je contente de ma conduite? ce jour n'aura-t-il point de funestes effets? que puis-je me reprocher cependant, quand la vie de Léonce étoit en danger? votre mari reste encore ici jusqu'à demain, ce sera moi qui vous apprendrai tout ce que votre Henri a fait pour nous; mais que jamais un seul mot de vous, ma chère Élise, ne trahisse les secrets que je vais vous confier.

Hier matin, Léonce arriva, comme je venois de vous envoyer ma lettre; il y avoit un peu d'embarras dans l'expression de son visage ; je me hatai de lui dire que s'il s'étoit mêlé le moindre soupçon sur moi à son emportement contre M. de Valorbe, jamais je n'aurois pu retrouver aucun bonheur dans notre sentiment mutuel ; mais je le conjurai d'examiner s'il vouloit perdre un homme proscrit, qui pouvoit être obligé de quitter la France, et que l'éclat d'un duel feroit nécessairement découvrir. — Ma chère Delphine, me répondit Léonce, c'est moi qui ai insulté M. de Valorbe, lui seul a droit d'être offensé, je ne puis l'être, et ma volonté, dans cette affaire, doit se borner à lui accorder la satisfaction qu'il me demandera. — Quoi ! lui dis-je, quand de votre propre aveu vous avez été injuste et cruel, croyez-vous indigne de vous de le réparer ? — Je ne sais, me dit-il, ce que M. de Valorbe entendroit par une réparation ; comme il est malheureux dans ce moment, je pourrois me croire obligé d'être plus facile ; mais cette réparation, je ne puis la donner que tête à tête : nous étions seuls, du moins je le crois, lorsque j'ai eu le tort d'offenser M. de Valorbe ; mais trouvera-t-il que ce soit une raison pour se contenter d'excuses faites aussi sans témoins ? je l'ignore. A sa place, rien ne me suffiroit ; à la mienne, ce que je puis tient à de certaines règles que je ne dépasserai point.— Indomptable caractère! lui dis-je alors avec une vive indignation, vous n'avez pas encore seulement daigné penser à moi; doutez-vous que le sujet de cette querelle ne soit bientôt connu, et qu'il ne me perde à jamais? — Le secret le plus profond, interrompit-il.... — Ignorez-vous, repris-je, qu'il n'y a point de secret? mais je n'insisterai pas sur ce motif, c'est à vous et non à moi de le peser : sans doute, si vous triomphez, je suis déshonorée; si vous périssez, je meurs : mais l'intérêt supérieur à ces intérêts, c'est le remords que vous devez éprouver, si vous ne respectez pas la situation de M. de Valorbe; pouvez-vous vous battre avec lui, quand il doit se cacher, quand vous faites connoître ainsi sa retraite, quand vous le livrez aux tribunaux dans ces temps de trouble, où rien ne garantit la justice; le pouvez-vous? — Ma chère Delphine, répondit Léonce, plus ému qu'incertain, je vous le répète, c'est moi qui ai tort envers M. de Valorbe, je n'ai rien à faire qu'à l'attendre ; la générosité ne convient pas à celui qui a offensé; c'est à M. de Valorbe à se décider ; je lui dirai, s'il le veut, tout ce que je dois lui dire; il jugera si ce que je puis est assez.

— Dans ce moment, M. de Lebensei entra; Antoine l'avoit rencontré à la barrière, il avoit ordre de remettre ma lettre à l'un de vous deux; votre excellent Henri la lut et ne perdit pas un instant pour se rendre chez moi; je lui répétai ce que je venois de dire, Léonce gardoit le silence. — Il faut d'abord, dit M. de Lebensei, que je m'informe des accusations qui peuvent exister contre M. de Valorbe : s'il est vraiment en danger, il importe de le mettre en sûreté. M. de Mondoville souhaite certainement avant tout, que M. de Valorbe ne soit pas exposé à être arrêté. — Sans doute, répliqua Léonce, mes torts envers lui m'imposent de grands devoirs; si je puis le servir, je le ferai avec zèle : mais vous me permettrez, dit-il plus bas à M. de Lebensei, de vous parler seul quelques instans. — D'où vient ce mystère? m'écriai-je; Léonce, suis-je indigne de vous entendre sur ce que vous croyez votre honneur? ne s'agit-il pas de ma vie comme de la vôtre? et pensez-vous que, si véritablement votre gloire étoit compromise, je ne trouverois pas, dans la résolution où je suis de mourir avec vous, la force de consentir à tous vos périls? Mais encore une fois, vous avez été souverainement injuste envers M. de Valorbe; il est proscrit; à ce titre, votre inflexible fierté devroit plier. — Eh bien ! reprit Léonce, je ne dirai rien à M. de Lebensei que vous ne l'entendiez ; je ne puis d'ailleurs lui rien apprendre sur la conduite que je dois tenir ; ce qu'il feroit, je le ferai. — Je demande, reprit M. de Lebensei, que l'on attende les informations que je vais prendre sur tout ce qui concerne la situation de M. de Valorbe ; dans peu d'heures je la connoîtrai.

— M. de Lebensei nous quitta pour s'en occuper ; mais en partant, il me dit : — M. de Mondoville a raison à quelques égards, c'est M. de Valorbe qui doit décider de cette affaire ; voyez-le vous-même ce matin, essayez de le calmer. — Je voulois à l'instant même passer dans l'appartement de ma belle-sœur, où je devois trouver M. de Valorbe. Léonce me retint et me dit : — La pitié que m'inspire un homme malheureux, les torts que j'ai eus envers lui, la crainte de vous compromettre, tous ces motifs mettent obstacle à la conduite simple, qu'il est si convenable de suivre dans de semblables occasions ; mais je vous en conjure, mon amie, ne vous permettez pas en mon absence un mot que je fusse forcé de désavouer : songez que l'on pourra croire que j'approuve tout ce que vous direz, et soyez plus fière que sensible, quand il s'agit de la réputation de votre ami. Je ne vous rappellerai point que je la préfère à ma vie, je rougirois d'avoir besoin de vous l'apprendre; mais quand votre sublime tendresse confond vos jours avec les miens, j'ose d'autant plus compter sur l'élévation de votre conduite; mon honneur sera le vôtre, et pour votre honneur, Delphine, vous ne craindriez point la mort. Adieu; il faut que je vous quitte, je dois rester chez moi tout le jour, pour y attendre des nouvelles de M. de Valorbe. — Il y avoit tant de calme et de fierté dans l'accent de Léonce, qu'un moment il me redonna des forces; mais elles m'abandonnèrent bientôt quand j'entrai chez ma belle-sœur, et que j'y vis M. de Valorbe.

Louise se retira dans son cabinet pour nous laisser seuls; je ne savois de quelle manière commencer cette conversation : M. de Valorbe avoit l'air tout-à-fait résolu à l'éviter ; j'hésitois si je devois essayer de lui parler avec franchise de mes sentimens pour Léonce ; quoiqu'il les connût, je craignois qu'il ne se blessât de leur aveu. Je hasardai d'abord quelques mots sur les regrets qu'avoit éprouvés M. de Mondoville, lorsqu'il avoit appris la situation fâcheuse dans laquelle M. de Valorbe se trouvoit. Il répondit à ce que je disois d'une manière générale, mais sans prononcer un seul mot qui pût faire naître l'entretien que je désirois ; et lui, qui manque souvent de mesure quand il est irrité, s'exprimoit avec un ton ferme et froid qui devoit m'ôter toute espérance. Je sentois néanmoins que la résolution de M. de Valorbe pouvoit dépendre de l'inspiration heureuse, qui me feroit trouver le moyen de l'attendrir. Il existoit sans doute ce moyen, j'implorois les lumières de mon esprit pour le découvrir, et plus j'en avois besoin, plus je les sentois incertaines. Assez de temps se passa, sans même que M. de Valorbe me permît de commencer ; il détournoit ce que je voulois lui dire, m'interrompoit, et repoussoit de mille manières le sujet dont j'avois à parler : j'éprouvois une contrainte douloureuse qu'il avoit l'art de prolonger. Enfin, je me décidai à lui représenter d'abord le tort irréparable que me feroit l'éclat d'un duel, et je lui demandai s'il étoit juste que le sentiment qui m'avoit porté à lui donner un asile, fût si cruellement puni ; il sortit alors un peu de ses phrases insignifiantes pour me répondre, et me dit que la cause de sa querelle avec M. de Mondoville, ne pouvoit avoir été entendue que par un homme qu'il avoit cru remarquer près de là, mais qu'il ne connoissoit pas.

Je me hâtai de lui dire ce que je croyois alors, et ce dont M. de Mondoville étoit persuadé comme moi, c'est que cet homme étoit un de ses gens qui s'approchoit de lui pour lui annoncer sa voiture, et qui n'avoit pas eu la moindre idée de ce qui s'étoit passé. M. de Valorbe parut réfléchir un moment à cette réponse et me dit ensuite : — Eh bien ! madame, si personne ne nous a ni vus, ni entendus, vous ne serez point compromise, quoi qu'il puisse arriver entre M. de Mondoville et moi. — Je n'avois pas prévu ce raisonnement, et je crois encore ce que je soupçonnai dans le moment même; c'est que M. de Valorbe eut besoin de se recueillir pour ne pas me laisser apercevoir qu'il étoit adouci par l'idée que personne n'avoit été témoin de sa querelle avec Léonce : néanmoins, quelle que fût la pensée qui traversa son esprit, il voulut rompre la conversation, et se leva pour appeler mademoiselle d'Albémar.

Elle vint; je ne savois plus que devenir, un froid mortel m'avoit saisie; je voyois devant moi celui qui vouloit tuer ce que j'aime, et ma langue se glaçoit quand je voulois l'implorer. Un billet de votre mari me fut apporté dans cet instant; il me disoit qu'il étoit vrai que les charges contre M. de Valorbe étoient très-sérieuses, qu'il importoit extrêmement qu'il quittât Paris sans délai, et que ce soir à la nuit tombante il lui apporteroit un passe-port sous un faux nom, qui lui permettroit de s'éloigner : il se flattoit ensuite de parvenir à faire lever le mandat d'arrêt de M. de Valorbe; mais il insistoit beaucoup sur l'importance dont il étoit pour lui de n'être pas pris dans ce moment de fermentation. Je me hâtai de donner ce billet à M. de Valorbe, et j'eus tort de ne pas lui cacher le mouvement d'espoir que j'éprouvois, car il s'en aperçut; et s'offensant de ce que je pouvois supposer que les dangers dont on le menaçoit auroient de l'influence sur lui, il rentra dans sa chambre précipitamment, et en sortit peu d'instans après, avec une lettre pour M. de Mondoville; il la remit à un de mes gens, et lui dit assez haut pour que je l'entendisse, de la porter à son adresse. Il revint ensuite vers nous; ma pauvre belle-sœur étoit tremblante, et je me soutenois à peine.

On annonça qu'on avoit servi; nous allâmes à table tous les trois; M. de Valorbe nous regardoit tour à tour Louise et moi, et le spectacle de notre douleur lui donnoit assez d'émotion, quoiqu'il fît des efforts pour la surmonter : il parla sans cesse pendant le dîner, avec plus d'activité peut-être qu'on n'en a dans une résolution calme et positive ; il s'exaltoit d'une manière extraordinaire, par ses propres discours et par le vin qu'il prenoit : nous étions devant lui immobiles et pâles, sans prononcer un seul mot ; nous sortîmes enfin de ce supplice. Quel repas, juste ciel ! c'étoit le banquet de la mort ; il parut lui-même presque honteux du rôle qu'il venoit de jouer, et se sentit le besoin de s'en excuser.

— Vous m'avez secouru, me dit-il, et je vous afflige ; mais jamais affront plus sanglant ne mérita la vengeance d'un honnête homme !
— A ces mots, qui sembloient m'offrir au moins l'espoir d'être écoutée, j'allois répondre, il m'arrêta ; et, se livrant alors à son goût naturel pour produire de grands effets, il me dit : — Tout est décidé. J'ai écrit à M. de Mondoville, le rendez-vous est donné, ici même, à six heures ; nous partirons ensemble, nous nous arrêterons dans la forêt de Senars, à dix lieues de Paris ; là, l'un de nous doit périr. Si M. de Mondoville meurt, je continuerai ma route avant d'être reconnu ; si c'est moi, il reviendra vers vous. Maintenant, vous le voyez, les paroles irrévocables sont dites ; rentrez dans votre appartement, et souhaitez qu'il me tue ; vous n'avez plus que cet espoir.

— Au moment où il me disoit ces effroyables paroles, la pendule avoit déjà sonné cinq heures, son aiguille marchoit vers le moment fixé, l'exactitude de Léonce n'étoit pas douteuse; ce départ, cette forêt, les paroles sanglantes de M. de Valorbe, tout ajoutoit à l'horreur du duel. Ce que je craignois il y avoit quelques heures, ne pouvoit se comparer encore à l'effroi dont j'étois pénétrée : ma tête s'égaroit entièrement; la mort, la mort certaine de Léonce étoit devant mes yeux, et son meurtrier me parloit.

Je ne sais quels cris de douleur échappèrent de mon sein ; ils excitèrent dans le cœur de M. de Valorbe un mouvement impétueux qui le précipita à mes pieds. — Quoi ! me dit-il, vous aimez Léonce, et vous espérez que je ménagerai sa vie ! Je rends grâce au ciel de l'insulte qu'il m'a faite, elle me permet de punir une autre offense, et c'est pour celle-là, oui, c'est pour celle-là, dit-il avec un frémissement de rage, que je suis avide de son sang. — Dieu ! qu'avez-vous fait, m'écriai-je, des sentimens de générosité qui vous méritoient une si haute estime ? pouvez-vous souhaiter de m'épouser, quand mon cœur n'est pas libre ? — Oui, dit-il, je le souhaite encore; le temps vous éclaireroit sur les sentimens que vous nourrissez au fond du cœur; vous respecteriez vos devoirs envers moi ; vous avez des qualités si douces et si bonnes que, si j'étois votre époux, même avant d'avoir obtenu votre amour, je serois le plus heureux des hommes : mais non, il vous faut des victimes ; vous en aurez, l'heure approche ; quand le temps aura prononcé, vous ne serez plus écoutée. — Élise, ne frémissez-vous pas pour votre malheureuse amie ? Ma tête s'égaroit; je suppliai M. de Valorbe, je le crois, avec un accent, avec des paroles de flamme ; il repoussa tout, occupé d'une seule idée qui lui revenoit sans cesse. — Que ferez-vous pour moi, s'écrioit-il, si je suis déshonoré, si l'on sait l'outrage que j'ai reçu? — Rien ne sera connu, répétai-je, rien ! — Et si cette espérance est trompée, dites-moi, s'écria-t-il avec fureur, dites-moi, vous qui ne m'offrez pas de l'amour, comment vous ferez pour que je supporte la honte! — Jamais elle ne vous atteindra, repris-je ; mais si quelque peine pouvoit résulter pour vous du sacrifice que vous m'auriez fait, le dévouement de ma vie entière, reconnoissance, amitié, fortune, soins, tout ce que je puis donner est à vous. — Tout ce que vous pouvez donner, créature enchanteresse, interrompit-il ; c'est toi qu'il faut posséder; tu pourrois seule faire oublier même le déshonneur! tu as peur du sang, tu veux écarter la mort...... Eh bien! eh bien! jure que je serai ton époux, cette gloire, cette ivresse.... —

En disant ces mots il me saisissoit la main avec transport; six heures sonnèrent, une voiture s'arrêta à la porte, il ne restoit plus qu'un instant pour éviter le plus grand des malheurs; tout ce qu'avoit dit M. de Valorbe me persuadoit que sa résolution n'étoit pas inébranlable, mais que jamais il n'y renonceroit, si je n'offrois pas un prétexte quelconque à son amour-propre : il reprit avec plus d'instance, en voyant que je me taisois, et me dit : — Permettez-moi de prendre ce silence pour une réponse favorable; elle restera secrète entre nous; je vous laisserai du temps; je n'abuserai point tyranniquement d'un consentement arraché par le trouble.... — Le bruit de la voiture de Léonce entrant dans la cour se fit entendre; je puis à peine me rappeler ce qui se passoit en ce moment dans mon âme bouleversée, mais il me semble que je pensai qu'un scrupule insensé pouvoit seul m'engager à parler, quand peut-être il suffisoit de me taire pour sauver Léonce. La veille même, madame d'Artenas m'avoit vivement grondée de ce qu'elle appeloit mes insupportables qualités, qui m'exposoient à tous les malheurs, sans me permettre jamais la moindre habileté pour m'en tirer; ses conseils me revinrent, je condamnai mon caractère, je m'ordonnai d'y manquer; enfin surtout, enfin les paroles qui exposoient les jours de Léonce ne pouvoient sortir de ma bouche. M. de Valorbe s'écria avec transport qu'il me remercioit de mon silence; je ne le désavouai point. Je le trompai donc; oui, grand Dieu! c'est la première fois que la dissimulation a souillé mon cœur! Léonce parut!....

Quelle impression sa présence produisit sur tout ce qui étoit dans la chambre! Ma bonne sœur détourna la tête pour lui cacher ses pleurs; M. de Valorbe se hâta de recomposer son visage, et moi, qui ne savois pas si je venois de sauver ce que j'aime, ou seulement de me rendre indigne de lui, je pouvois à peine me soutenir. M. de Mondoville, voulant abréger cette scène, après avoir salué ma sœur et moi, avec cette grâce et cette noblesse que les indifférens même ne peuvent voir sans en être charmés, pria M. de Valorbe de le conduire dans son appartement : ils sortirent alors tous les deux, mes tourmens redoublèrent; je n'avois pas revu Léonce depuis le matin, j'ignorois ce que la journée avoit pu apporter de changemens dans ses dispositions. Le silence dont je m'étois, hélas! trop adroitement servie, avoit-il suffi pour désarmer M. de Valorbe? ou ne s'étoit-il pas dit que, dans un tel moment, il ne devoit y attacher aucune importance? Loin donc que ma douleur fût soulagée, elle étoit devenue plus amère encore, par l'espérance que j'avois entrevue, et que le temps n'avoit pu confirmer.

Ce jour, déjà si cruel, fut encore marqué par un hasard bien malheureux: madame du Marset vint à ma porte demander mademoiselle d'Albémar; et mes gens, qui n'avoient point reçu l'ordre de ma belle-sœur, la laissèrent entrer. Elle arriva dans le salon même où j'étois avec mademoiselle d'Albémar; elle venoit lui faire une visite, et s'acquitter d'un de ces devoirs communs de la société, dont la froideur et l'insipidité font un si cruel contraste avec les passions violentes de l'âme. Représentez-vous, chère Élise, ce que je dus éprouver pendant une demi-heure qu'elle resta chez ma sœur! je ne pouvois m'en aller, parce que de la chambre où nous étions, j'entendois au moins la voix de Léonce et de M. de Valorbe; je m'assurois ainsi qu'ils étoient encore là, et je tâchois de deviner, à leur accent plus ou moins élevé, s'ils s'apaisoient ou s'irritoient de nouveau; mais je ne crois pas qu'il soit possible de se faire l'idée de l'horrible gêne que m'imposoit la présence de madame du Marset! voulant lui cacher mon trouble, et le trahissant encore plus; répondant à ses questions sans les entendre, et par des mots qui n'avoient sans doute aucun rapport avec ce qu'elle me disoit; car elle marquoit à chaque instant son étonnement, et prolongeoit, je crois, sa visite, par des intentions malignes et curieuses. Je ne sais combien de temps ce supplice auroit duré, si mademoiselle d'Albémar, ne pouvant plus le supporter, n'eût pris sur elle de déclarer à madame du Marset que j'étois encore très-souffrante de ma dernière maladie, et que j'avois dans ce moment besoin de repos. Madame du Marset reçut ce congé avec un air assez méchant, et je ne doute pas, d'après ce que j'ai su depuis, qu'elle ne fût venue pour examiner ce qui se passoit chez moi.

Quand elle fut sortie, Léonce ouvrit la porte et rentra avec M. de Valorbe; je voulus le questionner, mais la violence que je m'étois faite pendant la visite de madame du Marset, m'avoit jetée dans un tel état, qu'en essayant de

parler, je tombai comme sans vie aux pieds de
Léonce. Quand je revins à moi, on m'avoit
transportée dans ma chambre ; Léonce tenoit
une de mes mains, ma sœur l'autre, et ma
petite Isore pleuroit au pied de mon lit : il
fut doux, ce moment, ma chère Élise, où je
me retrouvois au milieu de mes affections les
plus chères, où les regards de Léonce m'exprimoient un intérêt si tendre ! — Ma douce amie,
me dit-il, pourquoi vous effrayer ainsi ? tout
est terminé, tout l'est comme vous le désirez ;
calmez donc cette âme si sensible : ah ! vous
m'aimez, je veux vivre, ne craignez rien pour
moi.

Je lui demandai de me raconter ce qui venoit de se passer entre M. de Valorbe et lui.
— Je le croyois décidé, me dit-il, quand j'arrivai ; mais, comme j'avois vu M. de Lebensei,
qui m'avoit donné de véritables inquiétudes
sur les dangers que couroit M. de Valorbe,
j'étois disposé à me prêter à la réconciliation,
s'il la désiroit. Il a commencé par me demander si je pouvois lui garantir que rien de ce
qui étoit arrivé hier au soir ne seroit jamais
connu ; je lui ai dit que je lui donnois ma
parole, en mon nom et de la part de M. de
Lebensei, que le secret seroit fidèlement
gardé, et que je ne croyois pas que personne,

excepté lui et moi, en fût instruit. Il m'a fait encore quelques questions, toujours relativement à la publicité possible de notre aventure; je l'ai rassuré à cet égard, autant que je le suis moi-même, sans pouvoir lui donner cependant une certitude positive; car j'étois trop ému hier au soir, pour avoir rien remarqué de ce qui se passoit autour de moi. M. de Valorbe a réfléchi quelques instans, puis il a prononcé votre nom à demi-voix; il s'est arrêté, ne voulant pas sans doute que je susse que vous seule décidiez de sa conduite dans cette circonstance; vous seule aussi, ma Delphine, vous m'aviez inspiré les mouvemens doux que j'éprouvois; votre souvenir étoit un ange de paix entre nous deux. M. de Valorbe m'a tendu la main, après un moment de silence, et je me suis permis alors de lui exprimer franchement et vivement tous les regrets que j'éprouvois de mon impardonnable vivacité. Nous sommes sortis alors pour vous rejoindre; depuis ce moment je n'ai pensé qu'à vous secourir, et j'ai laissé M. de Lebensei avec M. de Valorbe.

Comme Léonce nommoit votre mari, il ouvrit ma porte, et me dit avec une vivacité qui ne lui est pas ordinaire : — Tout est prêt pour le voyage de M. de Valorbe, il demande à vous voir un moment; il convient de ne pas l'obliger à rendre M. de Mondoville témoin de sa douleur en vous quittant, et rien n'est plus pressé que son départ. — Léonce n'hésita point à se retirer, et M. de Lebensei, sans perdre un moment, fit entrer M. de Valorbe. Je fus touchée en le voyant, il étoit impossible d'avoir l'air plus malheureux; il s'approcha de mon lit, me prit la main, et se mettant à genoux devant moi, il me dit à voix basse : — Je pars, je ne sais ce que je vais devenir, peut-être suis-je menacé des événemens les plus malheureux; que mon honneur me reste, et je les supporterai tous! Souvenez-vous, cependant, que c'est à vous seule que j'ai fait le sacrifice de la résolution la plus juste et la plus nécessaire; songez, reprit-il en appuyant singulièrement sur chacune de ses expressions, songez à ce que vous ferez pour moi, si mon sort est perdu pour vous avoir obéi, pour m'être fié à vous. — Je rougis en écoutant ces paroles, qui me rappeloient un tort véritable. M. de Valorbe vouloit rester encore; mais M. de Lebensei étoit si impatient de son départ, qu'il interrompit d'autorité notre entretien. M. de Valorbe se jeta sur ma main en la baignant de pleurs, et votre mari l'emmena.

Dès que la voiture de M. de Valorbe fut partie, M. de Lebensei remonta, et je lui demandai d'où lui venoit une agitation que je ne lui avois jamais vue. — Hélas! me dit-il, je viens d'apprendre, comme j'arrivois chez vous, que M. de Fierville a été témoin de la scène d'hier au soir; il étoit sorti à pied, peu de momens après Léonce, de la maison où ils avoient soupé ensemble; il s'est glissé derrière les voitures pour n'être pas reconnu, et il a raconté aujourd'hui, dans un dîner, tout ce qu'il avoit entendu; je craignois donc extrêmement que M. de Valorbe ne le sût avant de partir, et que, changeant de dessein, il ne restât, malgré tout ce qui pouvoit lui en arriver. — Ah, mon Dieu! m'écriai-je, et M. de Valorbe ne sera-t-il pas déshonoré, pour ne s'être pas battu avec Léonce? — M. de Lebensei chercha à dissiper cette crainte, en m'assurant que l'on parviendroit à détruire l'effet des propos de M. de Fierville; mais, tout en me calmant sur ce sujet, il paroissoit troublé par une pensée qu'il n'a pas voulu me confier.

Je suis restée, lorsqu'il m'a quittée, dans un trouble cruel; certainement je ne me repens pas d'avoir tout fait pour empêcher que M. de Valorbe ne se battît avec Léonce; je suis loin de me croire liée par un silence que doit excuser la violence de ma situation ; ma sœur, qui a été témoin de tout, m'assure que M. de Valorbe lui-même n'a pas dû se persuader que je pusse prendre avec lui, dans l'état où j'étois, le moindre engagement : si M. de Valorbe étoit malheureux, je ferois pour lui certainement tout ce qui seroit en ma puissance ; c'est en vain, cependant, que je me raisonne ainsi depuis plusieurs heures ; ma joie est empoisonnée par cet instant de fausseté. Rien ne me feroit consentir à l'avouer à Léonce, et cependant c'est pour lui...; il faut donc que ce soit mal.... Je suis sûre que les plus cruelles peines me viendront de là. Les fautes que le caractère fait commettre, sont tellement d'accord avec la manière de sentir habituelle, qu'on finit toujours par se les pardonner ; mais quand on se trouve entraînée, forcée même à un tort tout-à-fait en opposition avec sa nature, c'est un souvenir importun, douloureux, et qu'on veut en vain écarter. Ne m'en parlez jamais, je parviendrai peut-être à l'oublier.

Remerciez votre Henri, quand vous le verrez, de la parfaite amitié qu'il m'a témoignée. Votre enfant est-il encore malade ? ne pouvez-vous pas le quitter ? J'irai vous voir dès que je serai mieux; mais ce que j'ai souffert m'a redonné la fièvre, on veut que je me ménage encore quelque temps.

LETTRE XII.

Mademoiselle d'Albémar à madame de Lebensei.

Paris, ce 25 août.

J'ai besoin, madame, de vous confier mes chagrins, de vous demander vos conseils. M. de Lebensei vous a-t-il dit comment l'indigne M. de Fierville, et son amie plus odieuse encore, ont trouvé l'art d'empoisonner l'aventure de M. de Valorbe? Ils ont répandu dans le monde que Delphine, notre angélique Delphine, avoit donné rendez-vous à deux hommes la même nuit, et qu'un malentendu sur les heures, avoit été la cause de la rencontre où Léonce avoit grièvement insulté M. de Valorbe. Non! je n'ai pu vous écrire une semblable infamie sans que mon front se couvrît de rougeur! Juste ciel! c'est donc ainsi qu'on veut punir une âme innocente de sa générosité même; c'est ainsi que l'on outrage le caractère le plus noble et le plus pur! deux êtres méchans, et le reste indifférent et foible, voilà ce qui décide de la réputation d'une femme au milieu de Paris.

Madame du Marset et M. de Fierville ont voulu se venger ainsi, dit-on, d'un jour où Léonce les a profondément humiliés, en défendant madame d'Albémar. Maintenant, que faut-il faire pour la servir? Aidez-moi, je vous en conjure, et cachons-lui surtout qu'elle a pu être l'objet d'une pareille calomnie; sa santé la retient encore chez elle, et je lui ai conseillé de fermer sa porte. Léonce est allé conduire sa femme à la terre d'Andelys, qu'elle tient des dons de Delphine, et sans laquelle, hélas! elle n'eût jamais épousé M. de Mondoville. Je l'aurois consulté lui-même dans cette circonstance, puisque l'âge de M. de Fierville ne permet pas de craindre un événement funeste; mais il est absent, et je suis seule au milieu d'un monde bien nouveau pour moi, et dont la puissance me fait trembler : néanmoins, j'ai vaincu ma répugnance pour la société; j'y vais, j'irai chaque jour, j'y répéterai ce qui justifie glorieusement mon amie. Sans avouer le sentiment de Delphine pour Léonce, je ne le démentirai point; car je veux mettre toute ma force dans la vérité, il ne me reste qu'elle : je suis ici une étrangère, sans agrémens, sans appui, intimidée par ma figure et mon ignorance de la vie; n'importe, j'aime Delphine, et je soutiens la plus juste des causes.

Je ne sais à qui m'adresser, je ne sais de quels moyens on se sert ici pour repousser la calomnie; mais je dirai tout ce que mon indignation m'inspirera : peut-être enfin triompherai-je de l'envie, seul genre de malveillance que ma douce et charmante amie puisse redouter. Je n'avois pas d'idée du mal que peut faire l'opinion de la société, quand on a trouvé l'art de l'égarer. Oui, ceux qu'on est convenu d'appeler des amis me font plus souffrir encore que les ennemis même; ils viennent se vanter auprès de vous des services qu'il prétendent vous avoir rendus, et l'on ne peut démêler avec certitude si, pour augmenter le prix de leur courage, ils ne se plaisent pas à exagérer les attaques dont ils prétendent avoir triomphé : d'autres se bornent à vous assurer que, quoi qu'il arrive, ils ne vous abandonneront pas, et vous ne pouvez pas leur faire expliquer ce *quoi qu'il arrive* : il leur convient mieux de le laisser dans le vague. Quelques-uns me donnent le conseil d'emmener Delphine en Languedoc; et lorsque je veux leur prouver que le plus mauvais moment pour s'éloigner, c'est celui où l'on doit braver et confondre une indigne calomnie, ils me répètent le même conseil sans avoir fait attention à ma réponse, et, tout occupés de l'avis qu'ils ont proposé, ils y attachent leur amour-propre, et se croient dispensés de vous secourir, si vous ne le suivez pas : il est plus facile de se défendre contre des adversaires déclarés, que de s'astreindre à la conduite nécessaire avec de tels amis. Ils servent seulement à encourager les ennemis, en leur montrant combien est foible la résistance qu'ils ont à craindre ; et cependant, s'ils se brouilloient avec vous, ils rendroient votre situation plus mauvaise. Ne commenceroient-ils pas leur phrase de renonciation par ces mots : *Moi qui aimois madame d'Albémar, je suis obligé de convenir qu'il n'y a pas moyen à présent de l'excuser ?* funeste pays ! où le nom d'ami, si légèrement prodigué, n'impose pas le devoir de défendre, et donne seulement plus de moyens de nuire si l'on abandonne !

L'opinion apparoît en tout lieu, et vous ne pouvez la saisir nulle part ; chacun me dit, qu'*on* répand les plus indignes mensonges contre Delphine, et je ne parviens pas à découvrir si celui qui me parle les répète, ou les invente lui-même. Je me crois toujours environnée de moqueurs qui se trahissent par un regard ou par un sourire d'insouciance, dans le moment où ils me protestent qu'ils s'intéressent à ma peine. Je ne perds pas une occasion de raconter les motifs de reconnoissance qui devoient engager Delphine à donner un asile à M. de Valorbe, comme s'il falloit, pour rendre service à un malheureux, d'autres motifs que son malheur! En vérité, je le crois, il est ici plus dangereux d'exercer la vertu que de se livrer au vice ; l'on ne veut pas croire aux sentimens généreux, et l'on cherche avec autant de soin à dénaturer la cause des bonnes actions, qu'à trouver des excuses pour les mauvaises.

Ah! qu'il vaut mieux vivre obscure, et n'avoir jamais obtenu ces flatteuses louanges, avant-coureurs de la haine, et dont elle vient en hâte exiger de vous le prix! Pour la première fois, je me console d'avoir été bannie du monde par mes désavantages naturels: qu'ai-je dit? je me console! Delphine n'est-elle pas malheureuse, et quel calme puis-je jamais goûter, si l'on ne parvient pas à la justifier! Daignez, madame, vous concerter avec M. de Lebensei sur ce qu'il est possible de tenter, et accordez-moi l'un et l'autre le secours de vos lumières et de votre amitié.

LETTRE XIII.

Réponse de madame de Lebensei à mademoiselle d'Albémar.

Cernay, ce 30 août 1791.

L'ÉMOTION que m'a causée votre lettre, mademoiselle, a été la cause du premier tort que j'aie jamais eu avec Henri; après l'avoir lue, je m'écriai : — Ah! pourquoi suis-je privée de tout ascendant sur personne! proscrite que je suis par l'opinion, il ne me reste aucun moyen d'être utile à mes amis calomniés! — A peine avois-je dit ces mots, qu'un repentir profond, un tendre retour vers mon ami les suivit; mais je craignis pendant plusieurs heures que leur impression sur lui ne fût ineffaçable; enfin il m'a pardonné, parce que j'avois tort, grièvement tort, et qu'il lui étoit trop aisé de me le faire sentir, pour qu'il ne fût pas dans son caractère de s'y refuser. Il est parti pour Paris, dans l'intention de servir madame d'Albémar; mais il aura soin de faire répandre par d'autres ce qu'il faut que l'on dise; car les préjugés de la société sont tels contre les opinions politiques de M. de Lebensei, qu'il nuiroit à madame d'Albémar en se montrant son admirateur le plus zélé. Oh ! que la malveillance a de ressources pour faire souffrir ! ne sentez-vous pas les méchans comme un poids sur le cœur ? ne vous semble-t-il pas qu'ils empêchent de respirer ? lorsqu'on voudroit reprendre un peu d'espoir, leur souvenir le repousse douloureusement au fond de l'âme.

Quelques heures après le départ de M. de Lebensei, mon enfant étant assez bien, je n'ai pu résister au désir que j'avois de causer avec vous et de voir madame d'Albémar, et je suis partie de Cernay assez tard, car je n'y suis revenue qu'à minuit. Vous étiez sortie, mais j'ai trouvé Delphine qui venoit de recevoir une lettre de Léonce ; il annonçoit son retour dans huit jours, avec les expressions les plus tendres et les plus passionnées pour madame d'Albémar ; et cependant elle m'a paru profondément triste. Je suis convaincue qu'elle sait ce que nous voulons lui cacher, mais que cette âme fière ne peut se résoudre à nous en parler. Elle n'avoit laissé sa porte ouverte que pour madame d'Artenas et pour moi ; si elle a vu madame d'Artenas, elle est instruite de tout ! Il n'est pas dans le caractère de cette femme de cacher ce qui peut être pénible ; elle sait servir utilement, plutôt que ménager avec délicatesse.

J'ai demandé à madame d'Albémar ce qu'elle faisoit depuis l'absence de Léonce. — Je donne des leçons à Isore, m'a-t-elle répondu ; je me promène tous les jours seule avec elle, et je ne vois personne. — En achevant ces mots, elle a soupiré, et la conversation est tombée. — Ne serez-vous pas bien aise, ai-je repris, du retour de Léonce ? — De son retour ? m'a-t-elle dit vivement ; qu'arrivera-t-il quand il reviendra ? Puis s'arrêtant, elle a repris : — Pardonnez-moi, je suis triste et malade. — Et, jouant avec les jolis cheveux de la petite Isore, elle est retombée dans la distraction. J'hésitai si je me hasarderois à lui parler, mais elle ne paroissoit pas le désirer, et je craignis de me tromper sur la cause de son abattement, ou du moins de lui en dire plus qu'elle n'en savoit. Je l'ai quittée le cœur serré ; elle n'a point essayé de me retenir ; ses manières avec moi étoient moins tendres que de coutume, et tel que je connois son caractère, c'est une preuve qu'elle éprouve quelque grande peine. Dès qu'elle est heureuse, elle a besoin d'y associer ses amis, mais je l'ai toujours vue disposée à souffrir seule.

Ah ! de quelles douloureuses pensées n'ai-je pas été occupée en revenant chez moi ! vous le voyez, il n'existe aucun moyen pour une femme de s'affranchir des peines causées par l'injustice de l'opinion. Delphine, l'indépendante Delphine elle-même en est atteinte, et ne peut se résoudre à nous le confier.

P. S. J'en étois là de ma lettre, mademoiselle, lorsque Léonce, que nous n'attendions pas de huit jours, est venu jusqu'à la grille de Cernay, pour demander M. de Lebensei; dès qu'il a su qu'il n'y étoit pas, il est reparti comme un éclair pour retourner à Paris. Mes gens ont su de son domestique qui le suivoit, qu'il avoit laissé madame de Mondoville à Andelys, et qu'il en étoit parti tout à coup avec une diligence inconcevable : en arrivant à Paris, il est monté sur-le-champ à cheval pour venir ici sans s'arrêter. Mes gens m'ont aussi dit qu'il avoit l'air très-agité, et que, dans le peu de mots qu'il leur avoit adressés, il avoit changé de visage deux ou trois fois. Sans doute il a tout appris, et, sensible comme il l'est à la réputation de Delphine, je frémis de l'état où il doit être; ah, mon Dieu! que deviendront nos pauvres amis! si M. de Lebensei voit Léonce, je me hâterai de vous mander ce qu'il lui aura dit. Adieu, mademoiselle; combien je suis touchée de votre situation, et pénétrée d'estime pour l'amitié parfaite que vous témoignez à madame d'Albémar!

LETTRE XIV.

Delphine à M. de Lebensei.

Ce 1ᵉʳ septembre.

Je sais tout ce que mes amis ont voulu me cacher, j'ai tout appris, ou j'ai tout deviné. Ce que j'éprouve m'est amer; j'avois marqué à l'injustice sa sphère, je croyois qu'elle m'accuseroit d'imprudence, de foiblesse, de tous les torts, excepté de ceux qui peuvent avilir! Je vous l'avouerai donc, je souffre depuis quinze jours une sorte de peine dont il me seroit douloureux de m'entretenir, même avec vous. Cependant ma fierté doit triompher de ce chagrin, quelque cruel qu'il puisse être; mais ce qui déchire mon cœur, c'est la crainte de l'impression que Léonce peut en recevoir; il est arrivé hier d'Andelys, et n'est point encore venu chez moi; je sais qu'il a été à Cernay; vous a-t-il trouvé ? que vous a-t-il dit ?

Ne craignez point, monsieur, de me parler avec une franchise sévère. Si j'étois réservée à la plus grande des souffrances, si l'affection de celui que j'aime étoit altérée par la calomnie dont je suis victime, j'opposerois encore du courage à ce dernier des malheurs; conseillez-moi, je me sens capable de tous les sacrifices; il y a des chagrins qui donnent de la force; ceux qui offensent une âme élevée sont de ce nombre.

LETTRE XV.

Léonce à M. de Lebensei.

Paris, ce 1er septembre.

J'AI reconnu en vous, monsieur, dans les divers rapports que nous avons eus ensemble, un esprit si ferme et si sage, que je veux m'en remettre à vos lumières, dans une circonstance où mon âme est trop agitée pour se servir de guide à elle-même. Un de mes amis m'a écrit à Andelys que la réputation de madame d'Albémar étoit indignement attaquée, et c'est à ma passion pour elle, aux fautes sans nombre que cette passion m'a fait commettre, que je dois attribuer son malheur et le mien. J'espérois savoir de vous le nom de l'infâme qui avoit calomnié mon amie, je ne vous ai pas trouvé, je suis revenu à Paris, et je n'ai eu que trop tôt la douleur d'apprendre qu'un vieillard étoit l'auteur de cette insigne lâcheté: je l'avois offensé, il y a quelques mois, vous le savez, et le misérable s'en est vengé sur madame d'Albémar.

Après avoir accablé M. de Fierville de mon mépris, j'ai obtenu de lui, ce matin, mille inutiles promesses de désaveu, de secret, de repentir; mais à présent que l'horrible histoire qu'il a forgée est connue, ce n'est plus de lui qu'elle dépend. Ne puis-je pas découvrir un homme (ils ne sont pas tous des vieillards,) qui se soit permis de calomnier Delphine! Quand je me complais dans cette idée, quand elle me calme, une autre vient bientôt me troubler; puis-je me dire avec certitude que je ne compromettrai pas Delphine en la vengeant? qu'au lieu d'étouffer les bruits qu'on a répandus, je n'en augmenterai pas l'éclat? cependant faut-il laisser de telles calomnies impunies? me direz-vous que je le dois? n'hésiterez-vous pas, en me condamnant à ce supplice? Madame d'Albémar est parente de madame de Mondoville, elle n'a point de frère, point de protecteur naturel, n'est-ce pas à moi de lui en tenir lieu?

La réputation de madame d'Albémar est sans doute le premier intérêt qu'il faut considérer; mais s'il ne vous est pas entièrement démontré que le devoir le plus impérieux me commande de me laisser dévorer par les sentimens que j'éprouve, vous ne l'exigerez pas de moi.

Je n'ai pas encore vu madame d'Albémar ; il me sembloit que je ne pouvois retourner vers elle qu'après avoir réparé de quelque manière l'affront dont je suis la première cause. Oh ! je vous en conjure, si vous en connoissez un moyen, dites-le-moi ; dois-je laisser sans défenseur une âme innocente qui n'a que moi pour appui ?

LETTRE XVI.

Réponse de M. de Lebensei à Léonce.

Cernay, ce 2 septembre.

Oui, monsieur, il existe un moyen de réparer tous les malheurs de votre amie, mais ce n'est point celui que votre courage vous fait désirer. Madame d'Albémar a bien voulu, comme vous, me demander conseil ; en lui répondant à l'instant même, je lui ai déclaré ce que mon amitié m'inspire pour votre bonheur à tous les deux, je vais lui envoyer ma lettre. Je ne puis me permettre, sans son aveu, de vous apprendre ce que cette lettre contient, elle vous le confiera sans doute. Tout ce que je puis vous dire maintenant, c'est qu'en vous livrant à une indignation bien naturelle, vous acheveriez de perdre sans retour la réputation de madame d'Albémar. Si votre nom n'étoit pas prononcé dans cette calomnie; si de tout ce qu'on dit, ce que l'on croit le plus n'étoit pas votre attachement pour madame d'Albémar, vous pourriez en imposer de quelque manière à ses ennemis. Encore faudroit-il que M. de Fierville eût un fils, un proche parent au moins, qui voulût répondre pour lui, et que l'on comprît d'abord pourquoi vous vous adressez à tel homme plutôt qu'à tel autre, pour venger la réputation de madame d'Albémar; car le public veut toujours qu'une action courageuse soit en même temps sagement motivée, et, quand il démêle quelque égarement dans une conduite, fût-elle héroïque, il la condamne sévèrement. Mais, dans votre situation actuelle, lors même qu'un homme moins âgé que M. de Fierville seroit reconnu pour être l'auteur de la calomnie dirigée contre madame d'Albémar, vous feriez un tort irréparable à votre amie, en vous chargeant de repousser l'offense qu'elle a reçue.

On ne peut protéger au milieu de la société que les liens autorisés par elle; une femme, une sœur, une fille, mais jamais celle qui ne tient à nous que par l'amour; et vous, monsieur, qui possédez éminemment les qualités énergiques et imposantes, les seules dont l'éclat se réfléchisse sur les objets de notre affection, vous aspirez en vain à défendre la femme que vous aimez, ce bonheur vous est refusé.

Madame d'Albémar a cependant plus que personne besoin d'appui au milieu du monde; sa conduite est parfaitement pure, et pourtant les apparences sont telles qu'elle doit passer pour coupable. Elle a un esprit supérieur, un cœur excellent, une figure charmante, de la jeunesse, de la fortune, mais tous ces avantages qui attirent des ennemis, rendent un protecteur encore plus nécessaire : son esprit éclairé donne de l'indépendance à ses opinions et à sa conduite ; c'est un danger de plus pour son repos, puisqu'elle n'a ni frère ni mari qui lui serve de garant aux yeux des autres. Les femmes privées de ces liens se sont placées, pour la plupart, à l'abri des préjugés reçus, comme sous une tutelle publique instituée pour les défendre.

La parfaite bonté de madame d'Albémar sembleroit devoir lui faire des amis de toutes les personnes qu'elle a servies, il n'en est rien ; elle a déjà trouvé beaucoup d'ingrats, elle en rencontrera peut-être beaucoup encore ; vous avez vu ce qui lui est arrivé avec madame du Marset. J'ai souvent remarqué que dans les sociétés de Paris, lorsqu'un homme ou une femme médiocre veulent se débarrasser d'une reconnoissance importune envers un esprit supérieur, ils se choisissent quelques devoirs bien faciles, auprès d'une personne bien commune, et présentent avec ostentation cet exemple de leur moralité, pour se dispenser de tout autre. Madame d'Albémar est trop distinguée, pour pouvoir compter sur la bienveillance durable de ceux qui ne sont pas dignes de l'aimer et de l'admirer, et c'est par l'autorité d'une situation qui en impose, bien plus que par ses qualités aimables, qu'elle peut désarmer la haine. Je la vois maintenant entourée de périls, menacée des chagrins les plus cruels, si elle n'en est préservée par un défenseur que la morale et la société puissent reconnoître pour tel.

Tous ceux qui, éblouis de ses charmes, n'examinent point sa situation avec la sollicitude de l'amitié, croiront peut-être qu'elle est faite pour triompher de tout. Le triomphe seroit possible, mais il lui coûteroit tant de peines, que son bonheur du moins en seroit pour toujours altéré : je ne sais même si elle peut à elle seule aujourd'hui, effacer entièrement le mal que ses ennemis viennent de lui faire. Mais c'en est assez, je ne dois point insister sur vos peines, avant de savoir si vous consentirez à ce que je propose pour les faire cesser. Vous connoissez mes opinions, monsieur, je m'en honore, et j'ai supporté, sinon avec plaisir, du moins avec orgueil, les peines qu'elles m'attirent. Ce sont ces opinions qui m'ont suggéré le conseil que j'ai donné à madame d'Albémar; ce conseil est le seul qui puisse vous sauver des malheurs que vous éprouvez, et que vous devez craindre. Je crois digne de vous d'y accéder; et vous savez, je l'espère, de quelle estime et de quelle considération je suis pénétré pour vos lumières et pour vos vertus.

HENRI DE LEBENSEI.

LETTRE XVII.

M. de Lebensei à Delphine.

Cernay, ce 27 septembre 1791.

Celui que vous aimez est toujours digne de vous, madame; mais son sentiment ni le vôtre ne peuvent rien contre la fatalité de votre situation. Il ne reste qu'un moyen de rétablir votre réputation, et de retrouver le bonheur; rassemblez pour m'entendre toutes les forces de votre sensibilité et de votre raison. Léonce n'est point irrévocablement lié à Matilde, Léonce peut encore être votre époux; le divorce doit être décrété dans un mois par l'assemblée constituante, j'en ai vu la loi, j'en suis sûr. Après avoir lu ces paroles, vous pressentirez, sans doute, quel est le sujet que je veux traiter avec vous; et l'émotion, l'incertitude, des sentimens divers et confus, vous auront tellement troublée que vous n'aurez pu d'abord continuer ma lettre; reprenez-la maintenant.

Je ne connois point madame de Mondoville, sa conduite envers ma femme a dû m'offenser; je me défendrai cependant, soyez-en sûre, de cette prévention; votre bonheur est le seul intérêt qui m'occupe. J'ignore ce que vous et votre ami pensez du divorce, je me persuade aisément que l'amour suffiroit pour vous entraîner tous les deux à l'approuver; mais cependant, madame, je connois assez votre raison et votre âme pour croire que vous refuseriez le bonheur même, s'il n'étoit pas d'accord avec l'idée que vous vous êtes faite de la véritable vertu. Ceux qui condamnent le divorce prétendent que leur opinion est d'une moralité plus parfaite : s'il en étoit ainsi, il faudroit que les vrais philosophes l'adoptassent ; car le premier but de la pensée est de connoître nos devoirs dans toute leur étendue ; mais je veux examiner avec vous si les principes qui me font approuver le divorce, sont d'accord avec la nature de l'homme, et avec les intentions bienfaisantes que nous devons attribuer à la Divinité.

C'est un grand mystère que l'amour ; peut-être est-ce un bien céleste, qu'un ange a laissé sur la terre ; peut-être est-ce une chimère de l'imagination, qu'elle poursuit jusqu'à ce que le cœur refroidi appartienne déjà plus à la mort qu'à la vie. N'importe ; si je ne voyois dans votre sentiment pour Léonce que de l'amour, si je ne croyois pas que sa femme disconvient à son caractère et à son esprit sous mille rapports différens, je ne vous conseillerois pas de tout briser pour vous réunir ; mais écoutez-moi, l'un et l'autre.

De quelque manière que l'on combine les institutions humaines, bien peu d'hommes, bien peu de femmes renonceront au seul bonheur qui console de vivre ; l'intime confiance, le rapport des sentimens et des idées, l'estime réciproque, et cet intérêt qui s'accroît avec les souvenirs. Ce n'est pas pour les jours de délices placés par la nature au commencement de notre carrière, afin de nous dérober la réflexion sur le reste de l'existence ; ce n'est pas pour ces jours que la convenance des caractères est surtout nécessaire ; c'est pour l'époque de la vie où l'on cherche à trouver dans le cœur l'un de l'autre, l'oubli du temps qui nous poursuit, et des hommes qui nous abandonnent. L'indissolubilité des mariages mal assortis prépare des malheurs sans espoir à la vieillesse ; il semble qu'il ne s'agisse que de repousser les désirs des jeunes gens, et l'on oublie que les désirs repoussés des jeunes gens, deviendront les regrets éternels des vieillards. La jeunesse prend soin d'elle-même, on n'a pas besoin de s'en occuper ; mais toutes les institutions, toutes les réflexions doivent avoir pour but de protéger à l'avance ces dernières années, que l'homme le plus dur ne peut considérer sans pitié, ni le plus intrépide sans effroi.

Je ne nie point tous les inconvéniens du divorce, ou plutôt de la nature humaine qui l'exige ; c'est aux moralistes, c'est à l'opinion à condamner ceux dont les motifs ne paroissent pas dignes d'excuse : mais au milieu d'une société civilisée qui introduit les mariages par convenance, les mariages dans un âge où l'on n'a nulle idée de l'avenir, lorsque les lois ne peuvent punir, ni les parens qui abusent de leur autorité, ni les époux qui se conduisent mal l'un envers l'autre ; en interdisant le divorce, la loi n'est sévère que pour les victimes, elle se charge de river les chaînes, sans pouvoir influer sur les circonstances qui les rendent douces ou cruelles ; elle semble dire : Je ne puis assurer votre bonheur, mais je garantirai du moins la durée de votre infortune. Certes, il faudra que la morale fasse de grands progrès, avant que l'on rencontre beaucoup d'époux qui se résignent au malheur, sans y échapper de quelque manière ; et si l'on y échappe, et si la société se montre indulgente en proportion de la sévérité même des institutions, c'est alors que toutes les idées de devoir et de vertu sont confondues, et que l'on vit sous l'esclavage civil comme sous l'esclavage politique, dégagé par l'opinion des entraves imposées par la loi.

Ce sont les circonstances particulières à chacun, qui déterminent si le divorce autorisé par la loi, peut être approuvé par le tribunal de l'opinion et de notre propre cœur. Un divorce qui auroit pour motif des malheurs survenus à l'un des deux époux, seroit l'action la plus vile que la pensée pût concevoir ; car les affections du cœur, les liens de famille, ont précisément pour but de donner à l'homme des amis indépendans de ses succès ou de ses revers, et de mettre au moins quelques bornes à la puissance du hasard sur sa destinée. Les Anglois, cette nation morale, religieuse et libre ; les Anglois ont dans la liturgie du mariage une expression qui m'a touché : *Je l'accepte*, disent réciproquement la femme et le mari, *in health and in sickness, for better and for worse; dans la santé comme dans la maladie, dans ses meilleures circonstances, comme dans ses plus funestes*. La vertu, si même il en faut pour partager l'infortune, quand on a partagé le bonheur; la vertu n'exige alors qu'un dévouement tellement conforme à une nature généreuse, qu'il lui seroit tout-à-fait impossible d'agir autrement. Mais les Anglois, dont j'admire, sous presque tous les rapports, les institutions civiles, religieuses et politiques, les Anglois ont eu tort de n'admettre le divorce que pour cause d'adultère : c'est rendre l'indépendance au vice, et n'enchaîner que la vertu ; c'est méconnoître les oppositions les plus fortes, celles qui peuvent exister entre les caractères, les sentimens et les principes.

L'infidélité rompt le contrat, mais l'impossibilité de s'aimer dépouille la vie du premier bonheur que lui avoit destiné la nature; et quand cette impossibilité existe réellement, quand le temps, la réflexion, la raison même de nos amis et de nos parens la confirment, qui osera prononcer qu'un tel mariage est indissoluble? Une promesse inconsidérée, dans un âge où les lois ne permettent pas même de statuer sur le moindre des intérêts de fortune, décidera pour jamais du sort d'un être dont les années ne reviendront plus, qui doit mourir, et mourir sans avoir été aimé!

La religion catholique est la seule qui consacre l'indissolubilité du mariage; mais c'est parce qu'il est dans l'esprit de cette religion d'imposer la douleur à l'homme sous mille formes différentes, comme le moyen le plus efficace pour son perfectionnement moral et religieux.

Depuis les macérations qu'on s'inflige à soi-même, jusques aux supplices que l'inquisition ordonnoit dans les siècles barbares, tout est souffrance et terreur dans les moyens employés par cette religion, pour forcer les hommes à la vertu. La nature, guidée par la Providence, suit une marche absolument opposée; elle conduit l'homme vers tout ce qui est bon, comme vers tout ce qui est bien, par l'attrait et le penchant le plus doux.

La religion protestante, beaucoup plus rapprochée du pur esprit de l'Évangile que la religion catholique, ne se sert de la douleur ni pour effrayer ni pour enchaîner les esprits. Il en résulte que dans les pays protestans, en Angleterre, en Hollande, en Suisse, en Amérique, les mœurs sont plus pures, les crimes moins atroces, les lois plus humaines; tandis qu'en Espagne, en Italie, dans les pays où le catholicisme est dans toute sa force, les institutions politiques et les mœurs privées se ressentent de l'erreur d'une religion qui regarde la contrainte et la douleur comme le meilleur moyen d'améliorer les hommes.

Ce n'est pas tout encore : comme cet empire de la souffrance répugne à l'homme, il y échappe de mille manières. De là vient que la religion catholique, si elle a quelques martyrs, fait un si grand nombre d'incrédules; on s'avouoit athée ouvertement en France, avant la révolution. Spinosa est italien : presque tous les systèmes du matérialisme ont pris naissance dans les pays catholiques, tandis qu'en Angleterre, en Amérique, dans tous les pays protestans enfin, personne ne professe cette opinion malheureuse; l'athéisme, n'ayant dans ces pays aucune superstition à combattre, ne paroîtroit que le destructeur des plus douces espérances de la vie.

Les stoïciens, comme les catholiques, croyoient que le malheur rend l'homme plus vertueux ; mais leur système, purement philosophique, étoit infiniment moins dangereux. Chaque homme, se l'appliquant à lui seul, l'interprétoit à sa manière ; il n'étoit point uni à ces superstitions religieuses, qui n'ont ni bornes ni but. Il ne donnoit point à un corps de prêtres un ascendant incalculable sur l'espèce humaine ; car l'imagination répugnant aux souffrances, elle est d'autant plus subjuguée, quand une fois elle s'y résout, qu'il lui en a coûté davantage ; et l'on a bien plus de pouvoir sur les hommes que l'on a déterminés à s'imposer eux-mêmes de cruelles peines, que sur ceux qu'on a laissés dans leur bon sens naturel, en ne leur parlant que raison et bonheur.

L'un des bienfaits de la morale évangélique, étoit d'adoucir les principes rigoureux du stoïcisme ; le christianisme inspire surtout la bienfaisance et l'humanité ; et par de singulières interprétations, il se trouve qu'on en a fait un stoïcisme nouveau, qui soumet la pensée à la volonté des prêtres, tandis que l'ancien rendoit indépendant de tous les hommes; un stoïcisme qui fait votre cœur humble, tandis que l'autre le rendoit fier ; un stoïcisme qui vous détache des intérêts publics, tandis que l'autre vous dévouoit à votre patrie; un stoïcisme enfin qui se sert de la douleur pour enchaîner l'âme et la pensée, tandis que l'autre du moins la consacroit à fortifier l'esprit, en affranchissant la raison..

Si ces réflexions, que je pourrois étendre beaucoup plus, si votre esprit, madame, ne savoit pas y suppléer; si ces réflexions, dis-je, vous ont convaincue que celui qui veut conduire les hommes à la vertu par la souffrance, méconnoît la bonté divine, et marche contre ses voies, vous serez d'accord avec moi dans toutes les conséquences que je veux en tirer.

Retracez-vous tous les devoirs que la vertu nous prescrit ; notre nature morale, je dirai plus, l'inpulsion de notre sang, tout ce qu'il y a d'involontaire en nous, nous entraîne vers ces devoirs. Faut-il un effort pour soigner nos parens, dont la seule voix retentit à tous les souvenirs de notre vie ? Si l'on pouvoit se représenter une nécessité qui contraignît à les abandonner, c'est alors que l'âme seroit condamnée aux supplices les plus douloureux !

Faut-il un effort pour protéger ses enfans? la nature a voulu que l'amour qu'ils inspirent fût encore plus puissant que toutes les autres passions du cœur. Qu'y auroit-il de plus cruel que d'être privé de ce devoir? parcourons toutes les vertus, fierté, franchise, pitié, humanité; quel travail ne faudroit-il pas faire sur son caractère, quel travail ne feroit-on pas en vain, pour obtenir de soi, malgré la révolte de sa nature, une bassesse, un mensonge, un acte de dureté? D'où vient donc ce sublime accord entre notre être et nos devoirs? de la même Providence, qui nous a attirés par une sensation douce vers tout ce qui est nécessaire à notre conservation. Quoi! la Divinité qui a voulu que tout fût facile et agréable pour le maintien de l'existence physique, auroit mis notre nature morale en opposition avec la vertu! La récompense nous en seroit promise dans un monde inconnu; mais pour celui dont la réalité pèse sur nous, il faudroit réprimer sans cesse l'élan toujours renaissant de l'âme vers le bonheur; il faudroit réprimer ce sentiment doux en lui-même, quand il n'est pas injustement contrarié.

De quelles bizarreries les hommes n'ont-ils pas été capables? Le Créateur les avoit préservés de la cruauté par la sympathie, le fanatisme leur a fait braver cet instinct de l'âme, en leur persuadant que celui qui en avoit doué leur nature leur commandoit de l'étouffer. Un désir vif d'être heureux anime tous les hommes, des hypocrites ont représenté ce désir comme la tentation du crime. Ils ont ainsi blasphémé Dieu, car toute la création repose sur le besoin du bonheur. Sans doute on pourroit abuser de cette idée comme de toutes les autres, en la faisant sortir de ses limites. Il y a des circonstances où les sacrifices sont nécessaires ; ce sont toutes celles où le bonheur des autres exige que vous vous immoliez vous-même à eux : mais c'est toujours dans le but d'une plus grande somme de félicité pour tous, que quelques-uns ont à souffrir ; et le moyen de la nature, au moral comme au physique, ce sont les jouissances de la vie.

Si ces principes sont vrais, peut-on croire que la Providence exige des hommes de supporter la plus amère des douleurs, en les condamnant à rester liés pour toujours à l'objet qui les rend profondément infortunés ? Ce supplice seroit-il ordonné par la bonté suprême ? Et la miséricorde divine l'exigeroit-elle pour expiation d'une erreur ?

Dieu a dit : *Il ne convient pas que l'homme soit seul* ; cette intention bienfaisante ne seroit pas remplie, s'il n'existoit aucun moyen de se séparer de la femme insensible ou stupide, ou coupable, qui n'entreroit jamais en partage de vos sentimens ni de vos pensées ! Qu'il est insensé, celui qui a osé prononcer qu'il existoit des liens que le désespoir ne pouvoit pas rompre ! La mort vient au secours des souffrances physiques, quand on n'a plus la force de les supporter, et les institutions sociales feroient de cette vie la prison d'Hugolin, qui n'avoit point d'issue ! Ses enfans y périrent avec lui ; les enfans aussi souffrent autant que leurs parens, quand ils sont renfermés avec eux dans le cercle éternel de douleurs, que forme une union mal assortie et indissoluble.

La plus grande objection que l'on fait contre le divorce, ne concerne point la situation où se trouve M. de Mondoville, puisqu'il n'a point d'enfans ; je ne rappellerai donc point tout ce qu'on pourroit répondre à cette difficulté. Néanmoins, je vous dirai que les moralistes qui ont écrit contre le divorce, en s'appuyant de l'intérêt des enfans, ont tout-à-fait oublié que si la possibilité du divorce est un bonheur pour les hommes, elle est un bonheur aussi pour les enfans, qui seront des hommes à leur tour. On considère les enfans en général comme s'ils devoient toujours rester tels ; mais les enfans actuels sont des époux futurs ; et vous sacrifiez leur vie à leur enfance, en privant, à cause d'eux, l'âge viril d'un droit qui peut-être un jour les auroit sauvés du désespoir.

J'ai dû, m'adressant à un esprit de votre force, discuter l'opinion qui vous intéresse sous un point de vue général ; mais combien je suis plus sûr encore d'avoir raison, en ne considérant que votre position particulière ! Léonce vouloit s'unir à vous ; c'est par une supercherie qu'il est l'époux de mademoiselle de Vernon ; vous n'avez pu renoncer l'un à l'autre, vous passez votre vie ensemble, Léonce n'aime que vous, n'existe que pour vous ; sa femme l'ignore peut-être encore, mais elle ne peut tarder à le découvrir ; votre généreuse conduite envers M. de Valorbe, a été la première cause des abominables injustices dont vous souffrez ; mais il étoit impossible que, tôt ou tard, votre attachement pour Léonce ne vous fît pas beaucoup de tort dans l'opinion. Vous vivez, par un hasard que vous devez bénir, dans une de ces époques rares où la puissance ne méprise pas les lumières ; dans un mois la loi du divorce sera décrétée, et Léonce, en devenant votre époux, vous honorera par son amour, au lieu de vous perdre en s'y livrant. Craindriez-vous la défaveur du monde ? Vous avez vu ma femme la supporter peut-être avec peine ; mais je vous prédis que cette défaveur ira chaque jour en décroissant ; les mœurs deviendront plus austères, le mariage sera plus respecté, et l'on sentira que tous ces biens sont dus à la possibilité de trouver le bonheur dans le devoir.

Il est vrai que le divorce, paroissant à quelques personnes le résultat d'une révolution qu'elles détestent, leur déplaît sous ce rapport beaucoup plus que sous tous les autres ; et comme les haines politiques se dirigent plutôt contre un homme que contre une femme, il se peut que Léonce soit blâmé plus vivement que vous, en adoptant une résolution que l'esprit de parti réprouveroit. Mais s'il faut une sorte de raison hardie dans les femmes, pour se déterminer à devenir l'objet des jugemens du public, il ne doit rien en coûter à un homme sensible, pour assurer la gloire et la félicité de celle que son amour a pu compromettre.

Je sais que M. de Mondoville a été élevé dans un pays où l'on tient beaucoup à toutes les idées, comme à tous les usages antiques ; mais il est trop éclairé pour ne pas sentir que les illusions qui inspiroient autrefois de grandes vertus, n'ont pas assez de puissance maintenant pour les faire renaître. Ces souvenirs chancelans ne peuvent nous servir d'appui, et il faut fonder les vertus civiles et politiques sur des principes plus d'accord avec les lumières et la raison. Enfin, je n'en doute pas, il vous suffira d'apprendre à M. de Mondoville que le divorce devient possible, pour qu'il saisisse avec transport un tel espoir de bonheur; il seroit indigne de lui de sacrifier votre réputation à son amour, et de ne ménager que la sienne! il seroit indigne de lui, de s'affranchir comme il le fait du joug de son mariage, et de n'avoir pas la volonté de le briser légalement! Voudroit-il reconnoître que sa passion pour vous est plus forte que ses devoirs, mais qu'elle céderoit aux frivoles censures de la société? Je m'arrête; une telle supposition est impossible.

J'ai toujours pensé qu'un homme ne peut répondre, ni de son bonheur, ni de celui de la femme qu'il aime, s'il ne sait pas dédaigner l'opinion ou la subjuguer. M. de Mondoville est, de tous les caractères, le plus fort, le plus ardent, le plus énergique; se pourroit-il qu'il fût dépendant des jugemens des autres, tandis qu'il semble plus fait que personne pour dominer tous les esprits? non, je ne puis le croire, et c'est de vous seule que dépendra sans doute la décision de votre sort.

Vous inspirez, madame, un intérêt si tendre et si profond, vous vous êtes conduite pour ma femme et pour moi avec une générosité si parfaite, que je donnerois beaucoup de mes années pour vous inspirer le courage d'être heureuse. Le ciel, l'amour, l'amitié, toutes les puissances généreuses seconderont, je l'espère, les vœux que je fais pour vous.

Henri de Lebensei.

LETTRE XVIII.

Réponse de Delphine à M. de Lebensei.

Paris, ce 3 septembre.

Ah! quel mal vous m'avez fait! C'est votre amitié qui vous a inspiré; mais falloit-il renouveler les regrets d'un malheur irréparable? Oui, il l'est, et je serois indigne de votre estime, si j'acceptois un moment l'espoir que vous avez conçu pour moi: vous n'aimez point Matilde, vous avez même de justes raisons de vous en plaindre; il étoit donc naturel que vous vous fissiez illusion sur les devoirs de

Léonce, et sur les miens envers elle. Cette erreur ne m'étoit pas possible, je ne l'ai pas admise un seul instant; mais il y a des paroles qui bouleversent l'âme, alors même qu'il n'en doit rien résulter : lorsque j'ai lu dans votre lettre, comme à travers un nuage, ces mots : *Léonce n'est point irrévocablement lié à Matilde, il peut encore devenir votre époux*, j'ai frissonné, j'ai éprouvé je ne sais quelle émotion indéfinissable, hors de l'existence, au-delà de ses bornes; je ne puis me faire maintenant aucune idée de cette impression. Si l'âme, dans une extase, avoit entrevu la destinée des bienheureux, et qu'elle retombât l'instant d'après sur les peines de la vie, comment pourroit-elle exprimer ce qu'elle auroit senti? cette sorte de confusion est dans ma tête; j'ai éprouvé au cœur, en lisant vos premières lignes, une sensation que je ne retrouverai jamais; elle est passée, mais ce souvenir rend l'existence réelle plus amère.

Je me hâte de vous répondre avant d'avoir vu Léonce; je désire qu'il ignore à jamais la proposition que vous m'avez faite; son consentement ou son refus me seroit également pénible. Ma situation est sans espoir, je le sais; tout ce que vous avez dit est vrai; des peines que vous ignorez encore me menacent;

si Matilde vient à découvrir les sentimens qu'un hasard lui a dérobés jusqu'à présent, j'immolerai mon bonheur à Matilde, après avoir sacrifié ma réputation à Léonce. Tout me prouve, hélas! qu'il n'est point de félicité possible pour l'amour hors du mariage, point de repos pour la foiblesse encore vertueuse qui veut composer avec l'amour; mais cette douloureuse conviction ne peut me faire adopter le conseil que vous me donnez, il seroit criminel pour moi de le suivre; daignez m'entendre, je suis loin de vous offenser.

Ne pensez pas que mon esprit repousse ce que la plus sage philosophie vous inspire : je pense, il est vrai, qu'à moins de circonstances semblables à celles où madame de Lebensei s'est trouvée, la délicatesse d'une femme doit lui inspirer beaucoup de répugnance pour le divorce; mais je ne crois point aux vœux irrévocables, ils ne sont, ce me semble, qu'un égarement de notre propre raison, sanctionné par l'ignorance ou le despotisme des législateurs. Mais, si j'étois capable d'exciter Léonce au divorce avec Matilde, si je considérois même cette idée comme un avenir, comme une chance possible, je désavouerois le principe de morale qui m'a toujours servi de guide ; je sacrifierois le bonheur légitime d'une autre à moi; je ferois enfin ce qui me sembleroit condamnable, et celui qui brave sa conscience est toujours coupable. Nul repentir n'est imprévu, le remords s'annonce de loin ; et qui sait interroger son cœur, connoît avant la faute, tout ce qu'il éprouvera quand elle sera commise.

Le divorce jetteroit Matilde dans un profond désespoir, elle le regarderoit comme un crime, ne se considéreroit jamais comme libre, et s'enfermeroit dans un cloître pour le reste de ses jours. Je ne sais pas avec certitude quel degré de peine elle éprouveroit, si elle connoissoit l'attachement de Léonce pour moi ; mais ce dont je ne puis douter, c'est qu'elle seroit à jamais infortunée, si Léonce, profitant de la loi du divorce, se permettoit une action qui seroit, à ses yeux, un sacrilége impie. Quand ma coupable et malheureuse amie, madame de Vernon, trompa Léonce pour l'unir à sa fille, Matilde l'ignoroit ; elle n'y auroit point consenti, elle s'est toujours conduite avec bonne foi ; c'est une personne peu aimable, mais vertueuse. Elle n'est tourmentée ni par son imagination, ni par sa sensibilité; elle n'observe ni avec un esprit, ni avec un cœur inquiet la conduite de son époux; mais elle éprouveroit une douleur mortelle, si on venoit l'attaquer dans les idées où elle s'est retranchée, si l'on offensoit à la fois sa fierté et sa religion.

Pour obtenir le bonheur d'être la femme de Léonce, je ne sais quel est le supplice qui ne me paroîtroit pas doux! Je vous l'avoue, dans la sincérité de mon cœur, j'accepterois avec délice trois mois de ce bonheur et la mort. Mais je le demande à vous-même, âme noble et généreuse! auriez-vous épousé votre Élise aux dépens du bonheur d'un autre? voudriez-vous de la félicité suprême à ce prix? Où se réfugier pour éviter le regret de la peine qu'on a causée? Connoissez-vous un sentiment qui poursuive le cœur avec une amertume si douloureuse! l'amour qui fait tout oublier, devoirs, craintes, sermens, l'amour même donne à la pitié une nouvelle force; ce sont des sentimens sortis de la même source, et qui ne peuvent jamais triompher l'un de l'autre. L'ambitieux perd aisément de vue les chagrins qu'il a fait éprouver pour arriver à son but; mais le bonheur de l'amour dispose tellement le cœur à la sympathie, qu'il est impossible de braver, pour l'obtenir, le spectacle ou le souvenir de la douleur. On se relève de beaucoup de torts; la vertu est dans la nature de l'homme; elle reparoît dans son âme après de longs égaremens, comme les forces renaissent dans la convalescence des maladies; mais, quand on a combattu la pitié, on a tué son bon génie, et tous les instincts du cœur ne parlent plus.

Oui, je repousserai loin de ma pensée le bonheur qui me fut promis une fois sous les auspices de l'innocence et de la vertu, mais que rien désormais ne sauroit me rendre; je devrois faire plus, je devrois cesser de voir Léonce; mais je ne puis me le cacher, mon caractère n'a pas la force nécessaire pour les sacrifices; je remplis les devoirs que les qualités naturelles rendent faciles, je suis peu capable de ceux qui exigent un grand effort; peut-être dans votre système bienfaisant, qui fait du bonheur la source et le but de toutes les vertus, peut-être n'avez-vous pas assez réfléchi à ces combinaisons de la destinée qui commandent de se vaincre soi-même; je suis dans l'une de ces situations déchirantes, et je sens ce qu'il me manque pour suivre rigoureusement mon devoir.

Il n'est pas vrai, comme votre cœur se plaît à le supposer, qu'il ne faille point d'effort pour être vertueux: c'est le bonheur, j'en conviens avec vous, qu'on doit considérer comme le but de la Providence; mais la morale, qui est l'ordre donné à l'homme de remplir les intentions de Dieu sur la terre, la morale exige souvent que le bonheur particulier soit immolé au bonheur général. Jugez par moi de ce qu'il pourroit en coûter pour accomplir les devoirs dans toute leur étendue ! Je crois que j'ai les vertus qu'une bonne nature peut inspirer, mais je n'atteins pas à celles qu'on ne peut exercer qu'en triomphant de son propre cœur. Je suis, je ne me le cache point, dans un rang inférieur parmi les âmes honnêtes : les vertus qui se composent de sacrifices, méritent peut-être plus d'estime que les meilleurs mouvemens.

Dans cette circonstance au moins, je n'hésiterai pas sur mon devoir ; l'opinion me persécutera, des malheurs de tout genre tomberont sur moi, je ne pourrois pas m'y dérober à présent, même en renonçant à Léonce : mais je suis plus loin encore de vouloir y échapper, en portant atteinte à la destinée de Matilde. Que mes fautes perdent mon bonheur, mais qu'elles ne causent de peines à personne ! et que l'infortunée Delphine, seule punie de son amour, ne fasse jamais verser d'autres larmes que les siennes !

En rejetant le conseil que votre amitié me donne, je ne sens pas moins vivement tout ce que je vous dois, monsieur, pour vous être occupé de moi avec tant de sollicitude; et c'est un souvenir qu'il m'est doux de joindre à tous ceux qui m'attachent pour la vie à vous et à votre Élise.

LETTRE X.

Delphine à madame de Lebensei.

Paris, ce 4 septembre.

M. de Lebensei, ma chère Élise, en apprenant à Léonce qu'il m'avoit écrit, m'a causé de nouveaux chagrins, quoique assurément son unique désir fût de me les épargner. Léonce, hier, est venu chez moi; il étoit depuis trois jours à Paris, sans avoir cherché à me voir; il falloit qu'il fût bien mécontent de lui-même, puisqu'il n'avoit pas besoin de m'ouvrir son cœur. J'étois seule; je vis sur sa physionomie, comme il entroit dans ma chambre, une vive expression d'inquiétude, et, sans me dire un mot ni de son absence, ni de son retour, ses premières paroles furent pour me demander si j'avois reçu une lettre de M. de Lebensei, et si j'y avois répondu; je fus très-troublée de cette question; il insista, ma réponse n'étoit point encore partie : Léonce aperçut la lettre de votre mari et la mienne sur ma table, et me demanda de les lui montrer; je m'y refusai d'abord; il s'en plaignit avec une sorte de mécontentement sévère et triste qu'il m'est impossible de supporter; je me levai, désespérée de céder à ce qui me sembloit la nécessité, la volonté de Léonce, et je lui remis la lettre de M. de Lebensei et la mienne; j'aurois donné tout au monde pour les lui cacher, mais son regard ne me permit pas d'hésiter à lui obéir.

En prenant ces lettres, il soupira et se tut; j'étois aussi moi-même dans l'anxiété la plus douloureuse; je ne sais ce que je désirois, je ne sais ce que je craignois d'entendre, mais je souffrois cruellement. Dès les premières lignes de la lettre de M. de Lebensei, Léonce changea de visage; il pâlit et rougit alternativement, sans lever les yeux sur moi, ni prononcer une seule parole, quoique tout trahît en lui l'émotion la plus profonde. Après avoir lu la lettre de M. de Lebensei, il prit la mienne, ses mains trembloient en la tenant; je m'efforçois pendant ce temps de paroître tranquille et de dissimuler ma violente agitation; il me sembloit qu'il y avoit une sorte de honte, dans cette situation, à laisser voir mon trouble.

Quand Léonce fut à l'endroit de ma lettre où je repoussois avec vivacité l'idée du divorce, les larmes le suffoquèrent; il laissa tomber sa tête sur sa main, avec des sanglots qui me déchirèrent le cœur : je l'avois vu souvent attendri, mais c'étoit la première fois que, cessant de se retenir, il se livroit à ses pleurs, comme si toutes les puissances de son âme avoient à la fois cédé dans le même moment. Je fus bouleversée en le voyant dans cet état, quoique je n'en connusse pas bien la cause, et que je craignisse même de la pénétrer : mais qui peut peindre l'effet que produit un caractère fort, lorsqu'il est abattu par la sensibilité? jamais les larmes des femmes, jamais les émotions de la foiblesse ne pourroient ébranler le cœur à cet excès, ne sauroient inspirer un intérêt si tendre et néanmoins si douloureux! — Léonce, mon cher Léonce, lui répétai-je plusieurs fois, quel est le sentiment qui vous oppresse? parlez sans crainte à votre amie, vous pouvez tout lui avouer : est-ce la calomnie qu'on a répandue sur moi, qui vous afflige si douloureusement? Est-ce cette proposition inattendue, mais vivement repoussée? — Je m'arrêtai, il ne répondit rien, ses larmes redoubloient; il essayoit, mais en vain, de se contraindre; et rejetant sa tête en arrière, avec l'impatience de ne pouvoir triompher de son émotion, il couvrit son visage de son mouchoir, et des cris de douleur lui échappèrent.

Il me fut impossible de supporter plus long-temps ce silence, ce désespoir extraordinaire, et je me jetai aux genoux de Léonce, pour le conjurer de me parler et de m'entendre. Ce mouvement fit sur lui l'impression la plus vive, il me regarda quelques instans avec étonnement, avec transport, comme si quelque chimère heureuse se fût réalisée à ses yeux ; il me saisit dans ses bras, me replaça sur le canapé, et se prosternant à mes pieds, il me dit : — Oui, vous êtes un ange. Mais moi ! mais moi.... — Son visage redevint sombre, et il se releva.

Le jour baissoit, un mouvement que je fis lui persuada que j'allois sonner pour demander de la lumière ; il me saisit la main et me dit : — Restons dans cette obscurité ; je ne veux pas que vous lisiez rien sur mon visage ; je ne veux pas apercevoir sur le vôtre ce qui vous occupe, tout doit être mystère, rien ne peut plus se confier. — Grand Dieu ! m'écriai-je, quel affreux changement ! — J'allois continuer ; j'allois le forcer à s'expliquer, lorsque ma sœur entra, et dans l'instant même Léonce disparut.

Jugez quelles cruelles réflexions ont déchiré mon cœur ! Est-ce l'opinion de M. de Lebensei sur la possibilité du divorce qui a jeté Léonce dans cet égarement ? ou n'est-ce pas plutôt qu'il me croit perdue dans l'opinion, et que ce malheur est au-dessus de ses forces ? Je saurai la vérité, le doute qui me tourmente ne peut subsister plus long-temps; mais je vous en conjure, ma chère Élise, priez votre mari de ne rappeler en aucune manière à Léonce l'idée qu'il avoit conçue; vous voyez bien que cette idée ne peut produire que des peines.

LETTRE XX.

Delphine à Léonce.

Je veux, Léonce, que vous me parliez avec sincérité, avec courage même, dussiez-vous me faire beaucoup souffrir. Vous savez quels sont les chagrins cruels qui, depuis votre querelle avec M. de Valorbe, ont troublé ma vie; je vous l'avouerai, j'ai senti en vous revoyant, que tout ce qui m'affligeoit n'étoit rien, en comparaison des peines que vous seul pouvez me faire éprouver.

Je vous ai promis, en présence de ma sœur, de ne jamais me séparer de vous, tant que le bonheur de Matilde ne l'exigeroit pas de moi ; peut-être que bientôt, à son retour d'Andelys, elle sera informée à la fois et des calomnies et de la vérité ; mais quand même un hasard inouï prolongeroit sa sécurité, c'est vous que j'interroge, pour savoir si je ne dois pas m'éloigner. Ne croyez point que je veuille partir pour me dérober à la méchanceté dont je suis la victime ; je puis peut-être m'en relever aux yeux des autres, je puis du moins trouver dans ma conscience qui est pure, et dans ma fierté qui est orgueilleuse, de quoi me rendre indépendante des accusations que je méprise ; mais ce qu'il m'est impossible de supporter, c'est la moindre diminution dans le bonheur que mon attachement vous faisoit goûter.

Examinez avec scrupule, je vous en conjure, l'impression qu'a produite sur vous l'horrible mal qu'on a dit de moi, et la dégradation sensible qui doit en résulter dans le rang que la société m'accordoit. Demandez-vous si cette espèce de prestige dont la faveur du monde entoure les femmes, ne séduisoit pas votre imagination, et si elle ne se refroidira pas, lorsque ceux que vous verrez, loin de partager votre enthousiasme pour moi, le combattront de toutes les manières. Il entre dans la passion de l'amour tant de sentimens inconnus à nous-mêmes, que la perte d'un seul pourroit flétrir tous les autres. Ah! s'il me falloit partir quand vous me regretteriez moins! Pardonnez, Léonce, je ne veux pas votre malheur : s'il faut nous séparer, je souhaite vivement que le temps et la raison adoucissent un jour votre peine ; mais qui pourroit me condamner à désirer que vous supportiez plus facilement mon absence, parce que l'illusion qui me rendoit aimable à vos yeux auroit disparu !

O Léonce ! préservez-moi d'une telle douleur, laissez-moi vous quitter quand je vous suis chère encore, quand l'injustice des hommes n'a pas eu le temps d'agir sur vous, et que je puis disparoître, en vous laissant un souvenir qui n'est point altéré. Léonce, réfléchissez à ma demande, ne vous confiez pas même au premier mouvement généreux qui vous la feroit repousser. Songez que votre caractère peut vous dominer malgré vous, et que vous ne parviendriez jamais à me dérober vos impressions. L'amour ne seroit pas la plus pure, la plus céleste des affections du cœur, s'il étoit donné à la puissance de la volonté d'imiter son charme suprême. On trompe les femmes qui n'ont que de l'amour-propre, mais le sentiment éclaire sur le sentiment; et nos âmes, long-temps confondues, ne peuvent plus se rien cacher l'une à l'autre.

Consentez à mon départ dans ce moment, doux encore, puisque mes ennemis, en vous rendant malheureux, ne vous ont point détaché de moi. Loin de vous, je ne cesserai point de vous aimer ; il me restera du passé quelques sentimens qui m'aideront à vivre ; mais, si j'avois vu votre amour succomber lentement au souffle empoisonné de la calomnie, je n'éprouverois plus rien qui ne fût amer et désespéré.

LETTRE XXI.

Léonce à Delphine.

AI-JE mérité la lettre que vous venez de m'écrire? Vous m'avez fait rougir de moi ; il faut que je vous aie donné une bien misérable idée de mon caractère, pour que vous puissiez imaginer un instant que votre malheur ait affoibli mon attachement pour vous. O Delphine! avec quel profond dédain je repousserois une telle injustice, si vous n'en étiez pas l'auteur! qu'ai-je dit, qu'ai-je montré, qu'ai-je éprouvé, qui justifie ce soupçon indigne de vous?

Vous m'avez vu avant-hier dans un état extraordinaire...... Une proposition frappante, quoique impossible, avoit renouvelé tous mes regrets.... Elle remplissoit mon cœur d'une foule de pensées douloureuses, contraires, diverses, et néanmoins si confuses, qu'il m'eût été pénible de les exprimer...... Voilà tout le secret de mon trouble.

Sans doute, j'ai été affligé des calomnies que des infâmes ont répandues contre vous, mais c'est moi que j'accuse, comme la première cause de ce malheur. Le chagrin que j'en ai ressenti n'est-il pas de tous les sentimens le plus naturel? puis-je vous aimer et être indifférent à votre réputation? puis-je vous aimer et ne pas sentir avec désespoir, avec rage, les fatales circonstances qui me condamnent à l'impuissance de vous venger? Mais, Delphine, je te le jure, jamais ton amant ne t'a chérie plus profondément; il est vrai, je suis susceptible pour toi comme pour moi-même, ou plutôt mille fois plus encore! crois aux témoignages de sentiment qui s'accordent avec le caractère, ce sont les plus vrais de tous. Dans aucun moment je ne pourrois supporter ton absence; mais, s'il me falloit attribuer ton départ à la fausse idée que tu aurois conçue des dispositions de mon cœur, je te suivrois, pour te détromper, jusqu'au bout du monde.

Quoi! mon amie, tu voudrois t'éloigner de moi, au premier chagrin qui a frappé ta vie brillante! tu ne me croirois donc qu'un compagnon de prospérités? tu n'aurois rien trouvé dans mon cœur qui valût pour l'infortune! Ah! que suis-je donc, si ce n'est pas moi que tu recherches dans la douleur, et si la voix de ton ami ne conjure pas loin de toi les peines de la destinée!

Je ne veux point te dissimuler ce que j'éprouve; car je n'ai pas un sentiment qui ne soit une preuve de plus de mon amour. J'aimois le concert de louanges qui te suivoit partout, il retentissoit à mon cœur; j'aimois les hommes de t'admirer, je les haïrai de te méconnoître; mais quand nous ne parviendrions pas à te justifier, à prosterner à tes pieds et la haine et l'envie, ta présence seroit encore le seul bien qui pût m'attacher à l'existence! Ma Delphine, j'ai déjà beaucoup souffert, mon âme est péniblement ébranlée, prends garde pas m'ôter les seules jouissances qui me restent; je ne traînerai point la vie au milieu des douleurs, je me l'étois promis long-temps avant de t'avoir connue : crois-tu que ces jours de délices que j'ai passés à Bellerive m'aient appris à mieux supporter le malheur? jamais un cœur de quelque énergie ne pourra supporter de te perdre, après avoir été l'objet de ton amour.

Tu parles quelquefois d'un éloignement momentané : mon amie, comprends-tu toi-même ce que c'est qu'une année, ce que c'est que bien moins encore, pour des âmes telles que les nôtres? Ah! je n'ai pas en moi ce pressentiment de vie qui rend si libéral du temps; si nous interrompons notre destinée actuelle, je ne sais ce qu'il arrivera, mais jamais, jamais nous ne nous réunirons! Delphine, frémis de ce présage, une voix au fond de mon cœur l'a prononcé.

Cessez donc de supposer un instant que notre séparation soit possible; dans quelque lieu de la terre que vous allassiez, je vous y rejoindrois, n'en doutez pas; le mot de départ n'a plus aucun sens. Si vous quittez Paris, vous me forcez à m'éloigner de Matilde, pour habiter les mêmes lieux que vous; ce sera l'unique résultat du sacrifice dont vous persistez à me menacer. N'est-ce donc pas assez de ne vous voir presque jamais seule? de n'avoir plus ces doux et longs entretiens, qui perfectionnoient mon caractère en me comblant de bonheur? j'ai dompté mon amour; la terreur que m'a fait éprouver le danger où ma passion vous avoit précipitée, cette terreur réprime encore les mouvemens les plus impétueux de mon cœur; c'est assez de ces peines, je n'en supporterai plus de nouvelles, et dans quelque lieu que vous soyez, vous m'y trouverez.

Je n'ai voulu, Delphine, vous implorer qu'au nom de mon amour; je veux que vous restiez pour moi; mais l'intérêt même de votre réputation suffiroit seul pour vous en faire la loi : seroit-il digne de vous, de vous éloigner dans ce moment? N'est-il pas certain qu'on répandroit que si vous aviez pu vous justifier, vous ne seriez pas partie? Madame d'Artenas, en qui vous avez de la confiance, me disoit hier encore que vous vous deviez de reparoître dans la société, et de triompher vous-même de vos ennemis : ne connoissez-vous pas le monde! si vous pliez sous le poids de son injustice, il n'attribuera point votre abattement à la douleur, à la sensibilité de votre caractère; vous êtes trop supérieure pour qu'on revienne à vous par de la pitié; c'est votre courage qu'il faut opposer aux mensonges de l'envie : si la bonté suffisoit pour la désarmer, vous auroit-elle jamais attaquée?

Mon amie, si tu me rends le calme et la force, en m'assurant que rien n'est changé dans tes projets ni dans ton cœur, nous en imposerons aux méchans : ne saurois-tu pas, avec de l'esprit et de la bonté, réussir aussi-bien qu'eux, avec de la sottise et de la perfidie? Confions-nous un peu plus en nous-mêmes; les envieux nous avertissent de nos qualités par leur haine, eh bien! appuyons-nous sur ces qualités. Toi, Delphine, toi, surtout, il te suffit de paroître pour plaire, de parler pour être aimée; ose affronter cette société qui ne peut te braver qu'en ton absence; je te réponds du triomphe, et tu en jouiras pour moi. Mais quand nos communs efforts n'auroient pas le succès que j'en espère, quoi qu'il puisse arriver, n'ayez plus d'injuste défiance. Ne vous exagérez pas les foiblesses de votre ami; et que son amour vous réponde de son bonheur, tant qu'il pourra vous voir et que vous l'aimerez.

LETTRE XXII.

Delphine à madame de Lebensei.

Paris, ce 25 septembre.

Combien vous m'avez témoigné d'amitié pendant les jours que vous avez passés près de moi! Je ne vous laisserai rien ignorer, ma chère Élise, de ce qui m'intéresse; j'ai le bonheur de croire que votre cœur en est vivement occupé. Léonce est parvenu à me rassurer sur son sentiment, nous avons ressaisi, pour la troisième fois, des espérances de bonheur qui étoient presque entièrement perdues; mais hélas! je n'y ai plus la même confiance.

Quand Léonce a passé quelques jours sans aller dans le monde, il croit qu'il est devenu tout-à-fait insensible à cette injustice de l'opinion envers moi, qui l'a blessé si profondément; mais il ne sait pas que cette douleur, quand on en est susceptible, revient aussi facilement qu'elle se dissipe, cesse et renaît, mais ne se guérit jamais entièrement. Lorsque Léonce en est atteint, il cherche à me le dissimuler, il s'efforce d'être calme; mais je lis malgré lui dans son cœur; je vois qu'il souffre de cette peine, d'autant plus amère, qu'il craindroit de m'humilier en me l'avouant : voilà donc la plus douce de nos jouissances, la parfaite confiance déjà altérée! nous ne nous cachons rien ; mais réciproquement, nous sentons que notre peine est moins douloureuse en ne nous en parlant pas.

Je crains aussi de lui laisser apercevoir que mon cœur n'est pas en tout parfaitement satisfait de lui, je ne veux pas me prévaloir de ses torts pour l'affliger. Ah! ce n'est pas moi qui le punirai de ses défauts; hélas! les événemens ne s'en chargeront peut-être que trop! il désire, et, quoi qu'il m'en coûte, j'y souscris, que je recommence à sortir, à revoir mes anciennes relations ; il croit que j'effacerai, si je le veux, la trace des calomnies qu'on a répandues sur moi; et je ne puis me dissimuler que son bonheur est attaché à mes succès à cet égard ; je le ferai donc; mais quel effort pénible! Lorsque je suis entrée dans le monde, je croyois voir un ami dans tout homme qui se plaisoit à causer avec moi; j'éprouve à présent un sentiment bien contraire; je n'ose m'adresser à personne, parler à personne : une fierté timide m'empêche de rien essayer pour sortir de ma situation, et cependant elle me cause une douleur très-vive ; je pense sans cesse avec amertume à ce qu'on a dit de moi, surtout à ce que Léonce a entendu! Les ennemis auroient-ils le courage de vous poursuivre, s'ils savoient qu'ils peuvent empoisonner jusqu'à l'affection même qui vous restoit, pour vous consoler de leur haine!

La haine! juste ciel! comment l'ai-je méritée, ma chère Élise? à qui ai-je fait du mal? à qui n'ai-je pas fait tout le bien qui étoit en ma puissance? et d'où naissent-elles donc, ces fureurs cachées qui n'attendoient que le moment de la disgrâce pour éclater? est-ce à la jalousie qu'il faut les attribuer? Ah! quelques agrémens, dont je n'ai connu le prix que pour chercher à plaire et à être aimée, donnent-ils assez de bonheur pour exciter tant d'envie! et il faudra que je brave ces mauvais sentimens dont il m'eût été si doux de m'éloigner! deux ans d'absence auroient produit naturellement ce que je n'obtiendrai qu'au prix de mille souffrances : enfin, il le veut, ou plutôt, je sais quel prix il met à me revoir au rang que j'occupois dans l'opinion.

Parviendrai-je jamais à dompter la malveillance? elle me glace à l'instant où je l'aperçois; je n'ai plus ni les armes de mon esprit ni celles de mon caractère devant les méchans: ce n'est point par foiblesse; vous savez si je manque de courage, quand il s'agit de défendre mes amis; mais j'ai peur de ceux qui me haïssent, parce que je ne sais pas leur opposer un sentiment de même nature; et les larmes me viennent plus facilement que les expressions méprisantes, quand je me vois l'objet de cet actif besoin de nuire qui remplit les vies désœuvrées. N'importe, Léonce est malheureux, et, pour faire cesser sa peine, je saurai retrouver mes forces; la bonté les affoiblissoit; la fierté doit les relever. Mais la société, ce plaisir déjà si vide, si insuffisant en lui-même, que sera-t-elle pour moi, si je suis obligée d'en faire une lutte, une guerre, un sujet continuel d'observations et de craintes?

Déjà depuis quinze jours, ne faut-il pas compter qui vient ou ne vient pas me voir? ne faut-il pas examiner la nuance des politesses des femmes, le degré de chaleur de leurs empressemens pour moi! j'ai senti battre mon cœur de crainte, pour une visite à recevoir, pour une misérable formule de politesse à remplir. Je ne connois pas une qualité forte de l'âme, une faculté supérieure de l'esprit qui ne se dégrade par une telle vie! l'idée générale de ménager l'opinion, de parvenir à la recouvrer, quand une injustice vous l'a ravie, ne rappelle rien à l'esprit qui ne soit sage et noble; mais combien tous les détails de cette entreprise répugnent à l'élévation des sentimens! combien ils exigent de souplesse, de contrainte, de condescendance! et comme au milieu de ce pénible travail, un mouvement d'orgueil vous dit souvent que vous avez tort de soumettre ce qui vaut le mieux à ce qui vaut le moins, et d'humilier un être distingué, devant la capricieuse faveur de tant d'individus sans nul mérite, de tant d'individus qui, si vous étiez dans la prospérité, se rendroient bientôt justice, et se placeroient d'eux-mêmes à cent pieds au-dessous de vous!

Mais à quoi servent toutes ces plaintes, auxquelles je m'abandonne en vous écrivant? Ne sais-je pas que je ferai ce que demandera Léonce; et sans même qu'il me le demande, ne sais-je pas que je ferai ce qui peut contribuer à me rendre plus aimable à ses yeux! Félicitez-vous, mon amie, d'avoir pour époux un homme affranchi du joug de l'opinion; vous êtes peut-être plus foible que lui à cet égard, mais cela vaut mieux que si vous aviez un caractère naturellement indépendant, dont vous ne pussiez tirer aucun secours, parce qu'il blesseroit ce que vous aimez.

Je me rappelle qu'avant d'avoir vu Léonce, la première fois que je lus une lettre de lui, je sentis avec force que les différences de nos caractères nous rendroient, si nous nous aimions, profondément malheureux. Hélas! il n'est que trop vrai que nous le sommes! mais ce que j'ignorois alors, c'est que le défaut même dont je me plains a je ne sais quel attrait, qui donne à mon sentiment de nouvelles forces. Un caractère ombrageux et susceptible vous occupe sans cesse par la crainte de lui déplaire. Vous attachez chaque jour plus de prix à satisfaire un homme si délicat sur la réputation et l'honneur. Enfin, quand des défauts qui appartiennent à l'exagération même de la fierté, ne détachent pas de ce qu'on aime, ils sont un lien de plus; et l'agitation qu'ils causent donne aux affections passionnées une nouvelle ardeur. Chère Élise, venez me voir, venez avec votre mari; sa conversation me rend le courage que la parfaite raison sait toujours inspirer.

LETTRE XXIII.

Delphine à madame de Lebensei.

Paris, ce 4 octobre.

Samedi dernier, deux heures après votre départ, ma chère Élise, il est arrivé à ma belle-sœur une lettre de M. de Valorbe, datée de

Moulins où son régiment est en garnison. Il lui annonce qu'il a fait son voyage heureusement; il rappelle indirectement les droits qu'il croit avoir acquis sur mon dévouement; mais il ne paroît pas avoir la moindre connoissance de ce qui a été dit à Paris relativement à lui; j'espère qu'il ne le saura point, et que les soins que Léonce a pris pour le justifier, auront réussi; c'est une telle autorité que Léonce, quand il s'agit de la bravoure d'un homme, que peut-être elle aura suffi pour défendre l'honneur de M. de Valorbe.

J'ai fait hier enfin, ma chère Élise, le cercle de visites dont vous m'aviez recommandé de vous mander le résultat. Heureusement que je n'ai pas trouvé toutes les femmes que j'allois voir; celles qui ne sont que mes connoissances m'ont paru, à quelques nuances près, les mêmes pour moi, je ne leur demandois rien; mais quand j'ai voulu prier une ou deux femmes avec qui j'étois plus liée, d'expliquer la vérité, de repousser la calomnie dont j'avois été l'objet, elles se sont crues des personnes en place à qui l'on demande une grâce, et elles m'ont montré toute l'importance, toute la réserve, toute la froideur de la puissance envers la prière. Je me suis hâtée de leur dire que je renonçois à ce que je leur demandois, et leur visage s'est un peu éclairci, quand elles ont été bien certaines que je ne tirerois de leur politesse aucun droit sur leurs services.

Si je puis rétablir ma réputation dans le monde, ce n'est point, j'en suis sûre, en recourant au zèle ou à l'amitié de quelques personnes en particulier ; c'est un hasard heureux dans la vie que d'être secouru par les autres ; il n'y faut point compter, il faut encore moins le demander ; j'aime mieux reparoître courageusement dans la société ; et me conduire comme si je méprisois tellement les mensonges qu'on a osé répandre, que je ne daignasse pas même m'en souvenir. Par degré, les foibles, me voyant de la force, se rapprocheront de moi, ils me reviendront dès qu'ils croiront que je puis me passer de leurs secours. Il y a dans le cœur de la plupart des hommes quelque chose de peu généreux, qui les porte à se mettre en garde contre les démarches les plus communes de la société, dès qu'ils aperçoivent qu'on les désire d'eux vivement. Ils craignent qu'on n'ait un intérêt caché dans ce qui leur semble le plus simple, et redoutent de se trouver par malheur engagés à faire plus de bien qu'ils ne veulent. Élise, nous ne sommes pas ainsi, nous qui avons souffert : oui, dans toutes les relations de la vie, dans tous les pays du monde, c'est avec les opprimés qu'il faut vivre; la moitié des sentimens et des idées manquent à ceux qui sont heureux et puissans.

Je me suis hâtée de finir mes pénibles courses par madame d'Artenas, sur laquelle je comptois, et avec raison, à beaucoup d'égards. Madame de R., sa nièce, étoit seule avec elle ; madame d'Artenas m'a reçue avec le même empressement qu'à l'ordinaire, mais seulement avec une nuance de protection de plus. Qu'il est rare, ma chère Élise, que l'adversité ne fasse pas dans les amis un changement quelconque, qui blesse la délicatesse ! plus ou moins d'égards, une familiarité plus marquée, ou une aisance moins naturelle; tout est un sujet de peine ou d'observation pour celui qui est malheureux : soit qu'en effet il n'y ait rien de plus difficile pour les autres que de rester absolument les mêmes, lorsqu'une idée nouvelle s'est introduite dans leurs relations avec nous ; soit qu'un cœur souffrant, comme une santé foible, s'affecte de mille nuances que le bonheur et la force n'apercevroient pas.

Je vous l'ai dit souvent ; madame d'Artenas est bonne, mais elle n'est pas sensible ; cette différence ne se remarque guère dans les circonstances habituelles de la vie ; mais quand il faut traiter des sujets qui blessent de partout, l'on est étonné de la douleur que font éprouver ces expressions claires et positives qui ne changent rien à la situation, mais tourmentent l'imagination presque autant qu'une nouvelle peine. Madame d'Artenas me citoit sans cesse ce qu'elle avoit fait pour ramener l'opinion sur sa nièce ; elle croyoit m'encourager par l'exemple des services qu'elle lui avoit rendus, comme si cette comparaison pouvoit se soutenir, comme si son premier soin n'auroit pas dû être de l'écarter!

Madame de R. souffroit d'une manière très-aimable, d'un rapprochement qu'elle trouvoit tout-à-fait inconvenable. Chaque fois que madame d'Artenas se servoit d'un terme trop fort, elle l'interrompoit, pour adoucir par des modifications flatteuses ce que sa tante avoit trop prononcé. Je lui ai vu plusieurs fois les larmes aux yeux en me regardant ; je savois beaucoup de gré à madame de R. de ses attentions délicates, mais je ne pouvois l'en remercier ; toute ma force étoit employée à écouter avec douceur les avis utiles de madame d'Artenas ; je rougissois et je pâlissois tour à tour, quand elle me répétoit ce qu'on avoit dit de moi, du ton d'un récit ordinaire. On auroit pu croire qu'elle racontoit une histoire arrivée depuis cinquante ans, à des personnes tout-à-fait étrangères à cette histoire. Cependant, comme je ne pouvois douter que le but de tous ses discours ne fût de me rendre service, qu'elle en avoit un sincère désir, et me le témoignoit franchement, je m'imposois, quoi qu'il m'en coûtât, de l'entendre en silence, et de la remercier du moins par un signe de tête, lorsque la parole me manquoit. Je sentois, d'ailleurs, que la hauteur de l'innocence n'auroit paru que de l'exaltation à madame d'Artenas; je retenois les expressions élevées et presque orgueilleuses qui m'auroient satisfaite; et je m'interdisois cette langue sacrée des âmes fières, qu'il ne faut pas prodiguer à qui n'est pas digne de la comprendre.

Le résultat de cette conversation fut qu'il falloit retourner dans le monde; et comme madame de Saint-Albe doit donner dans quelques semaines un grand concert, où la société de Paris sera réunie, madame d'Artenas, qui est sa parente, veut m'y faire inviter et m'y conduire. Elle croit que d'ici là mes amis auront eu le temps de me justifier, et de réparer entièrement le tort que m'a fait M. de Fierville. Il me sera pénible de me présenter ainsi à toute l'armée de l'opinion; mais Léonce le désire, je le ferai. Qui vous auroit dit cependant, ma chère Élise, que cette Delphine dont on envioit la situation, qu'on attendoit dans les nombreuses assemblées (j'ose le dire avec amertume) comme une partie de la fête; qui vous auroit dit que cette même Delphine, sans un tort réel, par une suite de sentimens bons ou du moins excusables, se verroit réduite à implorer, pour oser reparoître, l'appui d'une femme d'un caractère et d'un esprit si inférieurs; et craindroit comme une puissance ennemie, cette même société, ces mêmes hommes qui sembloient ne pas trouver assez d'expressions pour l'enivrer de leurs éloges!

Ah! quel autre que Léonce pourroit me faire subir le tourment que j'éprouve en courtisant l'opinion? J'en souffre à chaque heure, à chaque minute; et cette résolution, une fois prise, exige mille résolutions de détail qui sont toutes également pénibles. Je sais cependant que si rien de nouveau ne traverse ma vie, je me tirerai de ma situation actuelle, je me replacerai dans la société au rang que j'y occupois, et que Léonce regrette si vivement. Mais pourrai-je jamais oublier que, pour me relever, il a presque fallu supporter des humiliations? mon caractère reprendra-t-il son indépendance naturelle? et retrouverai-je jamais le plaisir et la sécurité que j'éprouvois au milieu du monde, avant qu'il m'eût fait connoître tout à la fois son injustice et son pouvoir ?

Combien vous avez mieux fait, ma chère Élise, de vous résigner noblement à la défaveur de la société ! Il a pu vous en coûter, mais vos ennemis ne l'ont pas su, et vous n'avez pas fait un pas pour les rappeler. Je me replacerai peut-être extérieurement dans la même situation ; mais ce qui me la rendoit agréable, mes propres impressions sont changées. Il me faut du calcul et presque de l'art pour captiver de nouveau les suffrages ; ce calcul, cet art, m'ont fait découvrir le secret de tout ; les illusions les plus douces se sont dissipées ; j'ai analysé l'amitié comme la haine, et, pour reconquérir la société, je suis forcée de l'étudier sous un point de vue qui lui ôte sans retour le charme qu'elle avoit pour moi. Mais, Léonce ! à ce nom, les sentimens les plus vrais me raniment ! oubliez, ma chère Élise, les plaintes auxquelles je me suis livrée sur ce qu'il exige de moi ; il m'en témoigne chaque jour une reconnoissance si tendre, qu'elle doit effacer toutes mes peines.

LETTRE XXIV.

Léonce à Delphine.

Paris, ce 20 octobre.

J'ai enfin, ma Delphine, une nouvelle heureuse à vous annoncer: madame de Mondoville est revenue depuis quelques jours, comme vous le savez; mais ce que vous ignorez, c'est qu'à son arrivée on n'a pas manqué de l'informer des bruits calomnieux qui s'étoient répandus; elle m'en a parlé, et je lui ai dit que ce qu'il y avoit de vrai dans cette histoire, c'étoit une action généreuse de vous, l'asile que vous aviez accordé à M. de Valorbe, au moment où il étoit poursuivi. Je dois à Matilde la justice, qu'il est impossible d'avoir mieux accueilli tout ce que mon indignation me suggéroit sur l'infâme conduite de M. de Fierville et de madame du Marset; et si quelque chose pouvoit me faire une sorte de peine, c'étoit de voir quel point il m'étoit facile de la persuader! J'ai senti dans cette occasion combien une morale, même exagérée, étoit un grand avantage dans les relations intimes de la vie.

Le soir même de la conversation que j'avois eue avec Matilde, elle se trouva dans une société assez nombreuse où je n'étois pas, et, pendant mon absence, on osa vous attaquer assez vivement. Madame de Mondoville, je le sais d'un de mes amis qui s'y trouvoit, vous défendit avec une telle force, une telle hauteur, qu'elle sut en imposer à tout le monde; et sa manière de s'exprimer, et l'autorité de sa réputation, ont produit un tel effet, que mon ami, et quelques autres témoins de cette scène, sont tout-à-fait persuadés qu'elle a été la cause d'un changement décisif en votre faveur.

Je ne puis vous dire, ma Delphine, combien je suis touché de la conduite de madame de Mondoville dans cette circonstance! son bonheur m'est devenu plus cher, plus sacré par cette action, que par tous les liens qui nous unissoient. Elle doit aller chez vous ce soir, je ne veux point m'y trouver en même temps qu'elle; je me priverai donc de vous tout le jour : mais qu'il m'est doux de penser que le danger dont vous me menaciez sans cesse n'existe plus; que toutes les inquiétudes sont à jamais écartées de l'esprit de Matilde; et que rien désormais, ô mon amie! ne peut plus me séparer de toi!

LETTRE XXV.

Delphine à Léonce.

Léonce! Léonce! comment vous dire ce qui vient de m'arriver? Qu'allez-vous penser? quelle peine ressentirez-vous? obtiendrai-je mon pardon? serez-vous capable de me haïr, quand je me désespère d'avoir accompli ce qui peut-être étoit mon devoir, ce que du moins il étoit impossible de ne pas faire dans la circonstance où je me suis trouvée? Votre femme sait mon sentiment pour vous; et par qui l'a-t-elle appris? O ciel! par moi! Le mot affreux est dit; maintenant, écoutez-moi, ne rejetez pas ma lettre avec indignation, suivez dans mon récit les impressions qui m'ont agitée, et; si votre cœur se sépare un instant du mien, s'il éprouve un sentiment qui diffère de ceux qui m'ont émue, alors condamnez-moi.

Madame de Mondoville est venue me voir il y a deux heures; j'étois seule; elle m'a montré beaucoup plus d'intérêt qu'il n'est dans son caractère d'en témoigner; j'évitois, autant qu'il étoit possible, une conversation plus intime, et je l'ai ramenée dix fois sur des sujets généraux; je respirois, lorsqu'elle renonçoit aux expressions directes d'estime et d'amitié : enfin, par une insistance qui ne lui est pas naturelle, et qui tenoit certainement à un vif sentiment de justice, et surtout de bonté, elle rompit tous mes détours, et me dit : — Ma chère cousine, j'ai appris combien on avoit été injuste envers vous; j'en ai éprouvé une véritable colère, et je vous ai défendue avec cette chaleur de conviction qui doit persuader. — Je baissai la tête sans rien dire; elle continua. — Quelle infamie de faire tourner contre vous le service que vous avez rendu à M. de Valorbe! et quelle absurdité en même temps de mêler mon mari dans cette histoire! Vous qui avez fait notre mariage, par votre généreuse conduite relativement à la terre d'Andelys, vous que ma mère avoit consultée sur cette union, long-temps avant que je connusse M. de Mondoville, n'êtes-vous pas liée à mon sort par ce que vous avez fait pour moi? Votre amitié pour ma mère, quoiqu'elle ait été troublée un moment, a certainement conservé assez de droits sur vous, pour que le bonheur de sa fille vous soit cher. — Sans doute, essayai-je de lui répondre, je souhaite votre bonheur, j'y sacrifierois... — Elle m'interrompit en disant : — Vous n'avez pas besoin de me l'affirmer, ma cousine : si j'ai été froide quelquefois pour vous dans un autre temps, si la différence de nos opinions nous a quelquefois éloignées l'une de l'autre, permettez que je le répare dans ce moment où vous avez des peines; disposez de moi, et je m'applaudirai de l'ascendant que moi et mes amies nous pouvons avoir sur tout ce qui tient à la réputation d'une femme, puisque cet ascendant vous sera utile; j'animerai en votre faveur ce que vous appelez les dévotes, c'est-à-dire, des personnes assez pures et assez heureuses pour que, devant elles, la malignité soit toujours forcée de se taire. — Oh! vous êtes trop bonne, beaucoup trop bonne, m'écriai-je très-attendrie; mais je vous en conjure, ne faites plus rien pour moi, absolument rien, promettez-le moi, je l'exige, je vous en supplie... — Et d'où vient donc cette prière si vive? répondit Matilde; ma chère Delphine, est-ce que vous avez un tel éloignement pour moi, que vous ne me trouviez pas digne de vous servir? — Non, non, interrompis-je; c'est moi qui ne suis pas digne de vous.

— Qui a pu vous inspirer cette cruelle idée, ma chère cousine? répondit-elle; vous n'avez pas les mêmes opinions que moi, j'en suis fâchée pour votre bonheur; mais me croyez-vous donc assez exagérée pour ne pas reconnoître vos rares qualités, et les services que vous m'avez rendus deux fois, avec tant de délicatesse? Suis-je donc incapable d'estimer la parfaite franchise qui ne vous a jamais permis l'ombre de la dissimulation? c'est cette vertu que j'admire en vous, et qui a toujours été le fondement de ma sécurité. J'ai souvent remarqué que Léonce se plaisoit beaucoup à vous voir; une fois même, vous vous en souvenez, j'allai vous chercher à Bellerive avec une sorte d'inquiétude, et peut-être même avois-je le désir de vous éprouver; mais je revins parfaitement convaincue que vous n'aimiez pas Léonce, puisque vous ne vous étiez point trahie quand je vous parlois de mon sentiment pour lui. Hier, quelqu'un, en me racontant l'histoire qu'on a faite sur vous, à l'occasion de M. de Valorbe, eut l'impertinence de me dire que j'étois bien dupe de croire à votre sincérité: j'aurois désiré que vous entendissiez avec quelle force, avec quel dédain je repoussai cette méprisable insinuation! combien je me plus à répéter, que non-seulement la dissimulation, mais le silence même, qui seroit aussi une fausseté, puisqu'il me tromperoit également, étoit loin de votre

caractère, dans une circonstance qui exigeoit d'une âme honnête la plus entière vérité. J'aurois souhaité que pour vous justifier à jamais, l'on m'eût demandé de jurer pour vous...
— Dans ce moment, Léonce, ma tête se perdit; il me sembla qu'il étoit infâme de recevoir ainsi des éloges si peu mérités, d'abuser de sa candeur. Ses discours étoient une interrogation sacrée, et me taire me parut de la perfidie ; enfin, je ne raisonnai pas, mais j'éprouvai cette révolte du sang qui rend une action basse ou perfide tout-à-fait impossible, et je m'écriai : — Matilde, arrêtez! c'en est trop! oui, c'en est trop! Si je l'aimois, devrois-je vous le dire? si je l'aimois sans être coupable, en respectant vos droits, votre bonheur.... — Mon trouble disoit encore plus que mes paroles. — Achevez, reprit Matilde avec chaleur, achevez! Delphine, l'aimeriez-vous? dites-le-moi, ne résistez pas au mouvement généreux que vous éprouvez ! soyez vraie, soyez-le.— Que vous importe! lui répondis-je, regrettant déjà ce qui m'étoit échappé; si je l'aime, je partirai, je mourrai, laissez-moi. — Dans ce moment madame de Lebensei entra; et, soit que Matilde ne voulût pas rester avec elle, soit qu'elle eût besoin de réfléchir à ce qui s'étoit passé entre nous, elle sortit de ma

chambre sans prononcer une parole, et je la laissai partir, confondue moi-même de ce que je venois de dire, ne sachant plus si c'étoit un crime ou une vertu, et n'étant digne, en effet, ni d'approbation ni de blâme; car je n'avois été qu'entraînée, et, n'ayant eu le temps d'aucune réflexion, je ne m'étois décidée à aucun sacrifice.

Que va-t-il arriver maintenant, Léonce? je n'ose vous interroger sur ce que vous aura dit Matilde; je sais mon devoir, mais j'ignore encore comment il se manifestera à moi. Venez me voir, venez; jouissons de ces jours peut-être les derniers. Ah! pourquoi vous cacherois-je que mon cœur se brise, que j'éprouve comme une sorte de repentir... Qu'allons-nous devenir? du moins ne vous irritez pas contre moi, n'épuisons pas nos âmes en reproches et en justifications, souffrons comme un coup du sort les suites d'une action complétement involontaire, et cherchons ensemble s'il peut nous rester encore quelques ressources.

LETTRE XXVI.

Delphine à madame de Lebensei.

Ce 28 octobre.

Vous êtes partie fort inquiète, ma chère Élise, de ma conversation avec madame de Mondoville, et vous avez bien voulu me demander de vous écrire chaque jour ce qui pourroit en arriver; il s'en est déjà écoulé huit sans que j'aie entendu parler de Matilde; mais, loin que ce silence me tranquillise, il redouble mon inquiétude. Depuis ce temps, Léonce ne l'a point vue; elle s'est enfermée chez elle, ou elle est allée à l'église : son mari lui a fait demander plusieurs fois de la voir, elle l'a constamment refusé. Elle est sans doute bien malheureuse à présent, et elle étoit tranquille avant de m'avoir parlé. Oh! que je serois coupable, si, ne sachant avoir que la foiblesse des bons sentimens, et jamais leur force, je n'avois fait que troubler la vie de Matilde par ma franchise, sans avoir le courage nécessaire pour lui rendre le bonheur!

Mademoiselle d'Albémar m'a blâmée assez vivement; Léonce a été généreux envers moi, mais il a surtout affecté de parler de cette circonstance comme peu décisive, et d'affirmer qu'il étoit certain d'en adoucir tous les effets. Je n'ai point combattu cette erreur; je sens approcher la résolution irrévocable, la nécessité toute-puissante, je ne dispute plus sur rien; ah! je parlois quand j'avois un besoin secret d'être convaincue, quand je souhaitois confusément qu'on s'opposât au sacrifice que je croyois vouloir! maintenant je me tairai; tout repose sur moi; devoir, malheur, amour, je dois tout contenir dans mon âme solitaire.

Qu'il sera terrible, le moment de se séparer! il s'offre à moi déjà comme un nuage noir à l'horizon, prêt à s'avancer sur ma tête; ah! que ne puis-je mourir pendant qu'il est loin encore! Bonne Élise, heureuse Élise, adieu.

LETTRE XXVII.

Delphine à madame de Lebensei.

Ce 4 novembre.

Mon sort est décidé! il l'est depuis quatre jours; je n'ai pas eu la force de vous l'écrire. Si votre pressante lettre ne m'étoit pas arrivée ce matin, je ne sais si j'aurois pu prendre sur moi de raconter tant de douleurs. Je le vois encore, mais bientôt je ne le verrai plus; il ne le sait pas, il doit l'ignorer; il me regarde avec une expression déchirante : s'il a des craintes, il ne veut pas les exprimer, il semble qu'il croie m'enchaîner davantage en ne paroissant pas douter; oh! qu'il est touchant! qu'il est aimable! et dans un funeste moment, j'ai promis de le quitter! mes forces suffiront-elles à ce sacrifice ?

Mardi dernier, Léonce m'avoit dit qu'il étoit obligé de s'absenter le lendemain de Paris pour une affaire indispensable : je ne sais pourquoi l'idée ne me vint pas, que madame de Mondoville choisiroit ce jour pour me voir ; mais quand on l'annonça, je fus saisie d'une surprise égale à ma douleur. J'étois avec ma belle-sœur : Matilde, en entrant, m'annonça solennellement qu'elle désiroit être seule avec moi, et qu'elle me prioit de faire fermer ma porte.

Quand nous fûmes seules, elle me dit avec un ton triste, mais ferme, qu'il ne lui étoit plus permis de douter de l'amour qui existoit entre Léonce et moi; qu'elle s'étoit retracée plusieurs circonstances qui ne l'avoient pas frappée, lorsqu'elle expliquoit tout par l'amitié, mais qui ne prouvoient que trop clairement ce que mon trouble, dans notre dernière conversation, avoit commencé à lui révéler. — Une autre, ajouta-t-elle, dans une pareille situation, seroit votre ennemie; les obligations que je vous ai, votre mouvement de franchise auquel je dois mon premier avertissement, les sentimens chrétiens qui me font désirer de vous ramener à la vertu, ne me le permettent pas; je viens donc vous demander pour votre salut autant que pour mon bonheur, de quitter Paris, de ne pas permettre que Léonce vous suive, et de ne point semer la discorde entre nous deux, en lui disant que c'est moi qui vous ai priée de vous éloigner de lui. — Cette proposition dure et brusque, quoique d'accord avec mes réflexions, me révolta, je l'avoue; et je répondis assez froidement, que je ne voulois m'engager à rien avec personne qu'avec moi-même.

— Vous me refusez! me dit Matilde, avec une expression, avec un accent d'une amertume et d'une âpreté remarquables; vous me refusez! répéta-t-elle encore avec des lèvres tremblantes : eh bien! sachez donc que je porte dans mon sein l'enfant de Léonce, et que la douleur que vous me causez vous rendra responsable de sa vie et de la mienne. — A ces mots, jugez de ce que j'éprouvai !

j'ignorois son état, j'ignorois ses nouveaux droits. Des sanglots s'échappèrent de mon sein, ils adoucirent un peu Matilde.— Revenez à vos devoirs, à votre Dieu, me dit-elle, pauvre égarée; ne me condamnez pas à vous maudire : qui, moi! je donnerois le jour à un enfant que son père haïroit peut-être, parce que je suis sa mère! Le temps qui affoiblit les sentimens criminels, ramène aux affections légitimes; mais si Léonce vous voit chaque jour, il s'éloignera davantage encore de moi, et formera sans cesse avec vous de nouveaux liens, qui lui rendront odieux tout ce qu'il doit aimer.

— Oubliez-vous, lui dis-je, Matilde, que notre attachement l'un pour l'autre n'a jamais été coupable? — Vous n'appelez coupable, reprit-elle, que le dernier tort qui vous eût avilie vous-même; mais quel nom donnez-vous à m'avoir ravi la tendresse de mon mari? à moi malheureuse, qui n'ai sur cette terre d'autres jouissances que son affection, mon bien, mon droit légitime; son affection, qu'il m'a jurée au pied des autels! que ferai-je pour la regagner, quand vous l'avez enlacé des séductions que le ciel ne m'a point accordées, mais qui ne serviront qu'à votre malheur et à celui des autres! Quoi! depuis un an vous voyez Léonce tous les jours, et vous prétendez n'être pas coupable! Quels efforts avez-vous faits pour vaincre un sentiment criminel? vous êtes-vous séparée de mon époux? vous a-t-il en vain poursuivie? vos malheurs m'ont-ils appris votre amour? Non! c'est le plus simplement, le plus facilement du monde que vous passez votre vie avec un homme marié, pour qui vous avez une affection condamnable! Quelle innocence, juste ciel! et surtout quel soin, quel respect pour ma destinée! Vous aimiez ma mère, et vous ne craignez pas de désespérer sa fille! Reprenez les funestes dons avec lesquels vous m'avez mariée; je veux vous les rendre, je veux acquitter en même temps les dettes de ma mère envers vous; alors je quitterai la maison de Léonce, pauvre, isolée, trahie par mon époux, par celui que j'aimois peut-être plus que Dieu ne nous a permis d'aimer sa créature; mais en m'éloignant, je vous laisserai à l'un et à l'autre des remords plus cruels encore que tous mes maux.—

Élise, Matilde auroit pu me parler long-temps sans que je l'interrompisse; je gardois le silence, parce que j'étois décidée; si j'avois hésité, ce qu'elle me disoit m'auroit déchiré le cœur. Mais qui pouvois-je plaindre, quand je me condamnois à quitter Léonce? qui, sur un brasier ardent, m'eût paru plus digne que moi de pitié? L'expression morne et contrainte des regards de Matilde m'avertit cependant de son incertitude, et je lui dis que j'étois résolue à tout ce qu'elle exigeroit de moi. Alors cette femme, oubliant et son ressentiment et sa roideur naturelle, me parla de sa reconnoissance pour ma promesse, de son amour pour son mari, avec un accent tout nouveau que Léonce pouvoit seul lui inspirer. Ah! pensai-je au fond de mon cœur, celle qui lui ressemble si peu, celle qu'il n'a jamais aimée, ressent néanmoins pour lui une passion si vive! et moi qui l'entends si bien, et moi qu'il chérit, et moi que son image seule occupe, je dois le quitter! j'ai juré à madame de Vernon, au lit de mort, de protéger le bonheur de sa fille; j'avois promis à Dieu, à ma conscience, de ne point faire souffrir un être innocent; je ne serai point parjure à ces vœux, les premiers que mon cœur ait prononcés; mais la crainte de la mort ne fait pas éprouver à celui qui s'approche de l'échafaud, une douleur plus grande que celle que je ressens en renonçant à Léonce.

Je me taisois, plongée dans ces amères réflexions.—Ce n'est pas tout encore, ajouta

Matilde, vous ne feriez rien pour mon bonheur, si Léonce pouvoit croire que c'est à ma prière que vous vous séparez de lui ; il me haïroit en l'apprenant; si vous ne pouvez le lui cacher, restez plutôt; restez pour obtenir de lui qu'il soigne mon enfant, si je vis jusqu'à sa naissance, et qu'il donne après moi des larmes à mon souvenir. Il doit ignorer que je vous ai vue ; je tâcherai de reprendre avec lui ma manière accoutumée. Delphine, si un seul mot vous trahit, votre promesse est vaine, ne l'exécutez pas. — Matilde, lui dis-je, votre secret sera gardé. — Si votre départ, reprit-elle, étoit prompt, Léonce soupçonneroit qu'il existe un rapport entre la conduite bizarre que je tiens depuis quelques jours, et votre résolution. Laissez-moi le temps de lui montrer de nouveau du calme, afin qu'il puisse supposer que mes inquiétudes se sont dissipées d'elles-mêmes; vous chercherez ensuite quelques prétextes raisonnables pour votre éloignement. — Matilde, lui dis-je alors, je vous remercie de m'estimer assez pour me croire capable de tant d'efforts ; ils seront tous accomplis, je vous en donne ma parole. Je ferai plus encore ; dans quelque lieu de la terre que j'allasse, Léonce me suivroit, j'en suis sûre ; eh bien ! je disparoîtrai du monde.

Je ne sais ce que je deviendrai ; mais ce n'est point un voyage, une absence ordinaire qui peut briser des sentimens tels que les miens ; au reste, mon sort ne vous importe pas; ainsi donc, laissez-moi ; j'aurois besoin d'être seule, adieu. — Matilde m'obéit sans rien dire, j'avois repris sur elle une sorte d'autorité ; je la méritois, car dans cet instant, sans doute, mon âme, par son sacrifice, étoit devenue supérieure à la sienne.

Je viens de vous confier, Élise, le secret le plus important de ma vie ; si Léonce le découvroit, il ne pardonneroit point à Matilde la douleur que notre séparation lui causera, et je paroîtrois alors bien digne de mépris : j'aurois l'air de ne me montrer généreuse que pour être plus habilement perfide ; jamais donc, après ma mort même, tant que Matilde existera, vous ne vous permettrez un mot sur ce sujet.

Maintenant, il faut exécuter ce que j'ai promis, il faut tromper Léonce ; car s'il devinoit mon dessein, si je voyois encore ses regrets, si j'entendois ses plaintes !.... Allons, il ne saura rien. J'ai quelque temps encore : Matilde elle-même l'exige ; si ma tête se conserve pendant les jours qui me restent, je ferai ce que je dois ; mais ne vous étonnez pas si, jusqu'à ce moment où mon sort me condamne à rompre avec la nature entière, je suis, même avec vous, toujours silencieuse et presque froide. Ne me parlez point de mon projet, laissez-moi lutter seule avec moi-même, rassembler en moi toutes mes forces; un mot raisonnable ou sensible pourroit me bouleverser, si je n'y étois pas préparée.

Traitez-moi comme les mourans : leurs amis savent qu'ils vont périr, ils le savent eux-mêmes, mais ils évitent, mais on évite aussi autour d'eux de leur rien dire qui le rappelle; les mêmes ménagemens au moins me sont nécessaires...... Élise, je vous les demande.

LETTRE XXVIII.

Delphine à madame de Lebensei.

Paris, ce 10 novembre.

MA belle-sœur vous prie, ma chère Élise, de venir la voir demain; je me suis servie de divers prétextes pour la décider à partir, elle retourne à Montpellier dans deux jours; je lui ai caché mon véritable dessein, elle s'y seroit opposée, elle auroit voulu m'emmener avec elle; ce n'est pas ainsi que je veux me séparer de Léonce, ce n'est pas un autre genre de vie que je vais adopter, c'est je ne sais quelle mort que je voudrois embrasser ; je ne connois encore que confusément mon avenir, mais quel qu'il soit, il sera sombre, et je n'y associerai personne.

Ma belle-sœur déteste tellement Paris, que dès qu'elle a pu croire qu'elle ne m'y étoit plus nécessaire, elle a été très-impatiente de le quitter; l'annonce de son départ a produit sur Léonce un effet dont je devrois m'applaudir, et qui me perce le cœur; il est convaincu maintenant que je suis décidée à rester, puisque je laisse ma sœur s'en retourner seule. Matilde est redevenue la même avec Léonce ; il me le dit souvent, et me croit entièrement rassurée à cet égard ; enfin tout se calme autour de moi, et je porte seule le désespoir au fond de mon âme.

Hier même, hier, madame d'Artenas est venue me rappeler l'engagement que j'avois pris d'aller au grand concert de madame de Saint-Albe, qui doit se donner la semaine prochaine; j'avois entièrement oublié depuis quinze jours tout ce qui a rapport à l'opinion du monde; une douleur réelle avoit fait disparoître toutes les peines de l'imagination, et je les estimois ce qu'elles valent. Madame d'Artenas me répéta ce que je sais d'ailleurs avec certitude, c'est que l'autorité de madame de Mondoville ; l'influence de mes amis et de ceux de Léonce, enfin l'effet naturel de la vérité, ont effacé dans l'opinion les injustices dont j'ai souffert ; je la retrouve, la faveur de ce monde, au moment où je le quitte ; il revient à moi, quand le plus profond des malheurs me rend insensible à ce retour que j'avois tant désiré.

« J'ai refusé ce concert, malgré les vives instances de madame d'Artenas ; elle a fini par me dire qu'elle en appelleroit à Léonce de ma décision ; puisse-t-il ne pas exiger de moi d'y aller ! il ne sait pas quel sentiment de désespoir il me condamneroit à porter au milieu d'une fête !

LETTRE XXIX.

Delphine à Mademoiselle d'Albémar.

Paris, ce 16 novembre.

Mon amie, comme le malheur s'appesantit sur moi ! ah ! ne regrettez pas de m'avoir quittée, rien ne peut me sauver. Je ne sais si je l'ai mérité ; mais les plus grands criminels n'ont pas éprouvé comme moi l'acharnement de la fatalité. Ne me demandez pas de vous rejoindre, il faut que je vive seule, pour écarter de vous une destinée chaque jour plus malheureuse.

Vous savez que, deux jours avant votre départ, je me refusai aux sollicitations de madame d'Artenas pour aller chez madame de Saint-Albe ; la veille même de ce malheureux concert, Léonce m'avoua qu'il désiroit extrêmement que j'y allasse. Il savoit, ce qui étoit vrai alors, que j'étois beaucoup mieux dans l'opinion ; il vouloit, je crois, jouir du triomphe qu'il s'attendoit, hélas ! que je remporterois sur mes ennemis. Madame de Lebensei, qui redoute tant le monde pour elle-même, insista fortement pour que je cédasse à la demande de Léonce ; je me troublai deux ou trois fois en résistant à leurs prières, je craignois de trahir devant Léonce les sentimens de douleur qui me rendoient une fête odieuse. Enfin, une idée que l'amour m'inspiroit s'empara de moi ; je souhaitai, prête à me séparer de Léonce pour jamais, d'effacer entièrement toute impression qui pourroit m'être défavorable, dans la société dont il prise les suffrages, et au milieu de laquelle il doit vivre. Je souhaitai de me montrer encore une fois à lui, reconquérant cette existence qu'il avoit regrettée pour moi, et je voulus lui laisser mon souvenir aussi aimable et aussi séduisant qu'il pouvoit l'être; cette foiblesse de cœur m'entraîna : si consentiment étoit blâmable, il est impossible d'en avoir reçu une punition plus amère.

Je promis d'aller chez madame de Saint-Albe. Le jour même de l'assemblée, à l'heure où j'attendois madame d'Artenas qui devoit venir me prendre, je reçois un billet d'elle, qui m'apprend qu'elle s'est foulé le pied en montant dans sa voiture, et qu'elle ne peut sortir; ses regrets étoient exprimés avec affection; elle me sollicitoit de ne pas renoncer au projet que j'avois formé d'aller chez madame de Saint-Albe, et m'assuroit qu'on m'y attendoit avec empressement et bienveillance; en effet, telle étoit la disposition de la veille: j'hésitai encore quelques instans; mais réfléchissant que Léonce étoit déjà parti, qu'il comptoit sur moi, je ne pus me résoudre à tromper son désir, et mon mauvais sort fit que je me décidai à suivre mon premier dessein.

Comme il étoit déjà tard, tout le monde étoit rassemblé chez madame de Saint-Albe. Au moment où j'entrai dans la chambre, j'entendis autour de moi une espèce de murmure; je ne vis pas Léonce, qui étoit alors dans une pièce plus reculée. La maîtresse de la maison, la plus impitoyable femme du monde, quand elle croit que sa considération peut gagner à se montrer ainsi, fut long-temps sans s'avancer vers moi ; enfin, elle se leva et m'offrit une chaise, avec une froideur qu'elle désiroit surtout faire remarquer ; les deux femmes à côté de qui j'étois assise parlèrent bas chacune à leurs voisins ; aucun homme ne s'approcha de moi, et toute l'assemblée sembloit enchaînée par ce silence désapprobateur, mystérieux et glacé, que la conscience même ni la raison ne peuvent braver en public. Je conçus d'abord, tant ma tête étoit troublée, le plus injuste soupçon contre madame d'Artenas ; mille idées se succédoient dans mon esprit, et n'osant ni interroger personne, ni faire un mouvement pour me lever, pendant que tous les yeux étoient fixés sur moi, immobile à ma place, je sentois une sueur froide tomber de mon front.

Madame de R. m'aperçut, se leva promptement, me prit par la main, et me conduisit dans l'embrasure de la fenêtre ; je me crus sauvée, puisqu'un être vivant me parloit. — Il est arrivé cet après-midi même, me dit-elle, des lettres du régiment de M. de Valorbe, qui contiennent la nouvelle que des officiers de son corps, ayant appris qu'il avoit reçu de

M. de Mondoville une insulte très-grave sans la venger, ont déclaré qu'ils ne serviroient plus avec lui; il s'est battu avec deux d'entre eux, il a blessé le premier, il a été blessé par le second ; mais l'on croit que, malgré cette courageuse conduite, il sera obligé de quitter son régiment, et peut-être la France. Cet événement a produit un effet terrible contre vous, il a tout renouvelé, comme si l'on pouvoit vous accuser le moins du monde du triste sort de M. de Valorbe; on m'a tout raconté en arrivant ici, et j'allois envoyer chez vous pour vous conjurer de ne pas venir, lorsque malheureusement vous êtes entrée.

Mon premier mouvement fut de m'informer de ce que savoit Léonce. — Dans ce moment, me dit madame de R., une de ses parentes l'instruit, dans la chambre à côté, de cette cruelle aventure. Au nom du ciel, remettez-vous à votre place, restez-y une heure, si vous le pouvez, et partez après naturellement. — Pendant qu'elle me parloit, M. de Montalte, cousin de M. de Valorbe, qui est venu quelquefois me voir avec lui, passa devant moi, me regarda avec affectation et ne me salua point ; il repassa deux minutes après, et, entendant madame de R. nommer M. de Valorbe, il s'avança près de nous deux, et, s'adressant à madame de R., il dit assez haut pour que plusieurs personnes l'entendissent : — Madame d'Albémar a jugé à propos de déshonorer mon cousin pour plaire à M. de Mondoville ; mais si elle a disposé d'un fou à qui elle a tourné la tête, il lui sera plus difficile d'imposer silence à ses parens. — Je sentis à ce discours un mouvement de hauteur, une inspiration de fierté qui me rendit mes forces, et j'allois prononcer des paroles qui, pour un moment du moins, auroient fait triompher la vérité, lorsque je vis Léonce rentrer dans la chambre où j'étois ; je sentis à l'instant les conséquences d'un mot qui lui auroit appris que M. de Montalte m'avoit offensée, et je me tus subitement.

Je cherchai des regards la place que j'avois occupée en arrivant, elle étoit prise ; je fis le tour de la chambre, dans une espèce d'agitation qui me faisoit craindre à chaque instant de tomber sans connoissance : aucune femme ne m'offrit une chaise à côté d'elle, aucun homme ne se leva pour me donner la sienne. Je commençois à voir les objets doubles, tant mon agitation augmentoit, à chaque pas inutile que je faisois ; je me sentois regardée de toute part, quoique je n'osasse lever les yeux sur personne ; à mesure que j'avançois, on reculoit devant moi; les hommes et les femmes se retiroient pour me laisser passer, et je me trouvai seule au milieu du cercle, non telle qu'une reine respectueusement entourée, mais comme un proscrit dont l'approche seroit funeste. J'aperçus, dans mon désespoir, que la porte du salon étoit ouverte, et qu'il n'y avoit personne près de cette porte; cette issue, qui s'offroit à moi, me parut un secours inespéré; et, dans un égarement qui tenoit de la folie, je sortis de la chambre, je descendis l'escalier, je traversai la cour, et je me trouvai au milieu de la place Louis XV, sur laquelle demeuroit madame de Saint-Albe; seule, à pied, par le vent et la pluie, dans la parure d'une fête, sans avoir un instant réfléchi au mouvement qui m'entraînoit, je fuyois devant la malveillance et la haine, comme devant des pointes de fer qui me repoussoient toujours plus loin.

A peine étois-je restée deux minutes sur la place, à chercher autour de moi ce que j'avois fait et ce que j'allois devenir, que Léonce m'atteignit; son émotion étoit sombre et terrible; il me prit le bras, le serra contre son cœur, et marcha avec moi sans que nous sussions, je crois, ni l'un ni l'autre, quel dessein nous faisoit avancer. Nous étions déjà sur le pont de Louis XVI, lorsque le saisissement du froid me força de m'arrêter, et je m'appuyai sur le parapet, incapable de faire un pas de plus; Léonce passa une de ses mains autour de moi : — Chère et noble infortunée, me dit-il, de quelle barbarie ils ont usé envers toi! veux-tu les fuir avec moi, ces cruels, dans le sein de la mort! dis un mot, et nous nous précipiterons ensemble dans ces flots, plus secourables que les êtres que nous venons de voir. Pourquoi lutter plus long-temps contre la vie? n'est-il pas certain que nous n'aurons plus que des douleurs! ce ciel qui nous regarde, nous a marqués pour ses victimes, sauvons-nous des hommes et de lui. — Alors il me souleva dans ses bras, je crus sa résolution prise, je penchai ma tête sur son sein, et je vous le jure, Louise, je n'éprouvai rien qui ne fût doux; tout à coup cependant il me remit à terre, et, reculant quelques pas, il dit, comme se parlant à lui-même : — Non, l'innocence ne doit pas périr, c'est à ses vils accusateurs que la mort est réservée. Delphine, tu seras vengée, tu le seras. —

Comme il disoit ces mots, mes gens qui me cherchoient de tous les côtés, me découvrirent, et m'amenèrent ma voiture. — Au nom du ciel, dis-je à Léonce, ne pensez point à la vengeance; voulez-vous achever ma ruine, le voulez-vous? — Non! me dit-il, ne craignez rien; ce ne sera point ce soir ni demain, je le jure; je saisirai une fois peut-être... dans quelque temps..... un prétexte éloigné..... sans nul rapport avec vous; mais s'ils périssent, ils sauront cependant que c'est pour vous avoir outragée. Je vous en conjure, ajouta-t-il, soyez tranquille; pensez-vous que dans un tel moment je voulusse vous compromettre encore! ce que je désire, ce qui est nécessaire, n'arrivera peut-être pas de long-temps, remontez dans votre voiture, de grâce..... — Il voulut me suivre, je le refusai.

Je ne l'ai pas revu depuis, et je veux, pendant quelques jours encore, me refuser à le recevoir; j'ai besoin de m'examiner seule; je veux savoir si je me sens réellement humiliée. Affreux doute! l'aurois-je cru possible! l'injustice de l'opinion, je l'avoue, peut faire un mal cruel; il faut quitter le monde pour jamais. Valorbe, le malheureux Valorbe, me poursuivra-t-il? Il ignorera, j'espère, ce que je serai devenue. Que pourrois-je pour lui, quand même je n'aimerois pas Léonce? Suis-je restée ce que j'étois? puis-je secourir personne? Les méchans ont enfin mortellement blessé mon âme. Ah! pourquoi Léonce n'a-t-il pas suivi son premier mouvement! Mais avois-je besoin de son secours pour me précipiter dans l'abîme? lui-même, ne sentoit-il pas que c'étoit mon seul asile? Louise, n'est-il donc pas encore temps?

LETTRE XXX.

Madame de R. à madame d'Albémar.

Paris, ce 17 novembre.

Permettez à une personne qui vous doit la plus profonde reconnoissance, dont vous avez changé la vie, et qui date du jour où vous l'avez secourue, le peu de bien qu'elle a pu faire, permettez-lui, madame, d'essayer de vous consoler, quelque supérieure que vous lui soyez. Ce que je vais vous dire me coûtera sans doute; mais, si l'effort que je fais m'est pénible, il me sera doux de penser qu'il m'acquitte un peu envers vous. Puis-je d'ailleurs être humiliée, si je vous soulage! Ah! de ma triste vie, ce sera l'action la plus honorable.

Vous avez éprouvé avant-hier une scène très-cruelle; il y a dix-huit mois que votre bonté généreuse me sauva d'un éclat, semblable en apparence, mais dont la douleur ne peut être la même; car ce que je souffrois, à quelques égards, étoit mérité, et ce que l'on mérite doit durer toujours.

En réfléchissant sur ce qui vous est arrivé chez madame de Saint-Albe, je me suis rappelé qu'une fois ma tante, très-maladroitement, vous avoit fait souffrir, en comparant votre situation à la mienne ; j'ai donc pensé que si, sans aucun ménagement pour moi-même, je vous en faisois sentir l'extrême différence, vous y trouveriez peut-être quelques motifs de consolation. Votre âme est si noble, que j'ai été bien sûre que le mouvement qui m'excitoit à vous écrire, effaceroit à vos yeux ce qu'il faut malheureusement que je rappelle, en vous parlant de moi.

L'envie est parvenue momentanément à vous faire assez de tort : à force d'art, on a perfidement interprété vos actions les plus généreuses ; et tous ces êtres, incapables de se dévouer pendant un jour à leurs amis, ont été bien aises de faire tourner à mal les qualités qu'ils ne possédoient pas, espérant ainsi les discréditer dans le monde : mais, dans toutes les accusations qu'on a essayées contre vous, qu'y a-t-il de vrai que vos vertus, votre délicatesse, la pureté de votre âme et de vos sentimens ? Soyez donc sûre que dans peu votre réputation sera justifiée. Les livres nous entretiennent souvent des succès de la calomnie; moi, qui ai tant à redouter les reproches que je puis mériter, je crains peu, je l'avoue, l'ascendant du mensonge, du moins à la longue. Si la bonté n'émoussoit pas les armes de votre esprit, tandis que la méchanceté aiguise celles des autres, rien ne vous seroit plus facile que de faire connoître votre innocence; vous semblez née pour convaincre; tous les moyens de persuasion vous sont donnés, et vous n'employeriez aucun de ces moyens, qu'en peu d'années, peut-être même en peu de mois, les faits se développeroient d'eux-mêmes, par cette multitude de rapports naturels qui révèlent la vérité, malgré tous les obstacles que l'on peut y opposer.

Il faut agir, et agir sans cesse, pour établir ce qui est faux, tandis que l'inaction et le temps découvrent toujours ce qui est vrai; ce temps est votre appui le plus sûr; mais loin de m'être favorable, il confirme chaque jour davantage le blâme, que désarmoit un peu l'intérêt inspiré par ma première jeunesse. J'approche de trente ans, de cette époque où la considération commence à devenir nécessaire, et je la vois reculer devant moi; souvent, avec le cœur le plus affligé, je tâche d'être aimable, parce que je sens qu'on a le droit de m'y condamner, puisque la plupart des femmes qui me voient s'en excusent sur quelques agrémens de mon esprit. Il ne m'est permis en société d'être ni triste, ni malade.

Les femmes ne sont pas encore ce que je crains le plus, elles n'ont point de veritable irritation contre une personne qui ne leur fait point ombrage ; les prudes même ne déploient toute leur sévérité que contre les femmes décidément supérieures ; mais les hommes ! si vous saviez quel mal ils me font, sans réflexion, sans méchanceté même ! quelle légèreté dans les discours qu'ils me tiennent ! combien il est difficile de leur apprendre que j'ai changé de vie, et que je n'aspire plus qu'aux égards dont je me riois autrefois !

On vous calomnie quand vous n'y êtes pas, et vous en imposez presque toujours quand on vous voit. Moi, l'on ne se donne pas la peine de me dénigrer en mon absence ; mais le ton avec lequel on m'adresse la parole, chaque circonstance, chaque forme de la société, me prouvent, non l'intention de me blesser, je le préférerois, mais le sentiment involontaire, qui se témoigne à l'insù même de ceux qui l'éprouvent. Si un homme, si une femme se permettoit de vous dire un mot offensant, vous pourriez, quand vous le voudriez, l'accabler de votre mépris, et moi, je n'ai pas le droit de mépriser; je suis obligée de ménager tout le monde; je ne ferois point de tort à celui dont je me plaindrois; je ne puis risquer de me brouiller avec personne; ainsi, dans un rang élevé, avec une fortune considérable, je me vois obligée de jouer le rôle d'une complaisante, je crains d'exciter la moindre malveillance, et de rappeler aux autres que mon existence dans le monde est précaire, et qu'il ne tiendroit qu'à un ennemi de me l'ôter de nouveau.

Pourquoi, pourroit-on me dire, ne vivez-vous pas dans la retraite? Ah! madame, croyez-vous qu'après dix ans d'une vie comme la mienne, je puisse supporter la solitude? heureusement encore je suis restée bonne, mais ma sensibilité naturelle n'existe presque plus; je n'ai rien en moi qui renouvelle mes pensées, et seule, je suis poursuivie par des souvenirs tristes, contre lesquels je n'ai ni armes ni ressources. Parmi ceux que j'ai cru aimer, il en est que je regrette, mais sans compter sur leur estime, ni pouvoir m'intéresser à moi-même. Je sais bien que je vaux mieux que ma conduite, mais elle ne m'a pas laissé assez d'énergie dans le caractère, pour me changer entièrement; j'ai cessé d'avoir des torts, mais je ne retrouverai jamais le bonheur qu'ils m'ont fait perdre.

Séparée depuis long-temps de mon mari, je n'ai point d'enfans, je suis privée du seul bien qui donne aux femmes un avenir, après trente ans ; je crains l'ennui, je crains la réflexion, et je cours de distractions en distractions, pour échapper à la vie. Mais vous, noble Delphine, mais vous, votre âme vous appartient encore tout entière ; vos affections sont ou vertueuses, ou tout au moins délicates ; un esprit étendu vous offre dans la réflexion un intérêt toujours nouveau; vous avez des envieux et des calomniateurs, mais il n'en est pas un qui pense réellement ce qu'il dit ; pas un qui ne se sentît confondu, si vous daigniez lui répondre ; pas un qui ne vous désirât pour femme ou pour amie, quoiqu'il vous attaque sous ces noms sacrés ; pas un enfin qui, s'il étoit malheureux ou proscrit, n'enviât le sort de ceux que vous aimez, et peut-être même ne s'adressât à vous qu'il auroit offensée, à vous, mille fois plutôt qu'à ses meilleurs amis.

Courage donc, madame, courage ! la conscience du passé, la certitude de l'avenir, n'est-ce donc pas assez pour traverser ce temps d'orage ! ne donnez pas à l'envie et à la méchanceté, le spectacle qui leur est le plus agréable, celui d'une âme élevée, abattue sous leurs coups; redoublez plutôt leur fureur jalouse, en leur montrant que vous êtes calme, et que vous savez être heureuse. Dieu ! si quelque puissance sur la terre pouvoit m'accorder tout à coup vos souvenirs et vos espérances, si j'en pouvois jouir un an, je donnerois pour cette année tout le temps qui me reste à vivre. Ah! madame, ah! Delphine, qui n'a pas été coupable, croyez-moi, n'a point souffert!

Je ne pourrois relire cette lettre sans éprouver un embarras difficile à supporter; je me confie donc sans nouvelles réflexions au sentiment qui l'a dictée, et je vous l'envoie sans me laisser un moment de plus pour hésiter.

LETTRE XXXI.

Delphine à madame de R.

QUAND on est capable d'écrire la lettre que je viens de recevoir, il est impossible que les sentimens les plus vertueux et les plus purs ne finissent pas par triompher de toutes les foiblesses. Un mouvement si généreux m'a fait du bien, et j'ai retrouvé le plaisir d'estimer, que l'amertume et la défiance m'avoient fait perdre; ce soulagement est tout ce que ma situation peut permettre.

Je n'ai plus rien à démêler avec le monde, mais je n'oublierai jamais le sentiment plein de délicatesse qui vous a portée, madame, à vouloir me consoler, aux dépens des considérations personnelles qui auroient arrêté toute autre femme.

LETTRE XXXII.

Léonce à Delphine.

Depuis quatre jours, vous vous êtes inflexiblement refusée à me voir. On m'a dit à Paris que vous étiez à Bellerive, à Bellerive que vous étiez à Paris; on a trompé votre ami à votre porte comme un étranger : Delphine, jamais vous n'avez été plus injuste, car jamais ma passion pour vous n'a exercé sur moi plus d'empire! je crois qu'elle a changé jusqu'à mon caractère; daignez m'entendre, vous jugerez mieux que moi-même de ce cœur, qui, se confiant tout entier à vous, attend votre approbation pour s'estimer encore.

Sans doute, le jour de cette affreuse scène, quand je vous retrouvai presque égarée, la douleur de ce qui venoit de se passer, la rage d'être condamné à attendre un prétexte pour vous venger, me jetèrent dans le délire du désespoir. Je ne sais ce qui m'échappa dans ce moment; mais ce que je puis attester, c'est que, revenu à moi-même, j'éprouvai, ce que jamais encore je n'avois ressenti, un mépris profond pour l'opinion des hommes. Je me demandai comment j'avois pu attacher tant d'importance aux jugemens les plus injustes, à ceux qui osent attaquer avec indignité la créature la plus parfaite! et je m'attendris douloureusement sur vous, ma Delphine, sur votre destinée qui, sans mes torts et sans mon amour, eût été la plus brillante, la plus heureuse de toutes.

En me livrant, mon amie, à ces pensées tristes, mais sensibles, à ces pensées qui adoucissoient entièrement mon caractère, puisqu'elles m'apprenoient à dédaigner ce qui m'avoit si cruellement irrité, j'ouvris un livre anglois que vous m'avez donné, et les premiers vers qui frappèrent mes regards, comme par un hasard secourable, furent un portrait de femme qui semble être le vôtre, et que je me plais à vous transcrire.

(1) Made to engage all hearts, and charm all eyes;
Though meek, magnanimous; though witty, wise;
Polite, as all her life in courts had been;
Yet good, as she the world had never seen;
The noble fire of an exalted mind,
With gentle female tenderness combin'd;
Her speech was the melodious voice of Love,
Her song, the warbling of the vernal grove;
Her eloquence was sweeter than her song,
Soft as her heart, and as her reason strong;
Her form each beauty of her mind express'd,
Her mind was Virtue by the Graces dress'd.

Voilà, Delphine, voilà ce que vous êtes; jamais aucune femme avant vous n'a mérité ce portrait! mais l'imagination enflammée de Littleton le prêtoit à l'objet de son culte. Et

---

(1) Faite pour attirer tous les cœurs et charmer tous les yeux, à la fois douce et magnanime, spirituelle et raisonnable, polie, comme si elle avoit passé toute sa vie dans les cours, et bonne, comme si elle n'avoit jamais vu le monde. Le noble feu d'une âme exaltée étoit tempéré dans son caractère par la douce tendresse d'une femme; quand elle parloit, on croyoit entendre la voix mélodieuse de l'Amour; quand elle chantoit, l'oiseau qui, dans le printemps, habite les bosquets de fleurs. Son éloquence étoit plus douce encore que ses chants, sensible comme son cœur, et forte comme sa pensée; sa figure exprimoit toutes les beautés de son âme; son âme offroit la réunion de toutes les vertus et de tous les charmes.

cependant, combien encore je pourrois ajouter à ce tableau, qui semble renfermer tout ce qu'il y a de plus aimable !

Peindrai-je le caractère vrai, confiant et pur, cette âme si facilement attendrie par le malheur des foibles, et si fière contre la prospérité des orgueilleux ! Comment surtout, comment exprimer le charme indéfinissable que vous répandez autour de vous ! ce soin continuel de plaire, cette flexibilité dans tous les détails de la vie, qui vous fait céder, sans y songer, à chacun des arrangemens qui conviennent le mieux à vos amis ! Le bonheur se respire autour de vous, comme s'il étoit dans l'air qui vous environne, comme si votre voix, vos goûts, vos talens, votre parure elle-même, tout ce qui est vous enfin, répandoit des sensations agréables. L'on est si bien auprès de vous, si naturellement bien, que je croyois souvent qu'il m'étoit arrivé quelque événement heureux dont j'éprouvois une satisfaction intérieure ; et ce n'étoit qu'en vous quittant que je m'apercevois que vos paroles aimables, vos regards si doux, votre grâce inépuisable, charmoient ma vie, quelquefois à mon insu, comme la Providence se cache pour nous laisser penser que notre bonheur vient de nous.

Être angélique! femme enchanteresse! c'est vous qui vous êtes vue l'objet de la malveillance publique, et je pourrois continuer à y attacher quelque prix! Non, si je vous ai fait souffrir en pensant ainsi, considérez la scène du concert comme une circonstance heureuse; elle a, je m'en crois sûr, elle a beaucoup changé mon caractère. Je ne vous dirai point cependant ce qui me revient de mille côtés différens; je ne vous dirai point que tous les hommes, toutes les femmes distinguées, s'indignent de ce qui s'est passé chez madame de Saint-Albe; qu'on en accuse son arrogance et sa sottise; que chacun affirme déjà que c'est par embarras qu'on ne vous a pas parlé, que si vous étiez restée, tout auroit changé; je n'écoute plus ces vaines excuses; le monde reviendra sans doute à vos pieds, je n'en doute pas, mais je ne l'en mépriserai pas moins.

Ma Delphine, vivons l'un pour l'autre, oublions le reste de l'univers! mais ne me refuse pas de te voir, ne m'en crois pas indigne; je me sens ferme à présent contre l'injustice de l'opinion, contre ce malheur que mon âme n'avoit pas la force de soutenir. Mon amie, ce jour qui a été peut-être le plus malheureux de notre vie, renouvellera notre destinée; les méchans qui ont voulu nous perdre, en révoltant mon caractère, l'ont affranchi du joug qu'il avoit trop long-temps porté; ils ont assuré notre bonheur.

LETTRE XXXIII.

Delphine à madame de Lebensei.

Paris, ce 26 novembre.

Je suis mieux que je n'étois la dernière fois que vous êtes venue ici, ma chère Élise. Léonce m'a écrit la plus aimable lettre; je l'ai revu plusieurs fois depuis, et jamais je n'ai trouvé plus d'amour et de sensibilité dans son entretien. Quelquefois il lui échappe encore des mots qui me font croire à des projets de vengeance; mais il les dément quand il voit l'effroi qu'ils me causent, et j'espère qu'après mon départ il y renoncera.

Mon départ! Élise, vous m'avez vue parler à madame d'Artenas, à ceux qui sont venus chez moi, comme si mon intention étoit de passer l'hiver à Paris. Je ne voulois pas que l'on pût croire que je cédois à la douleur que j'avois éprouvée chez madame de Saint-Albe, je craignois d'éveiller les soupçons de Léonce.

Mais hélas! puis-je oublier la promesse que j'ai donnée à Matilde!

Léonce croira que je fuis par un sentiment pusillanime, parce que mes ennemis m'ont épouvantée; il le croira, et je suis condamnée à ne pas le détromper; il ignorera le véritable motif de mon sacrifice. Matilde, à combien de peines je me soumets pour vous! Je l'avouerai, après l'affreuse scène du concert, mon caractère m'abandonna pendant quelques jours; je sentis qu'une femme avoit tort de se croire indépendante de l'opinion, et qu'elle finissoit toujours par succomber sous le poids de l'injustice; mais, depuis que j'ai revu Léonce plus tendre que jamais pour moi, toute mon âme auroit repris à l'espérance du bonheur.

Je ne sais quelle langueur secrète succède à de vives peines; les impressions douces que Léonce m'a fait goûter de nouveau, me sont mille fois plus chères encore qu'elles ne me l'étoient avant les douleurs que je viens d'éprouver. Jamais mon âme n'a été si foible, jamais je ne me suis sentie moins capable de l'effort qui m'est commandé.

LETTRE XXXIV.

Delphine à madame de Lebensei.

Paris, ce 2 décembre.

J'étois retombée, mon amie, dans les incertitudes les plus douloureuses ; la tendresse que Léonce me témoignoit, le charme inexprimable de sa présence, me captivoient plus que jamais ; et, sans que je me l'avouasse encore, je ne pouvois me résoudre à mon départ.

Avant-hier, j'appris que Matilde étoit malade, et Léonce lui-même me parut inquiet de son état ; je fus douloureusement affligée de cette nouvelle, je craignis d'en être la cause, et je passai la nuit tout entière dans les combats les plus cruels ; voulant me tromper sur mon devoir, espérant, quand je croyois tenir un raisonnement qui m'affranchissoit, et retombant l'instant d'après, lorsqu'une inspiration soudaine de la conscience renversoit tout ce qui me sembloit le plus spécieux.

Agitée par une insomnie si douloureuse, je me levai hier à huit heures du matin, et je descendis de mon jardin dans les Champs-Élisées, pour essayer si l'exercice et le grand air me feroient du bien ; je passai devant la maison qu'occupoit autrefois madame de Vernon ; vous savez qu'elle s'est fait ensevelir dans son jardin, et que sa fille, mécontente de cette volonté qu'elle ne trouve pas assez religieuse, a conservé la maison sans vouloir l'occuper. Je me reprochai de n'avoir pas été verser quelques pleurs sur ces cendres délaissées ; je me rappelai que ce jour même étoit l'anniversaire de sa mort : la clef de mon jardin ouvroit aussi celui de madame de Vernon, nous l'avions ainsi voulu dans les jours de notre liaison, j'essayai donc d'entrer par les Champs-Élisées. J'eus d'abord de la peine à ouvrir cette porte fermée depuis un an ; enfin, j'y réussis, et je me trouvai dans ce jardin, où, pour la première fois, Léonce m'avoit parlé de son amour, quand la plus belle saison de l'année couvroit tous les arbustes de fleurs ; il ne restoit pas une feuille sur aucun d'eux ; cette maison, jadis si brillante, étoit fermée comme une habitation qu'on avoit abandonnée. Un brouillard froid et sombre obscurcissoit tous les objets, et mes souvenirs se retraçoient à moi à travers la tristesse de la nature et de mon cœur.

Ah ! le passé, le passé ! quels liens de douleurs nous attachent à lui ! Pourquoi les jours ne s'écoulent-ils pas sans laisser aucune trace ?

L'imagination peut-elle suffire à toutes ces formes du malheur, qu'on appelle les divers temps de la vie?

Je cherchai quelques minutes, à travers les feuilles mortes qui étoient sur la terre, les sentiers du jardin qui pouvoient me conduire où je croyois que les restes de madame de Vernon étoient déposés; enfin je trouvai l'urne qui désignoit sa tombe; je vis sur cette urne deux vers italiens qu'elle m'avoit souvent fait chanter, parce qu'elle en aimoit l'air.

E tu, chi sa se mai
Ti sovverrai di me! (1)

Il me sembla que cette inscription m'accusoit d'un long oubli; je me repentis d'avoir laissé passer une année sans venir auprès de ce monument. Ah! pourquoi, pensois-je en moi-même, pourquoi Sophie est-elle la cause de tous mes malheurs? Mes regrets, souvent troublés par cette idée, ne m'ont point ramenée dans ces lieux; je craignois d'offenser sa mémoire en y portant le sentiment de mes peines, et j'aimois mieux étouffer les pensées qui, tour à tour, m'éloignoient et m'attiroient vers elle.

Adieu, Sophie, dis-je alors en versant beau-

---

(1) Et toi, qui sait si jamais tu te souviendras de moi!

coup de larmes ; je vais quitter pour jamais la France, je n'en reverrai plus même les tombeaux ! je romps avec tout ce qui me fut cher, pour accomplir le serment que je t'ai fait; les pleurs que je verse en ce moment t'attestent encore que je n'ai conservé de notre amitié qu'un souvenir doux. Adieu. —Alors, après m'être penchée quelques instans sur cette urne avec affection et regret, je me relevai en répétant avec enthousiasme : — Oui, je tiendrai le serment que je t'ai fait ; oui, je me sacrifierai pour le bonheur de ta fille ! —Comme je me retournois, je vis Matilde qui m'avoit entendue, pâle, le visage altéré, et les yeux remplis de larmes qu'elle s'efforçoit de retenir. — Ce que j'entends est-il vrai ? s'écria-t-elle en se jetant à genoux devant l'urne de sa mère. M'auroit-on trompée, dit-elle en me regardant, lorsqu'on m'assuroit que vous étiez résolue à passer l'hiver ici ? Dieu ! j'ai bien souffert depuis que je l'ai cru. — On vous a trompée, Matilde, lui dis-je en serrant ses deux mains qu'elle élevoit vers le ciel ; ce que vous avez demandé vous est accordé ; ce n'est qu'à moi que tout bonheur est refusé dans cette vie. Adieu.

—Je quittai Matilde à ces mots, sans lui donner le temps de me répondre, et je revins chez moi, sans avoir réfléchi que je venois de me lier encore plus solennellement que jamais. Quand le mouvement exalté que j'avois éprouvé fut un peu calmé, je sentis en frémissant que tout étoit dit. Depuis ce moment cette douleur ne m'a plus laissé de relâche; j'ai vu Léonce, et sans doute je me serois trahie, s'il n'avoit pas attribué mon émotion à ce que je lui ai dit de ma visite au tombeau, en lui taisant que j'y avois trouvé Matilde. Si j'étois encore une fois seule avec lui, il sauroit tout; il faut partir, le délai n'est plus possible.

J'ai envoyé ce matin un courrier à Mondoville pour conjurer M. Barton de venir. Je ne veux pas que Léonce, au moment où il apprendra mon départ, soit seul, sans un confident de notre amour, sans l'ami de son enfance: seul! hélas! et je le quitte, lui, qui depuis un an m'a donné tant d'heures délicieuses; lui qui m'aime avec une tendresse si vraie! Il croit encore, dans ce moment, que je n'ai pas la pensée de me séparer de lui, il se réveille chaque jour avec cette certitude qui lui est si douce; il arrange les heures de sa journée pour me voir, et bientôt on viendra lui dire que je suis partie, partie pour jamais, sans que l'on sache même dans quel lieu j'ai caché ma misérable destinée! je n'existerai plus pour Léonce que comme les morts qu'on regrette; il m'appellera, et je ne l'entendrai pas, moi que sa voix a toujours si profondément émue! moi qui, d'un accent si tendre, répondois à ses prières! Rien, rien de moi ne se ranimera autour de lui, pour lui répéter encore que je l'aime!

Ma chère Élise, c'est à vous que je confie mes dernières volontés; après mon départ venez le voir, parlez-lui le langage consolateur que vous a sans doute appris l'amour! dites-lui tout ce que vous savez de ma douleur, tout, hors le vrai motif qui me détermine. Il croira que j'ai foibli devant la haine, et que l'intérêt de son bonheur ne m'a pas donné la force de la supporter. Hélas! il sera bien injuste, mais il n'accusera point sa femme, la mère de son enfant. Dites-lui que je jugerai de son respect pour mon souvenir, par sa conduite envers Matilde. Élise, vous écrirez à ma sœur, et j'apprendrai par ses lettres ce que j'ai besoin encore de savoir; car vous-même, mon amie, vous ne saurez point où je vais; Léonce vous le demanderoit, comment pourriez-vous le lui cacher? Il me suivroit, et j'aurois une troisième fois essayé de m'éloigner pour retomber sous le charme;

non, le devoir a parlé trop haut, qu'il soit obéi !

Dans l'asile où je vais m'ensevelir, ce n'est pas l'oubli, la résignation même que j'espère ; je cherche un lieu solitaire où l'on vive d'aimer, sans que ce sentiment, renfermé dans le cœur, nuise au bonheur de personne ; sans qu'il existe une autre vie que la mienne tourmentée par l'affection que j'éprouve. Lui, cependant, hélas ! ne souffrira-t-il pas long-temps encore ? Mais pouvoit-il être heureux, agité sans cesse par ses devoirs, l'opinion et l'amour ? Ne m'offrirai-je pas à sa mémoire, plus pure, plus intéressante que dans ce monde, où sans cesse il avoit besoin de me défendre, où sans cesse il souffroit pour moi ? L'amour même, l'amour seul, ne devoit-il pas m'inspirer le besoin de renouveler mon image dans son souvenir, par l'absence et le malheur ? que n'ai-je pas craint de la calomnie ! Vainement paroît-elle apaisée ; vainement Léonce assure-t-il qu'il est devenu insensible ; dois-je y compter ? Ah ! qui peut prévoir de quelle douleur l'accomplissement d'un devoir nous préserve !

Lorsque je serai partie pour toujours, je désire que, s'il est possible, mes amis détruisent entièrement tout ce qu'on a pu dire d'injuste sur moi. Quand je saurai qu'ils y ont réussi, je ne reviendrai pas, mais je penserai avec douceur que Léonce n'entend plus dire que du bien de son amie. Je prie M. de Lebensei d'entretenir des relations suivies avec M. de Mondoville ; malgré la diversité de leurs manières de voir, il s'en est fait aimer par la supériorité de son esprit et la droiture de son caractère. Je le conjure de répéter souvent à Léonce, qu'il ne doit prendre aucun parti dans la guerre que les nobles offensés veulent exciter contre la France ; je crains toujours que, loin de moi, les personnes de sa classe ne le déterminent, si cette guerre a lieu, à ce qu'elles représenteroient comme un devoir de l'honneur. S'il peut s'intéresser de nouveau aux études qui lui plaisent, l'occupation lui fera du bien, et ses regrets se changeront enfin, je l'espère, en une peine douce ; et, dans cette vie de douleur, c'est l'état habituel des âmes sensibles.

Oui, je souhaite, Élise, que vous deux, qui m'avez si tendrement aimée, vous soyez les amis de Léonce ; ne m'est-il pas permis de désirer encore ce lien avec lui ? Plus que celui-là, grand Dieu ! tant que je vivrai ! et le revoir encore une fois, si la mort, s'annonçant à moi d'avance avec certitude, me laisse le temps de le rappeler. Élise, adieu; quand nous retrouverons-nous? Si j'en crois les pressentimens que mes malheurs ont constamment justifiés, l'adieu que je vous dis sera long. Ah! quel effort! mais pourquoi murmurer?

LETTRE XXXV.

Delphine à Matilde.

Paris, ce 4 décembre.

Dans la nuit de demain, Matilde, je quitterai Paris, et peu de jours après, la France. Léonce ne saura point dans quel lieu je me retirerai; il ignorera de même, quoi qu'il arrive, que c'est pour votre bonheur que je sacrifie le mien. J'ose vous le dire, Matilde, votre religion n'a point exigé de sacrifice qui puisse surpasser celui que je fais pour vous; et Dieu qui lit dans les cœurs, Dieu qui sait la douleur que j'éprouve, estime dans sa bonté cet effort ce qu'il vaut. Oui, j'ose vous le répéter, quand j'aime mieux mourir qu'avoir à me reprocher vos douleurs, j'ai plus qu'expié mes fautes; je me crois supérieure à celles qui n'auroient point les sentimens dont je triomphe.

Vous êtes la femme de Léonce, vous avez sur son cœur des droits que j'ai dû respecter; mais je l'aimois, mais vous n'avez pas su peut-être qu'avant de vous épouser... Laissons les morts en paix. Vous m'avez adjurée de partir, au nom de la morale, au nom de la pitié même : pouvois-je résister, quand il devroit m'en coûter la vie ! Matilde, vous allez être mère, de nouveaux liens vont vous attacher à Léonce; femme bénie du ciel, écoutez-moi : si celui dont je me sépare me regrette, ne blessez point son cœur par des reproches; vous croyez qu'il suffit du devoir pour commander les affections du cœur, vous êtes faite ainsi ; mais il existe des âmes passionnées, capables de générosité, de douceur, de dévouement, de bonté, vertueuses en tout, si le sort ne leur avoit pas fait un crime de l'amour ! Plaignez ces destinées malheureuses, ménagez les caractères profondément sensibles ; ils ne ressemblent point au vôtre, mais ils sont peut-être un objet de bienveillance pour l'Être suprême, pour la source éternelle de toutes les affections du cœur.

Matilde, soignez avec délicatesse le bonheur de Léonce; vous avez éloigné de lui sa fidèle amie, chargez-vous de lui rendre tout l'amour dont vous le privez. Ne cherchez point à détruire l'estime et l'intérêt qu'il conservera pour moi, vous m'offenseriez cruellement; il faut déjà me compter parmi ceux qui ne sont plus; et le dernier acte de ma vie ne mérite-t-il pas vos égards pour ma mémoire!

Adieu, Matilde; vous n'entendrez plus parler de moi; la compagne de votre enfance, l'amie de votre mère, celle qui vous a mariée, celle enfin qui n'a pu supporter votre peine, n'existe plus pour vous ni pour personne. Priez pour elle, non comme si elle étoit coupable, jamais elle ne le fut moins, jamais surtout il ne vous a été plus ordonné de ne pas être sévère envers elle! mais priez pour une femme malheureuse, la plus malheureuse de toutes, pour celle qui consent à se déchirer le cœur, afin de vous épargner une foible partie de ce qu'elle se résigne à souffrir.

LETTRE XXXVI.

Mademoiselle d'Albémar à Delphine.

Lyon, ce 1er décembre 1791. (1)

JE n'ai point reçu de lettres de vous depuis mon départ, ma chère Delphine; je me hâte d'arriver à Montpellier pour les trouver. J'ai vu ce malheureux Valorbe à mon passage à

___

(1) Cette lettre arriva le matin même du 5 décembre.

Moulins; il est encore retenu dans son lit par ses blessures; mais, quand il sera guéri, sa situation sera bien plus déplorable; il ne peut pas rester dans son régiment; l'animadversion est telle contre lui, qu'il n'y éprouveroit que des désagrémens insupportables: il sera forcé de tout quitter. Il m'a paru très-sombre, et parlant de vous avec un mélange de ressentiment et d'amour fort effrayant; il rappelle ce qu'il a fait pour vous, il se croit des droits sans bornes à votre reconnoissance, et laisse entendre que si vous les méconnoissez, il s'en vengera sur Léonce ou sur vous. Enfin, il m'a paru saisi d'une fureur réfléchie extrêmement redoutable; on diroit qu'après avoir beaucoup souffert, il éprouve le besoin de faire partager aux autres son malheur, et je ne l'ai plus trouvé le moins du monde accessible à cette crainte de vous affliger, qui avoit autrefois de l'empire sur lui; j'ai peur que vous n'ayez beaucoup à redouter de ses persécutions.

Éloignez-vous de Léonce pour un temps, revenez près de moi, c'est le seul moyen d'apaiser M. de Valorbe, et d'éviter ainsi les plus grands malheurs. Ah! ma chère Delphine, que j'ai souffert dans Paris, dans cette ville que je déteste! En approchant de ma retraite, je sens mon âme se calmer; cependant je n'y serai point heureuse, si je ne vous y vois pas; vous avez encore ajouté, pendant les quatre mois que nous venons de passer ensemble, à ma tendresse pour vous. Au milieu de tant de peines, de tant d'injustices, il ne vous est pas échappé un seul sentiment amer, un seul mouvement de haine; vous avez supporté les torts les plus révoltans comme une nécessité, comme un accident du sort, et non comme un sujet de colère ou de ressentiment.

Mon amie, j'en suis sûre, avec une âme si douce vous pourrez trouver du calme, et peut-être du bonheur dans la solitude; je vous y espère, je vous y attends avec un cœur tout à vous.

LETTRE XXXVII.

Delphine à mademoiselle d'Albémar.

Melun, ce 6 décembre 1791.

LE sacrifice est fait, la vie est finie. Pardonnez-moi si je suis long-temps sans vous écrire, si je ne vous rejoins pas, si je meurs pour vous, comme pour lui: ce que vous m'avez mandé sur M. de Valorbe ne m'ôte-t-il pas jusqu'à l'espoir du repos que je conservois encore! Quel asile puis-je trouver, qui soit assez impénétrable pour me cacher à celui qui me poursuit, comme à celui que j'aime?

Je l'ai quitté! je l'ai quitté! Je ne le reverrai plus! pensez-vous qu'il puisse me rester aucune raison, aucune force? n'ai-je pas tout épuisé pour partir? A présent, j'erre avec cette pauvre Isore dans le vide immense où je suis jetée! Pleurez sur moi, ma sœur, vous, le seul être informé désormais de mon nom, de ma demeure, de mon existence! Sans l'enfant de Thérèse, sans vous, me serois-je condamnée à vivre?

M. Barton est arrivé avant-hier d'après ma lettre : je lui ai tout confié, hors le vrai motif de mon départ; j'ai éprouvé peut-être encore un moment doux, lorsque cet honnête homme, me prenant la main, avec des larmes dans les yeux, me dit : — Madame, il ne convient pas à mon âge de s'abandonner à l'attendrissement que me fait éprouver votre résolution; cependant, qu'il me soit permis de vous dire que jamais mon cœur n'a été pénétré pour aucune femme d'autant d'intérêt ni d'admiration! — Louise, pourquoi l'approbation de la vertu ne m'a-t-elle pas fait plus de bien?

Il fut convenu entre M. Barton et moi qu'après mon départ, il useroit de tout son ascendant sur Léonce, pour l'engager à demeurer auprès de Matilde, auprès de celle qui, dans quelques mois, doit être la mère de son enfant. Je ne voulois point écrire à Léonce ; je ne sais si je l'aurois pu, sans anéantir le reste de mes forces : d'ailleurs, je ne pouvois pas lui apprendre ce qui s'étoit passé entre Matilde et moi, et comment retenir aucune de ses pensées en disant adieu à ce qu'on aime ! Je priai néanmoins M. Barton de ne pas refuser à Léonce la consolation de savoir ce qu'il m'en avoit coûté pour partir ; je lui recommandai de ne pas nous laisser seuls, Léonce et moi ; dans l'état où j'étois, je n'aurois pu rien cacher. Je décidai que je partirois le lendemain ; jour que Léonce disoit avoir choisi pour aller à la campagne avec madame de Mondoville ; ainsi je me dérobois à ce que j'aime, avec les précautions qu'on pourroit prendre pour échapper à des persécuteurs.

Léonce vint le soir, il étoit rêveur, et ne parut pas désirer lui-même que M. Barton s'éloignât. Après une heure de la conversation la plus pénible, et que de longs silences interrompoient souvent, Léonce se leva pour partir ; dans ce moment un tremblement affreux me saisit, et je retombai sur ma chaise comme anéantie; lui-même, occupé sans doute de son dessein, que j'ignorois alors, étoit tout entier concentré dans sa propre émotion, et ne remarqua point ce qui auroit pu l'étonner dans la mienne; il pressa ma main sur ses lèvres avec une ardeur très-vive, et s'enfuit précipitamment, en m'écriant de la porte : — Delphine, ne m'oubliez jamais! — Je crus qu'il m'avoit devinée, je voulois le suivre, la force me manqua; et quand il fut parti, l'idée terrible que je l'avois vu pour la dernière fois me saisit, je ne pouvois m'y soumettre. Léonce, en me quittant plus tôt que je ne m'y attendois, avoit trop précipité mes impressions; mon âme n'avoit point passé par ces douleurs successives qui préparent à la dernière; j'avois reçu comme un coup subit dans le cœur, qui me faisoit un mal insupportable; je voulois, sans changer de résolution, voir encore une fois Léonce; je n'avois rien recueilli pour l'absence, je n'avois pas assez contemplé ses traits, je n'avois pu lui faire entendre un dernier accent qui restât dans son cœur.

Je passai la nuit entière à combiner et repousser tour à tour mille projets divers pour l'apercevoir encore une fois, pour adoucir le mal que m'avoient fait de si brusques adieux.

Immobile sur mon lit où je m'étois jetée, je n'osois, pendant cette cruelle agitation, ni me lever, ni faire un pas, ni changer de place, comme si le moindre mouvement avoit dû être une nouvelle douleur; le jour vint, et j'eus cependant la force de dire à Antoine, en lui recommandant le secret, que je partois à onze heures du soir. J'avois fixé ce moment, parce que M. Barton devoit revenir chez moi dans la soirée; à midi, l'on me remit votre lettre, où vous m'apprenez les cruelles dispositions de M. de Valorbe; l'effroi qu'elle me causa me donna de la force pendant quelques instans; cette persécution, cette fureur dont Léonce pouvoit devenir l'objet, me fit sentir la nécessité de disparoître d'un monde où j'attirois sans cesse de nouveaux périls sur l'objet de ma tendresse. Je sentis aussi que si je différois à partir, ou si j'allois vers vous, M. de Valorbe, apprenant dans quel lieu il pourroit me trouver, ne tarderoit pas à venir me chercher; et que Léonce, indigné de le savoir près de moi, se hâteroit d'arriver pour l'en punir. Je n'hésitai donc plus, et je donnai, pendant quelques heures, des ordres pour mon départ, avec assez de calme; mais dans ce moment Isore, qui avoit découvert les préparatifs que j'avois commandés, vint, tout en chantant, se jeter dans mes bras, pour se réjouir de faire un voyage; sa gaîté me causa une émotion que je ne pus surmonter, et, l'éloignant de moi, je passai plusieurs heures à verser des larmes.

Hélas! j'en répandois alors, pendant que je n'étois pas encore tout-à-fait loin de lui, pendant qu'il n'étoit pas encore absolument impossible qu'il entrât dans ma chambre, et me serrât dans ses bras.

Le temps se passoit ainsi, lorsque peu de temps après dix heures M. Barton arriva; il étoit extrêmement troublé; je me hâtai de lui demander d'où lui venoit cette altération, s'il ne savoit rien de Léonce, s'il craignoit qu'il n'eût découvert mon départ. — Il l'ignore, me dit-il; mais je n'en suis pas moins dans une inquiétude mortelle; Léonce, sans en avoir averti personne, est revenu il y a une heure de la campagne, en y laissant madame de Mondoville. Il y a ce soir un grand bal masqué, où il veut aller; j'ai insisté pour connoître la cause de cet empressement, qui lui est si peu naturel; il n'a voulu d'abord me rien répondre; mais comme il partoit, quelques mots qu'il a dits à l'un de ses gens ont éveillé mes soupçons, et je l'ai forcé à m'avouer que dans cette fête, où les femmes vont déguisées, mais les hommes, à visage découvert, il croyoit très-facile de faire naître un sujet de querelle à l'instant même; et que, certain d'y rencontrer M. de Montalte, le cousin de M. de Valorbe, il avoit choisi ce jour pour se venger, sans vous compromettre, des propos insultans que, depuis le concert de madame de Saint-Albe, il n'a point cessé, me dit Léonce, de répéter contre vous.

— Il est parti pour ce bal, m'écriai-je, dans cet affreux dessein! que ferons-nous? comment ne l'avois-je pas deviné? sa tristesse, hier en me quittant, ses dernières paroles ne m'annonçoient-elles pas un projet funeste? et la douleur atroce que j'ai éprouvée, quand il a disparu, n'est-elle pas un pressentiment que je ne le reverrai plus; il est parti, répétai-je à M. Barton; pourquoi ne l'avez-vous pas suivi? — Il ne l'auroit pas souffert, répondit M. Barton; il m'a dit qu'il alloit chercher un de ses amis pour se rendre ensemble au bal. — Eh bien! eh bien! interrompis-je, déterminée soudain, il est temps encore de se rendre à ce bal masqué : je n'y serai point reconnue, je reverrai Léonce encore, je lui parlerai, je l'empêcherai de provoquer M. de Montalte; oui, je tenterai ce dernier effort, je le dois, je le puis. — Et sans attendre l'avis de M. Barton, je sonnai pour qu'on m'apportât le domino noir qui devoit m'envelopper. M. Barton, ayant vainement essayé de me détourner de mon projet, me proposa de m'accompagner ; je lui fis sentir que Léonce, étonné de le voir à ce bal, soupçonneroit la vérité, et s'éloigneroit à l'instant même de nous deux.

Au moment où Isore vit pour la première fois cet habillement de bal, qui lui étoit tout-à-fait inconnu, elle en eut peur, et vainement mes femmes voulurent la rassurer, en lui disant que c'étoit une parure de fête ; l'enfant, comme s'il eût été averti que ce vêtement de la gaîté cachoit le désespoir, répétoit sans cesse en pleurant : — Est-ce que ma seconde maman va faire comme la première, est-ce que je ne la reverrai plus ? — Hélas ! pauvre enfant, dis-je en moi-même, cette nuit sera peut-être en effet la dernière de ma vie ! chaque moment de retard me paroissoit un danger de plus pour Léonce ; je partis, et M. Barton monta avec moi dans ma voiture, résolu d'y rester pour m'attendre ; enfin, j'arrivai à la porte de la fête, je descendis, j'entrai, et là commença pour moi ce supplice qui devoit toujours s'accroître ; le contraste cruel de tout l'appareil de la joie, avec les tourmens affreux qui me déchiroient.

Je traversai la foule de ceux qui se trouvoient peut-être tous, alors, dans le moment le plus gai de leur vie; tandis que moi, j'ignorois si je ne marchois pas à la mort. Je fus long-temps à parcourir la salle, sans découvrir d'aucun côté ni Léonce, ni M. de Montalte; errante ainsi, sans pouvoir être reconnue, et dans le trouble le plus cruel que je pusse éprouver, des sensations extraordinaires s'emparèrent tout à coup de moi; j'avois peur de ma solitude, au milieu de la foule; de mon existence, invisible aux yeux des autres, puisque aucune de mes actions ne m'étoit attribuée. Il me sembloit que c'étoit mon fantôme qui se promenoit parmi les vivans, et je ne concevois pas mieux les plaisirs qui les agitoient, que si du sein des morts j'avois contemplé les intérêts de la terre. Je cherchois à travers toutes ces figures, que je voyois comme dans un rêve cruel, un seul homme, un seul être qui existoit encore pour moi, et me rendoit aux impressions réelles dans toute leur force et leur amertume. Je passois silencieusement au milieu des danses et des exclamations de joie, et je portois dans mon âme tout ce que la nature peut éprouver de douleur, sans jeter un cri, sans obtenir la compassion de personne. O souffrances morales! comme vous êtes cachées au fond du cœur dont vous faites votre proie ! vous le dévorez en secret, vous le dévorez souvent au milieu des fêtes les plus brillantes ; et tandis qu'un accident, une douleur physique, réveillent la sympathie des êtres les plus froids, une main de fer serre votre poitrine, vous ravit l'air, oppresse votre sein, sans qu'il vous soit permis d'arracher aux autres, par aucun signe extérieur, des paroles de commisération.

Après avoir long-temps marché d'un bout de la salle à l'autre, avec une activité et une agitation continuelles, Léonce parut enfin dans une loge, regardant par toute la salle avec une impatience remarquable, pour découvrir quelqu'un qu'il cherchoit. Je montai quelques marches pour aller vers lui ; et comme il devoit nécessairement passer devant moi, en rentrant dans la salle, je restai quelque temps appuyée sur la balustrade de l'escalier pour le regarder encore ; ce plaisir, le dernier, me jetoit, malgré tout ce qui m'environnoit, dans une rêverie profonde ; et tant que je pus le considérer ainsi, mes inquiétudes même pour lui sembloient être suspendues. Dès qu'il descendit, je me hâtai de le suivre, résolue de m'attacher à ses pas, et de lui parler en me faisant connoître, si j'apercevois M. de Montalte. Léonce se retourna deux ou trois fois, étonné de mon insistance, et ses yeux se fixèrent sur ce masque qui l'importunoit, avec une expression d'indifférence très-dédaigneuse : ce regard, quoiqu'il ne s'adressât point à moi, me serra le cœur, et je mis ma main sur mes yeux pendant un moment, pour rassembler mes forces qui m'abandonnoient.

Je relevai la tête; un flot de monde m'avoit déjà séparée de Léonce, et je le vis assez loin de moi, coudoyant M. de Montalte qui se retournoit pour lui en demander l'explication; je voulus m'avancer, la foule arrêtoit chacun de mes pas; je saisis le bras d'un homme que je connoissois à peine, et je le priai de m'aider à traverser la foule; cet homme odieux me retenoit pour examiner ma main, pour considérer mes yeux, et m'adressoit tous les fades propos de cette insipide fête, quand, à dix pas de moi, il s'agissoit de la vie de Léonce. — Aidez-moi, répétois-je à celui qui m'accompagnoit, aidez-moi, par pitié! — Et je le traînois de toute ma force, pour qu'il fendît la presse que je ne pouvois seule écarter; je voyois Léonce qui, après avoir parlé vivement à M. de Montalte, se dirigeoit avec lui vers la sortie de la salle; il marchoit, je le suivois, mais j'étois toujours à vingt pas de lui sans pouvoir jamais franchir cette infernale distance, qu'on eût dite défendue par un pouvoir magique ; enfin, coupant seule par un détour dans les corridors, je crus pouvoir me trouver à la grande porte avant Léonce ; mais comme j'y arrivois, je le vis qui sortoit par une autre issue ; je courus encore quelques pas, je tendis les bras vers lui, je l'appelai ; mais, soit que ma voix déjà trop affoiblie ne pût se faire entendre, soit qu'il fût uniquement occupé du sentiment qui l'animoit, il poursuivit sa route, et je le perdis de vue au milieu de la rue, me trouvant entourée de chevaux, de cochers qui me crioient de me ranger, de voitures qui venoient sur moi, sans que je fisse un pas pour les éviter : un de mes gens me reconnut, m'enleva sans que je le sentisse, et me porta dans ma voiture : quand j'y fus, la voix de M. Barton me rappelant à moi-même, j'eus encore la force de lui dire de suivre Léonce, et de lui montrer le côté de la rue par lequel il avoit passé avec M. de Montalte ; ces mots prononcés, je perdis entièrement connoissance.

Quand je rouvris les yeux, je me trouvai chez moi, entourée de mes femmes effrayées ; je crus fermement d'abord que je venois de faire le plus horrible songe, et je les rassurai dans cette conviction ; cependant par degrés, mes souvenirs me revinrent : quand le plus cruel de tous me saisit, je retombai dans l'état dont je venois de sortir. Enfin de funestes secours me rappelèrent à moi, et je passai trois heures telles, que des années de bonheur seroient trop achetées à ce prix ; envoyant sans cesse chez M. Barton, chez Léonce, pour savoir s'ils étoient rentrés, écoutant chaque bruit, allant au-devant de chaque messager, qui me répondoit toujours : *Non, madame, ils ne sont pas encore rentrés*; comme si ces paroles étoient simples, comme si l'on pouvoit les prononcer sans frémir ! J'avois épuisé tous les moyens de découvrir ce qu'étoit devenu Léonce ; j'étois retombée dans l'inaction du désespoir, et jetée sur un canapé, je cherchois des yeux, je combinois dans ma tête quels moyens pourroient me donner la mort, à l'instant même où j'apprendrois que Léonce n'étoit plus : quand j'entendis la voix de M. Barton, je tombai à genoux en me précipitant vers lui.—Il est sauvé, me dit-il ; il n'est point blessé, son adversaire l'est seul, mais pas grièvement; tout est bien, tout est fini.

Louise, une heure après avoir reçu cette assurance, j'étois encore dans des convulsions de larmes ; mon âme ne pouvoit rentrer dans ses bornes. J'appris enfin que Léonce s'étoit battu avec M. de Montalte et l'avoit blessé ; mais qu'il avoit montré dans ce duel tant de bravoure et de générosité, tant d'oubli de lui-même, tant de soins pour M. de Montalte, lorsqu'il avoit été hors de combat, qu'il avoit tout-à-fait subjugué son adversaire, et qu'il en avoit obtenu tout ce qu'il désiroit relativement à moi ; la promesse d'attribuer leur duel à une querelle de bal masqué, et de chercher naturellement toutes les occasions de me justifier en public, sur tout ce qui concernoit M. de Valorbe. M. Barton étoit arrivé à temps pour être témoin du combat, après avoir inutilement cherché pendant plusieurs heures Léonce, qui attendoit le jour avec M. de Montalte, chez un de leurs amis communs. M. Barton étoit animé par l'enthousiasme en me parlant de Léonce ; il est vrai que, pendant toute cette nuit, ses paroles et ses actions avoient eu constamment le plus sublime caractère, et c'étoit dans ce moment même qu'il falloit se séparer de lui !

J'en sentois la nécessité plus que jamais, j'avois en horreur ce que je venois d'éprouver ; et de tout ce qu'on peut souffrir sur la terre, ce qui me paroît le plus terrible, c'est de craindre pour la vie de celui qu'on aime. Je n'étois point à l'abri de cette douleur, elle pouvoit se renouveler; M. de Valorbe m'en menaçoit : cette idée vint s'unir au sentiment du devoir, qu'il ne m'étoit plus permis de repousser, et je partis sans rien voir, sans rien entendre, dans je ne sais quel égarement, dont je ne suis sortie que quand la fatigue d'Isore m'a forcée d'arrêter ici.

Vous ne pouvez vous faire l'idée de ce que je souffre, de l'effort qu'il m'a fallu faire, même pour vous écrire! Quand je n'aurois pas besoin de cacher ma retraite à Léonce et à M. de Valorbe, je ne devrois pas aller vers vous; il faut, dans l'état où je suis, combattre seule avec soi-même; le froid de la solitude me redonnera des forces; je vous aime, je ne puis vous voir; l'attendrissement, l'affection me feroient trop de mal, la moindre émotion nouvelle pourroit m'anéantir; laissez-moi. Je vais en Suisse : Léonce m'a dit que dans ses voyages c'étoit le pays qu'il avoit préféré; s'il vient une fois verser des larmes sur ma tombe, j'aime à penser que ce sera près des lieux qui captivèrent son imagination, dans les premières années de sa vie; c'est assez de cette espérance pour déterminer ma route dans le vaste désert du monde, où je puis fixer ma demeure à mon choix.

Louise, si je suis long-temps sans vous

écrire, n'en soyez point inquiète, il faut que je vive, je me suis chargée d'Isore; je vais mander à sa mère que je m'y engage de nouveau; je veux l'élever, je veux laisser du moins après moi quelqu'un dont j'aurai fait le bonheur. Vous, ma sœur, écrivez-moi sous l'adresse que je vous envoie; vous saurez par madame de Lebensei l'effet que mon départ aura produit sur Léonce; mais prenez garde, en me l'apprenant, prenez garde à ma pauvre tête, elle est bien troublée; il faut la ménager, je me crains quelquefois moi-même. Cependant, pourquoi dans les longues heures de réflexion qui m'attendent ne saurois-je pas contempler avec fermeté mon sort ? J'ai trop long-temps lutté pour être heureuse : le jour où il a été l'époux de Matilde, que ne m'étois-je dit que le ciel avoit prononcé contre moi !

LETTRE XXXVIII.

Delphine à madame d'Ervins, religieuse au couvent de Sainte-Marie, à Chaillot.

Melun, ce 6 décembre.

Des circonstances non moins cruelles, ma chère Thérèse, que celles qui ont décidé de votre sort, me forcent à m'éloigner pour jamais de Paris et du monde ; j'emmène votre fille avec moi, j'acheverai son éducation avec soin, et je lui assurerai la moitié de ma fortune. Elle en jouira peut-être bientôt, si je prends le même parti que vous, si je m'enferme pour jamais dans un couvent.

Vous serez étonnée qu'un tel projet m'ait semblé possible avec les opinions que vous me connoissez ; elles ne sont point changées : mais je voudrois mettre une barrière éternelle entre moi et les incertitudes douloureuses que les passions font toujours renaître dans le cœur. Dites-moi si vous croyez qu'il suffise d'une résignation courageuse et de la religion naturelle pour trouver du repos dans un asile semblable au vôtre ; vous seule au monde savez que ce sombre dessein m'occupe.

Isore vous écrit mon adresse, le nom que j'ai pris ; il ne reste déjà plus de traces de moi ; mais quelquefois je me sens un vif désir de revivre, et des vœux irrévocables pourroient seuls l'étouffer.

FIN DU TOME SECOND.

www.ingramcontent.com/pod-product-compliance
Lightning Source LLC
Chambersburg PA
CBHW071114230426
43666CB00009B/1963